中國學術思想研究輯刊

三七編

林慶彰 主編

第9冊

唐君毅儒佛思想研究
——以「生命存在」與「心靈境界」為入路

蕭愛蓉 著

花木蘭文化事業有限公司

國家圖書館出版品預行編目資料

唐君毅儒佛思想研究——以「生命存在」與「心靈境界」為入
路／蕭愛蓉 著 -- 初版 -- 新北市：花木蘭文化事業有限公司，
2023〔民112〕
目 2+240 面；19×26 公分
（中國學術思想研究輯刊 三七編；第 9 冊）
ISBN 978-626-344-177-4（精裝）
1.CST：唐君毅 2.CST：學術思想 3.CST：儒家 4.CST：佛教
030.8   111021699

ISBN-978-626-344-177-4

9 786263 441774

中國學術思想研究輯刊
三七編　第 九 冊　　　　　ISBN：978-626-344-177-4

唐君毅儒佛思想研究
——以「生命存在」與「心靈境界」為入路

作　　者　蕭愛蓉
主　　編　林慶彰
總 編 輯　杜潔祥
副總編輯　楊嘉樂
編輯主任　許郁翎
編　　輯　張雅淋、潘玟靜　美術編輯　陳逸婷
出　　版　花木蘭文化事業有限公司
發 行 人　高小娟
聯絡地址　235 新北市中和區中安街七二號十三樓
　　　　　電話：02-2923-1455／傳真：02-2923-1452
網　　址　http://www.huamulan.tw 信箱 service@huamulans.com
印　　刷　普羅文化出版廣告事業
封面設計　劉開工作室
初　　版　2023 年 3 月
定　　價　三七編 17 冊（精裝）新台幣 46,000 元

唐君毅儒佛思想研究
——以「生命存在」與「心靈境界」為入路

蕭愛蓉　著

作者簡介

蕭愛蓉，成功大學中文系博士，高雄大學通識教育中心兼任助理教授，淨覺僧伽大學兼任講師。主要從事當代新儒家研究、禪淨思想研究。著有《唐君毅儒佛思想研究——以「生命存在」與「心靈境界」為入路》、《般若智，菩提心——星雲大師人間生活禪之理論與弘化》、《天如惟則《淨土或問》之研究》，以及〈唐君毅「性情形上學」的儒佛詮釋〉、〈從禪淨交涉析論雲棲袾宏的體究念佛論〉等數篇學術論文。

提　要

　　本論文探討當代新儒家學者唐君毅（1909 ～ 1978）之鉅著《生命存在與心靈境界》為研究文本，從「生命存在」與「心靈境界」討論唐君毅儒佛思想之闡釋。

　　唐君毅將儒家傳統的「盡性立命」詮釋為「心靈感通」，一方面以「生命存在」和「心靈境界」詮釋心靈開通九境的歷程；另一方面依據「神聖心體」和「執兩用中」之道闡釋心性之大用。在這之中，唐君毅既援引理學和《易》解釋「執兩用中」的活動，認為吾人以心靈的根源神聖心體作為實踐中樞，與外境、他人之生命存在或事相形成對立之兩端，而心體之靈覺能依附在心靈感通而調適，協調心境關係，使彼此的生命存在感通無礙，達到運用神聖心體總攝一切事相、宗教和哲學的目的。此外，唐君毅也從隱顯、始終、幽明等傳統氣化說而論一切事相的活動，同時援引華嚴宗理事觀、法界觀及唯識宗種子學說進行闡釋。本論文亦論及唐君毅對「善」與「不善」的看法，說明此心靈感通即蘊藏心之靈覺，而靈覺即是吾人之良知良能、道德理性，故能在感通歷程中運用執兩用中之道。最後，藉由心靈九境論蘊含的道德人格之涵養、破執去妄之實踐及心靈超越之意涵，說明唐君毅對「三祭」的論點。

　　綜上所述，唐君毅結合傳統儒學的心性論與工夫論，並依據自己對儒佛的體認而詮釋生命存在及心靈境界的活動，建立獨具特色的心靈九境論。

誌　謝

　　感謝葉海煙教授、陳劍鍠教授、林朝成教授、楊祖漢教授和蔡家和教授的指正，賜予不少寶貴的意見，讓我能夠完成博士論文，在此向五位教授致上誠摯的感謝。

　　在不算短的學生生涯裡，我深深地體會到可以完成碩、博士論文，包括從事每個學術活動、工作以及日常生活等等，都是依靠家人、老師、朋友和學弟妹們的支持之下才能順利進行，若無眾人的關懷與勉勵，恐怕我難以堅持下去。我想這正是因緣的巧妙，也是唐君毅先生強調的：每個生命存在能夠相互扶持，就能夠共同提升生活與生命的品質。

　　再次感謝葉海煙老師的教導與訓勉，也謝謝陳劍鍠老師、江建俊老師不時地給予關心與鼓勵，讓我能夠在熱愛的學術領域裡持續耕耘，繼續努力！

緒　論

一、前言

　　儒佛交涉是中國思想發展甚久的論題,不論是議論儒佛同異或是融通儒佛,其探討範疇均涵蓋思想、文化與社會倫理等等,深刻地影響精神思想及社會文化,也形成漫長的學術脈絡。時至晚清以後,西方的文化與思想帶給中國莫大地衝擊,為了重振傳統思想與文化的精髓,許多知識份子致力於闡揚、探究傳統學術,這樣的思潮更帶動儒家與佛教進入新階段,儒佛之間的交涉也邁入新進展。尤其是當代新儒家學者雖有「崇儒抑佛」的傾向,然其傑出的佛學研究堪稱是儒佛思想脈絡裡重要的里程碑,其獲致的成果令人矚目。他們依據對儒家與佛教的深入探究,又兼引西方哲學的方法進行剖析,所以能在儒佛之間開闢更多交涉的型態與對話空間。〔註1〕再從著作來看,當代新儒家第一代學者熊十力先生(1885～1968)撰《新唯識論》,〔註2〕第二代學者方東美先生(1899～1977)有《華嚴宗哲學》、《大乘佛教哲學》,牟宗三先生(1909～1995)《心體與性體》、《佛性與般若》、《圓善論》等等,以及本論文的研究對象唐君毅先生(1909～1978),他的著作《文化意識與道德理性》、《中國文化之精神價值》、《中國哲學原論》系列、《生命存在與心靈境界》等等,均有專論佛教或運用儒佛思想之處。再者,唐君毅的佛學研究素來受人推崇,但是目前對於

〔註1〕例如杜保瑞分析當代新儒家學者運用儒佛的型態,劃分為梁漱溟的儒佛同置、熊十力崇儒闢佛、馮友蘭否定佛教、方東美儒佛雙美、唐君毅先儒後佛、牟宗三高儒抑佛。(參見杜保瑞:〈從當代儒佛辯諍談中國哲學研究視野〉,《哲學與文化》第40卷第8期,2013年8月,頁97～114。)可見,當代新儒家學者們對於儒佛的運用各有特色,既針對傳統儒學作出新詮釋,也深入探究佛學義理,賦予儒家與佛教思想新的風貌。

〔註2〕此處是按照劉述先所劃分的新儒家「三代四群」之架構。參見劉述先:〈現代新儒學研究之省察〉,《現代新儒學之省察論集》,(臺北:中央研究院中國文哲研究所,2005年),頁137～138。

他的佛學詮釋、儒佛思想等相關議題還有不少深入探究的空間，例如唐君毅如
何闡釋佛學要義、援佛入儒或是平章儒佛等等議題，亟待吾人持續考察。

　　本論文以「生命存在」和「心靈境界」作為考察唐君毅儒佛思想的入路，
他以生命存在與心靈作為道德與宗教的核心，認為吾人之生命存在即是超越
根據，亦是最高境界之所在，因此能夠憑藉心靈感通以體證客觀境、主觀境與
超主客觀境，更能在此歷程中察見一切事相皆可透過心靈以調和安立，並使人
德融通天德，構成廣大圓融的真實生命與人文世界。再以佛教來說，佛經多處
言明「人身難得」，又云：「此身不向今生度，更向何生度此身？」〔註3〕此即
勉勵眾生應把握當下以修證成佛，而破執去妄、顯明佛性的修證歷程亦具有境
界義，如此看來，「生命存在」與「心靈境界」能作為儒佛交涉之處。因此，
本論文從「生命存在」與「心靈境界」討論唐君毅儒佛思想之詮釋特點，期望
在此研究之中考察唐君毅的儒佛觀點，以及他如何援引儒佛思想以擘劃整體
心靈之運作。

二、研究背景及問題意識

　　本節首先概述當代新儒家學者的儒佛研究，再進入唐君毅對「生命存在」、
「心靈境界」的闡釋，說明他兼綜儒佛的思想特點。最後，從儒家盡性立命的
實踐而論「心靈九境」及「神聖心體」，呈顯本論文研究背景及問題意識。

（一）當代新儒家學者的儒佛交涉

　　儒佛交涉由來甚久，不管是相互辯駁還是彼此溝通，均形成歷史悠久、內
涵豐富的發展脈絡。直到現今，「儒佛交涉」依然是學者們探討的議題，如何
會通、比較異同等等，仍然受到關注，當代新儒家學者的儒佛思想即是一大代
表。以下簡介熊十力、牟宗三與唐君毅的著述，了解當代新儒家學者探究儒佛
的看法。

　　首先是熊十力的《新唯識論》，〔註4〕按賴賢宗的評述，熊十力的佛學研

〔註3〕〔宋〕王日休：《龍舒增廣淨土文》，《大正藏》第 47 冊，頁 270b。

〔註4〕關於熊十力《新唯識論》的問題，可參考賴賢宗：〈熊十力的體用論的「體用
　　　不二而有分，分而仍不二」的基本結構與平章儒佛〉，《體用與心性：當代新儒
　　　家哲學新論》（臺北：臺灣學生書局，2001 年）。林安梧：〈當代儒佛之爭與〈存
　　　有三態論〉──從熊十力《新唯織論》說起〉，《哲學與文化》第 40 卷第 8 期，
　　　2013 年 8 月，頁 25～50。黃惠雅：〈熊十力先生論佛家空有二宗評述──兼疏
　　　解熊先生對佛家空有二宗之誤解〉，《鵝湖月刊》第 63 期，1980 年 9 月，頁 21

究乃是學於支那內學院，爾後他批評唯識新學有二重本體之失，改作《新唯識論》闡明體用不二論。然而，熊十力的融會儒佛實是偏重於「弘儒貶佛」、「轉佛為儒」，以儒家心性論、體性論糾舉唯識論二重本體的問題，並轉化唯識學的法相分析與識變理論，重造所論之功能與本體，使儒學所論之功能與橫攝系統知識論相接，使儒學所論之本體能有存有學之內在轉折。此外，熊十力也從空宗遮撥諸法以直契清淨之性體，直承儒學之創生的仁體。〔註5〕賴賢宗續指出，中國真常唯心系佛學闡釋「性相圓融」，近於熊十力所論的體用不二之哲學，但熊十力並未深入探討此會通的可能性。〔註6〕熊十力的儒佛論引起不少佛教界人士的批評，〔註7〕雖然他「以佛攝儒」的方式不盡然妥善，但對於新

〜25。沈政威：〈「返體全用」與「因用明體」──熊十力《體用論》及其《新唯識論》思想異同之解讀〉，《世新中文研究集刊》第5期，2009年7月，頁87〜114等等。

〔註5〕 參見賴賢宗：〈熊十力的體用論的「體用不二而有分，分而仍不二」的基本結構與平章儒佛〉，賴賢宗：《體用與心性：當代新儒家哲學新論》，頁21〜22。

〔註6〕 賴賢宗：〈熊十力的體用論的「體用不二而有分，分而仍不二」的基本結構與平章儒佛〉，《體用與心性：當代新儒家哲學新論》，頁23。

〔註7〕 參見熊十力等著、林安梧編集：《現代儒佛之爭》（臺北：明文書局股份有限公司，1990年）。又如杜保瑞認為熊十力的儒佛論具有代表性，但熊十力對於佛教的誤解較多，故其體用論不在於會通儒佛，而是自成己說。（杜保瑞：〈從當代儒佛辯諍談中國哲學研究視野〉，《哲學與文化》第40卷第8期，2013年8月，頁101。）杜保瑞對熊十力的批評較為嚴峻，他說：「筆者以為，當代儒佛辯諍自熊十力始，凡屬新儒家陣營者，無不以儒家世界觀為真理觀的基礎，從而闢佛，但既然不尊重佛教世界觀，則所論不可能合理，因此是最不會有溝通效果的作法，但卻可能是最能建立新說、引起風潮、成就一家之言的哲學創作。事實上，牟宗三先生繼承熊十力所有的闢佛立場，又起高潮，確實是建立了龐大的新儒學大系統，但也是對佛教哲學最具偏見的解釋系統，然而，學界一般目睹新儒家龐大系統之後，便只能禁聲不言，任其放言。筆者的立場是，既然是哲學界的創作，就應由哲學界來回應，因此對於熊十力的儒佛辯諍，筆者明確主張熊十力對佛學理論理解有誤，所言之事並非佛學真相，因此無從辯諍，只是當代新儒家學者建立己說的一套系統。其中對儒學理論有正面推進的創造效果，但對佛教思想則充滿了理解上的偏差，沒有參考價值。」（杜保瑞：〈從當代儒佛辯諍談中國哲學研究視野〉，頁101。）雖然熊十力對於佛教的指摘引起太虛、印順等教界人士的批評，但是熊十力「以佛攝儒」的體用型態對於唐君毅的論述仍有影響，林安梧說評論熊十力與牟宗三的佛學研究時，指出：「牟先生學問根基，較之其師，更賢於其師也。他的哲學史知識比熊先生豐厚，西方哲理的訓練亦更謹嚴，特別是他對佛學的詮釋理解，其客觀的學理系統，是更經得起歷史的考證，與思理的論證的，就連印順導師都稱讚。但我要說的是，熊先生之學，有其獨到處，誠如其所言，其學貴在見體，其於根源創造性，其融攝儒佛、合和

儒家學者調和儒佛的論述頗有啟發之效。

　　牟宗三的佛學研究代表作是《佛性與般若》〔註8〕，他說：「本書以般若與佛性兩觀念為綱領。後來各種義理系統之發展皆從此綱領出。吾人通過此綱領說明大小乘系統之性格——既不同而又互相關聯之關節。般若是共法；系統之不同關鍵只在佛性一問題。」〔註9〕藉由此一綱領，牟宗三探討般若與中觀學說、唯識學與華嚴宗及天臺宗圓教等議題，堪稱新儒家佛學研究之鉅著。在其他著作裡，牟宗三也分別運用「智的直覺」、「一心開二門」等等概念考察佛教理論，兼有評判儒佛之效，〔註10〕尤其是他在《圓善論》論儒佛的圓教型態，除了說明天臺圓教的意涵，也辨明儒家並非由佛教「詭譎的即」，通過「解心無染」或「無為無執」之作用而表明，而是把握道德意識而樹立道德創造之骨幹，〔註11〕這部分的論述是牟宗三儒佛比較的代表說法。由上可見，佛教思想在牟宗三的思想裡佔有重要的地位。賴賢宗評論：「牟宗三由天臺圓教所論之體用縱橫義來重解儒佛圓教之基本模型，在體用哲學的詮釋語

百家，貫通中西，氣魄胸襟，創造動能，又有過於牟先生。牟先生，高狂俊逸，蔡仁厚先生論之果然也。熊先生則雄渾而通透，直入生生之源，承體達用，即用顯體也。」（林安梧：〈當代儒佛之爭與〈存有三態論〉——從熊十力《新唯識論》說起〉，《哲學與文化》第40卷第8期，頁27。）可見，雖然牟宗三的佛學詮釋較熊十力縝密，但是熊十力融攝儒佛的宏圖依然能作為吾人理解儒佛交涉的參酌，誠如黃惠雅所言：「儘管熊先生對空、有二宗的體會有所不契，批評有所不當，但是，這並不影響其體用論體系的價值。因為熊先生評論空、有二宗，是為了要彰顯其體用不二、正視人生，契入入世的道理，所以雖然對空、有二宗的說法說錯了，體用不二的道理之價值卻依然屹立不移。」（黃惠雅：〈熊十力先生論佛家空有二宗評述——兼疏解熊先生對佛家空有二宗之誤解〉，《鵝湖月刊》第63期，頁25。）

〔註8〕牟宗三：《佛性與般若‧上、下冊》（臺北：臺灣學生書局，2011年）。

〔註9〕牟宗三：〈序〉，《佛性與般若‧上冊》，頁3。

〔註10〕略舉幾處牟宗三探討佛教的篇章。例如牟宗三以「智的直覺」探究儒家道德的形上學、道家、天臺宗與華嚴。（參見牟宗三：《智的直覺與中國哲學》（臺北：臺灣商務，1971年），頁184～345。）又如牟宗三撰〈佛家體用義之衡定〉，談論佛教體用問題，兼及宋明儒者之詮釋。（牟宗三：〈佛家體用義之衡定〉，牟宗三：《心體與性體（一）》（臺北：正中書局，1999年），頁571～657。）又如在《現象與物自身》談論儒道釋三家「無執的存有論」（參見牟宗三：〈執相與無執相底對照〉，《牟宗三先生全集21‧現象與物自身》（臺北：聯經出版公司，2003年），頁381～486。）在這些討論裡，牟宗三兼治中西哲學，運用西方哲學的概念詮釋儒佛思想要義，並比較儒佛型態。

〔註11〕關於儒家與佛教的圓教型態，參見牟宗三：〈圓教與圓善〉，《圓善論》（臺北：臺灣學生書局，2010年），頁243～336。

言上是一個重要的進步」〔註12〕牟宗三的佛教研究不僅是儒佛議題和佛教研究之發展脈絡上的里程碑，他運用儒佛思想以闡述自己的學說，亦豐厚新儒家的理論深度。

　　唐君毅的佛學論述集中在《中國哲學原論》系列，尤其是《中國哲學原論·原道篇（三）》，他的儒佛論述雖有相關的探討，〔註13〕但仍有相當大的探討空間。目前研究多著重在唐君毅在宗教學方面的看法，例如彭國翔嘗列舉唐君毅談論宗教的篇章，從中探討唐君毅所論的宗教精神，他所列舉的篇章專以宗教學為主題，呈現唐君毅對宗教的重視。〔註14〕這些篇章較偏重唐氏論儒家與宗教的部分，較無佛教思想及儒佛部分。

　　唐君毅擅長從哲學概念的演變談論各家思想，《中國哲學原論》系列皆有論及佛教之處。他在《中國哲學原論·原道篇（三）》談論魏晉到宋代的佛教思想發展，涉及般若學、唯識學及天臺、華嚴等宗派的論述。《中國哲學原論·導論篇》，唐君毅從「理」談佛教的論理的特質，〔註15〕他稱佛教之理乃是「空理」，爾後《生命存在與心靈境界》亦由「我法二空」概括、評判佛教境界。又如《中國哲學原論·原性篇》，唐君毅把握「性」而一一梳理、評判中國傳統思想對「性」的看法，並將佛教論性劃分為「法與性」、「妄執之自性詮義」、「種姓之性、同異性」、「體性、當體、與所依體」、「價值性與三性」，接著將佛教言「性」的方式比較中國先哲的觀點。〔註16〕根據這樣的劃分，唐君毅接

〔註12〕賴賢宗：〈牟宗三論體用縱橫：由體用縱橫義詮釋與批判牟宗三所論圓教的基本思想模型〉，《體用與心性：當代新儒家哲學新論》，頁207。

〔註13〕例如杜保瑞〈對唐君毅高舉儒學的方法論反省〉，認為唐君毅企圖與儒學統攝基督教與佛教，不免是對後兩者有錯誤認識，未能把握基督教與佛教的本意。（杜保瑞：〈對唐君毅高舉儒學的方法論反省〉，香港：香港中文大學哲學系「香港中文大學的當代儒者」學術研討會，2004年12月20～12月23日。）趙敬邦不同意杜保瑞所見，認為唐君毅乃是把握儒學的功能，避免儒家凌駕於其他宗教、哲學之上。（趙敬邦：〈論儒學在唐君毅先生哲學中的角色——杜保瑞教授文章讀後〉，《哲學與文化》第44卷22期，2017年2月，頁185～200。）

〔註14〕彭國翔：〈唐君毅論宗教精神〉，《儒家傳統的詮釋與思辯——從先秦儒學、宋明理學到現代新儒學》（武昌：武漢大學出版社，2012年），頁295～367。

〔註15〕唐君毅：〈原理下：空理、性理與事理〉，《中國哲學原論·導論篇》（臺北：臺灣學生書局，2004年），頁60～68。在這本著作裡，唐君毅從語言觀談論佛教言說的問題。（唐君毅：〈原言與默：中國先哲對言默之運用〉，《中國哲學原論·導論篇》，頁236～238。）

〔註16〕唐君毅：〈佛家言性之六義，及其與中國傳統言性之異同〉，《中國哲學原論·原性篇》（臺北：臺灣學生書局，2006年），頁178～201。

著撰寫〈般若宗即空言性，與唯識宗即識言性及種姓言性〉、〈佛心與眾生之佛性〉、〈華嚴之性起與天台之性具，及其相關連之問題〉、〈禪宗與佛學他宗，及惠能壇經之自性義與工夫〉、〈由佛再入儒之性論〉，〔註17〕從這些篇名看來，唐君毅詳實地闡述佛教論「性」的特點與演變，雖然是踏實地剖析佛教論「性」之要旨，實則在行文中亦有比較儒佛之處，例如在《中國哲學原論・原性篇》最後一章總論中國哲學言性之發展，就總結佛教論性的型態，並比較宋儒與佛教論性的差異。〔註18〕

　　由上可見，唐君毅與牟宗三的佛學研究重心不同於熊十力以唯識學為主，而是轉入以佛性為重的天臺宗、華嚴宗與禪宗，他們會通儒佛的方式也不盡相同。朱光磊從思想史的發展脈絡將當代新儒家與佛學的交涉分為兩個階段，一是梁漱溟、熊十力為代表，對佛學的關注與詮釋；二是以唐君毅、牟宗三為代表的第二代新儒家對佛學的吸收與融攝。梁漱溟、熊十力等人都有由佛入儒的經歷，梁漱溟的《東西文化及其哲學》、熊十力《新唯識論》吸收佛教理論以建立自己的哲學體系，既堅守中國傳統文化也吸收唯識學與因明學回應西方哲學的邏輯分析及理性思考。而唐君毅、牟宗三與佛學的交涉和第一代學者不同，他們接受嚴密的西方哲學訓練，對中國文化有深切的領悟。他們借用西方哲學話語表述中國哲學，試圖建立橫貫中西、融通三教的哲學體系。〔註19〕韓煥忠簡評：「馬一浮、梁漱溟、熊十力這些人對待佛教的態度是抉擇勝義，取其所信，為我所用，其哲學家的意味頗為濃厚；而唐君毅、牟宗三則是考鏡源流，見盛觀衰，其學術家的色彩十分強烈。」〔註20〕他又指出，唐君毅相當注意「佛教中國化」的問題，以此稱揚中國文化具有吸收、消化、改造、轉變外來文化的能力，並以此自我豐富、自我發展，構成厚德載物的涵容精神與文化。

〔註17〕以上諸篇，參見唐君毅：《中國哲學原論・原性篇》，頁178～353。

〔註18〕唐君毅：〈總論性之諸義及言性之諸觀點，與中國言性思想之發展〉，《中國哲學原論・原性篇》，頁528～548。

〔註19〕參見朱光磊：〈牟宗三的佛學研究〉，《鵝湖月刊》第36卷第2期，頁8。朱光磊認為心靈九境雖然吸收華嚴學，但更大程度上具有黑格爾哲學的影子。（同註）論據筆者所見，朱光磊不免小看佛教學說對心靈九境論的影響，心靈九境在結構與觀念固然受到黑格爾影響，但如果要把握心靈九境的運作，就不能不重視唐君毅對佛教的運用，尤其是《生命存在與心靈境界》談論天德流行境之後，就是集中在心體運作的闡釋。倘若抽去佛教學說，就很難解釋神聖心體「體、相、用」的活動型態。

〔註20〕韓煥忠：〈唐君毅與牟宗三的佛學觀比較〉，《湖南行政學院學報》第65期，2010年5月，頁106。

而牟宗三則認為佛教在中國雖然型態上有了改變，但核心精神仍然與印度佛教相同，所以牟宗三特別強調中國佛教與印度佛教的一致性。〔註21〕總之，唐君毅與牟宗三的佛教研究及儒佛運衡，的確有別於於熊十力、梁漱溟，彼此也各具特色。

　　以佛教宗派而言，牟宗三較推崇天臺宗，他認為華嚴宗雖然是順由唯識學而發展的最高峰，但真正的圓教在於天臺宗，〔註22〕唐君毅則重視華嚴宗，他說：「華嚴是由賴耶遍攝法界一義更進一解，為萬法互攝。此萬法互攝之根據，則當在佛之大悲心不捨眾生，而眾生亦各有大悲心為其真心也。如此說，則與儒家義亦有相通處。」〔註23〕唐君毅認同華嚴以大悲心作為真心、並以此真心作為法界緣起、萬法互攝之根源，更主張華嚴出於心之慈悲與清淨的看法能夠通於儒家意旨，景海峰也認為華嚴的心性論較符合唐君毅的觀點：

> 唐先生分別疏解了天台華嚴二宗的心性學說，認為華嚴之言行起兩天台之言性具在理趣上是根本相異的。首先，性起與性具之「性」，實有不同的內涵。華嚴宗所謂性起之性，乃是指法界性起心之性，而此心性，有一存在之實體的含義。法藏所謂「性海圓明」、「性海具德」，皆有一體性在內。此體性必有其用，故能有所起。而天台宗所謂性具之性，初乃本《法華經》所謂「十如是」中之如是性之義而轉出，如是性是就十界中之種種法相而說，故此性並無實體的意義。〔註24〕

唐君毅不僅注意到佛教以般若空觀而破執去妄，同時也從佛性比較天臺和華嚴，他認為華嚴宗的佛性論強調實體的意涵，在這個層面上能與儒學呼應。再者，

〔註21〕韓煥忠：〈唐君毅與牟宗三的佛學觀比較〉，頁106。此見解應是出於牟宗三說：「再譬如有些人喜歡講『佛教中國化』『中國的佛教』，好像中國的佛教不同於印度的佛教似的。但若仔細考察一下，究竟此處說的『化』是什麼意義？怎麼『化』法？『化』到什麼程度？仔細體會了解之後就知道這種說法是不對的，佛教只有一個，所謂在中國的發展，都是佛經中所原涵的義理進一步發揮，並沒有變質而成為不同於印度的『中國』佛教。」（牟宗三：〈略說魏晉梁朝非主流的思想並略論佛教「緣起性空」一義所牽連到的諸哲學理境與問題〉，《中國哲學十九講》（臺北：臺灣學生書局，1999年），頁253。）

〔註22〕參見牟宗三：〈序〉，《佛性與般若・上冊》（臺北：臺灣學生書局，2011年），頁3。

〔註23〕唐君毅：〈致勞思光・三〉，《書簡》，頁359。

〔註24〕景海峰：〈唐君毅對華嚴思想之闡釋〉，收入霍韜晦：《唐君毅思想國際研討會論文集II》（香港：法住出版社，1990年），頁59。

唐君毅反對天臺在性的根本義上論性具善惡，[註25]而華嚴則在性之根本義上不言染與惡，只說「清淨圓明」，此說較為切合唐君毅的理念。[註26]此外，華嚴宗祖師法藏（643～712）論心乃是「自性清淨圓明體」，將「真如本覺」解釋為「一心」，將《華嚴經》對禪定狀態的神通境界構想改造為心生萬法的宇宙根源論，「一心」包含世間與出世間現象，構成法界的「大總相」。[註27]一心俱足法界，包含森羅萬相的一切事相，尊重事相的差異，注重彼此的協調，此與心靈九境既劃分各境界的差異與特點，又講究心靈涵攝九境的觀點也甚為相似。再者，法藏論心體為「自性清淨圓明體」，肯定此心本來圓滿純善，亦與唐君毅觀點相近；而清淨圓明體具有「遍照法界」之作用，與唐君毅謂神聖心體能存在一切事相又涵攝心靈九境的觀點也是相近的。唐君毅又將天臺宗與華嚴比較，依據天臺宗《大乘止觀法門》與華嚴宗祖師法藏論真如染淨問題，他說：

〔註25〕景海峰：〈唐君毅對華嚴思想之闡釋〉，收入霍韜晦：《唐君毅思想國際研討會論文集II》（香港：法住出版社，1990年），頁60。性具思想是天臺宗的思想特色，按《觀音玄義》：「闡提既不達性善，以不達故還為善所染。修善得起，廣治諸惡。佛雖不斷性惡而能達於惡，以達惡故，於惡自在，故不為惡所染修惡不得起，故佛永無復惡，以自在故廣用諸惡法門化度眾生，終日用之終日不染，不染故不起。」（〔隋〕釋智顗說、釋灌頂記：《觀音玄義》，《大正藏》第34冊，頁882c。）這裡就說明佛為了教化眾生，故佛性保有「惡」的成份，但是佛不為惡所染，一闡提及其他眾生則亦陷溺於惡。天臺宗湛然（711～782）、知禮（960～1028）延續這樣的看法，湛然依據「理具」論性德善惡，知禮則就性說而突顯天臺宗教學特色。（參見陳英善：〈荊溪湛然理具思想之探討〉，《天台性具思想》（臺北：東大圖書股份有限公司，1997年），頁19。）天臺宗認為第一義佛性有「惡」的存在，並非唐君毅所能同意。因此，韋漢傑指出，唐君毅在《中國哲學原論·原性篇》試圖將天臺「法性」、「無明」分開來說，論證「性惡」之「性」是第二義的，天臺宗的心性即是法性。韋漢傑不贊同此說，依循天臺宗教說和《佛性與般若》，「法性一骨碌即是無明，無明一骨碌即是法性」，所以「法性即無明」，在天臺宗強調色心不二的前提下，兩者不能分割。（參見韋漢傑：〈從《佛性與般若》看華嚴宗哲學〉，《鵝湖月刊》第26卷第1期，2007年7月，頁18。）

〔註26〕據宗密《普賢行願品疏鈔》，說明染、淨皆為性起之大用，但這是在緣起的部份而言，根柢的心性仍然是「唯淨」的。（參見〔日〕龜川教信著，釋印海翻譯：《華嚴學》，頁140。）華嚴宗論述的法界是人心本來的境界，世間的現象都是一心的表現，本來沒有區別，而所以有凡聖、染淨的差別，都是出於妄念而來。因此，一切存在的現象本質上都契合「真如」。（參見魏道儒：〈華嚴宗的性起學說〉，《華嚴學與禪學》（北京：宗教文化出版社，2011年），頁77）可見，在強調心（真如）的清淨本質以及對心性染污的看法，唐君毅較切合華嚴宗的觀點。

〔註27〕魏道儒：〈華嚴宗的性起學說〉，《華嚴學與禪學》，頁77。

> 但止觀法門論唯言自性清淨心具染淨性，能修淨而通達於染，故分
> 別為染法淨業所熏。……然染業與心之性相違，能順心之性者，只
> 在淨業；故不言此性淨之心，能直成於染業與淨業之中也。然法藏
> 則論真如心之不動性淨，以成於染淨，此即不只言性具染淨，且言
> 由淨性以起染起淨，成染成淨，染淨乃皆直接唯一性淨之真如心之
> 所起所成矣。〔註28〕

唐君毅認為天臺家未能將自性清淨心綰合染業與淨業而論述，而華嚴宗法藏
則本於真如心而論起染起淨，將染淨均視為真如心之中。〔註29〕唐君毅將華嚴
宗所論的第一義真如心稱作「自性清淨之法界性起心」，一切諸法均是存於相
攝相入的大緣起、依第一義的真如而起；既然第一義真如心是淨，那麼依真如
而起的染惡也都屬於畢竟空，從根本上來說都屬於淨；染惡只能是性的第二
義，並非根本義。而心能轉染成淨，轉惡依善，這也是從第二義而說心有染淨，
從根源上來說，真如心仍是淨的。〔註30〕如此看來，華嚴宗將染淨均視為真如
心所成，這與儒家將善惡都視為心的表現之模式是相同的。又從觀照染淨的方
式來看，唐君毅按法藏的論述而說：「是知圓成實之真如心，即一方為成依他
之染淨法，亦成染中之遍計執著。故真如隨緣，依他似有，所執情有，三者無
異。此即不動本而常末，本澈於末。」〔註31〕這種以真如心為體證主軸，兼顧
本末的修持模式，亦切合儒家實踐。〔註32〕

〔註28〕唐君毅：〈佛心與眾生之佛性〉，《中國哲學原論·原性篇》，頁274。

〔註29〕須說明的是，其實唐君毅也明白天臺宗有「始於觀染，以求除染而轉淨，以成
　　　　上達」之工夫論。此工夫論也是依於「攝末反本，或垂跡反本，開粗顯妙，而
　　　　由粗入妙，即眾生性，以開顯佛性，以轉凡成聖」之教理。（唐君毅：《中國哲
　　　　學原論·原性篇》，頁284。）唐君毅認為天臺宗的實踐以「涵攝」而重，而華
　　　　嚴宗的實踐則開出廣大高明的無窮法界，兩家實踐各擅其場。（參見唐君毅：〈華
　　　　嚴之性起與天台之性具，及其相關連之問題〉，《中國哲學原論·原性篇》，頁
　　　　297。）

〔註30〕參見唐君毅：〈華嚴之性起與天台之性具，及其相關連之問題〉，《中國哲學原
　　　　論·原性篇》，頁280～281。

〔註31〕唐君毅：〈佛心與眾生之佛性〉，《中國哲學原論·原性篇》，頁275。

〔註32〕唐君毅評論孟子之道具有「由本而末，由內而外，亦由末反本，攝外於內」之
　　　　意義，以仁義之心作為根源而有各種表現，揭顯心的主客觀意涵。（參見唐君
　　　　毅：〈孟子之立人之道（上）〉，《中國哲學原論·原道篇（一）》，頁234。）華
　　　　嚴宗的法界觀從真如緣起而展現無窮無盡的法界，並觀照此中一一事相，在
　　　　形式上也呈現真如心的主客觀意義。又如禪宗直取本心，當下直破諸相，此是
　　　　專由「本」而契入，與儒家的形式就差別甚遠。

　　整體而言，當代新儒家學者的佛學研究、儒佛思想是近代以來儒佛交涉的指標性成就，他們不僅是要重振傳統思想，更能屢創新見，推動儒佛兩家思想的研究及儒佛議題的探討，進入新的階段。唐君毅與牟宗三的儒佛思想研究，不僅是建立自己的哲學體系，同時也在佛教研究、儒佛比較的議題獲致高度的成就，成為儒佛交涉歷程中的里程碑。筆者欲從「生命存在」、「心靈境界」作為探討唐君毅儒佛思維的入路，也必須綜合唐氏歷來關於佛教方面的論述，例如他對儒佛理論、實踐與教化方面的比較，對佛教各宗派的論述等等，集中在《中國哲學原論》系列、《文化意識與道德理性》等著作，這些論述與看法都直接影響《生命存在與心靈境界》的撰述，包括心靈九境的運作、平章儒佛的方式以及衡定儒佛境界的內容等等。因此，從「生命存在」、「心靈境界」作為考察途徑，不僅能深入理解唐君毅如何運用儒佛思想以擘劃心靈九境的架構與運作，亦能察見他判定儒佛、剖析佛學的理據與脈絡。

（二）從「道德意識、宗教意識」到「生命存在、心靈境界」

　　如上文所言，目前有不少關於唐君毅宗教或儒教思想的學術論文。實際上，談論宗教或是探討儒家宗教意涵是當代新儒家學者的重要論域之一，〔註33〕尤其是唐君毅說：「哲學之目標在成教」〔註34〕，他所云的「教」是綜合超越的體證、教化與人文人倫精神的發揚，近於牟宗三的定義：「凡足以啟發人

〔註33〕趙法生論牟宗三的儒教觀時，提到：「儒教研究的注意力集中於其社會功能的認定、超越形態和超越精神的探索，後者無疑是重點所在。對儒教問題的關注深刻地影響了牟宗三後來的治學路徑，影響了他對中國哲學根本精神的理解，對於他哲學體系的形成產生了重要的作用，這種影響在以往的研究中被嚴重忽視了。正是由於對儒教問題的反思和探索，將他的思想引向了儒教與其它宗教的比較，從比較中體認並重新闡釋中華文化的基本精神，最終提出了內在超越這一重要命題，作為儒教區別於其他宗教的主要特徵。內在超越命題的提出，是牟宗三獨立建構起其哲學體系的開端，而對此一命題的關注，貫穿到他整個後半生的學術生命歷程。他對康德哲學的融會與改造，他對於宋明理學的重新闡釋，無不與這一命題息息相關。」（趙法生：〈牟宗三的儒教觀〉，《宗教哲學》第67期，2014年3月，頁89。）不僅是牟宗三，儒教精神也深刻影響唐君毅的思想詮釋，依據本論文各章的探討議題，實能察見唐君毅一方面建立涵容各宗教的哲學體系，另一方面也力圖以儒家道德及宗教精神為基礎，闡述生命存在邁向超越之途。尤其是他從生命存在及心靈感通詮釋儒家「三祭」具有圓滿的道德實踐及宗教超越性，這部分的詮釋既有別於他以往的論述方式，亦突顯儒教對於心靈九境之建構的關鍵影響。

〔註34〕唐君毅：〈導論〉，《生命存在與心靈境界‧上冊》（臺北：臺灣學生書局有限公司，1977年），頁25。

之理性並指導人通過實踐以純潔化人之生命而至其極者為教。哲學若非只純技術而且亦有別於科學，則哲學亦是教。」〔註35〕由此看來，唐君毅的心靈九境論的關懷之處，在於澄澈自體生命，隨著心靈境界的提升與擴大，連帶引出教化意義及人文人倫精神的展現，達到內外兼善、心境一如的最高境界和理想生活，全然豁顯道德與宗教的意義，同時開展出心靈境界的開放性、多元性、人文性與超越性。而這也正是唐君毅的期望，他期待自己的哲學能成為道路、河流，提供吾人循序漸進、直至超越之入路。〔註36〕所以「心靈九境」即是道路、河流，會通一切宗教與哲學，並使一切最高境界歸於吾人全然超越的「神聖心體」，同時促使吾人成就真實的生命存在，此即唐君毅所言：

> 人之行於哲學之途者，次第歷此九境，即可通至東西古今大哲之哲學境界，而對其心靈活動與其所感通之境，分別皆有一如實知，以成其真實行，而使其生命成普遍、悠久、無限之生命，為真實無妄之存在故。〔註37〕

唐君毅認為哲學或宗教之最終目的不在於成就言說之教，而在於成就真實之生命存在與心靈境界，他也相信自己建構的心靈九境論能夠達到這個目的。

　　從唐君毅對宗教的重視與闡釋，也突顯當代新儒家學者對於儒家的宗教性質、精神與論述有相當深入的闡述。專以唐君毅而言，他體認到西方的物質、思想與文化帶給中國莫大的衝擊，進而影響社會人心，因此他認為除了提倡傳統思想的精髓之外，應重振宗教與人文精神有利於改善社會人心，消泯不良風氣。唐君毅嘗言：「人與天之合作，以挽救人類之物化」，〔註38〕可見他肯定宗教對文化與生命具有重要的意義：

> 我們在現在發揚人文主義之精神，我們所要對治的，只是視人如物、以駕御機械之態度駕御人之唯物主義。我們所要講的人性，是異於物性的人性，而非異於神性的人性。我們所謂人文乃應取中國古代所謂人文化成之本義。「人文化成」，則一切人之文化皆在內，宗教亦在內。〔註39〕

〔註35〕牟宗三：〈序言〉，《圓善論》，頁 ii。
〔註36〕參見唐君毅：〈導論〉，《生命存在與心靈境界・上冊》，頁 27。
〔註37〕唐君毅：〈導論〉，《生命存在與心靈境界・上冊》，頁 30。
〔註38〕唐君毅：〈宗教精神與現代人類〉，《人文精神之重建》（臺北：臺灣學生書局，1988 年），頁 25。
〔註39〕唐君毅：〈宗教精神與現代人類〉，《人文精神之重建》，頁 26。

由此可見，唐君毅提倡宗教及一切文化活動，而宗教所以重要，在於宗教不只是能作用於社會文化和倫理道德，對於生命與生活品質的提升與超越也有重要價值。因此，唐君毅積極探究中國傳統宗教精神之精髓，關注如何將儒家的道德與宗教實踐聯繫於當前的社會文化，並揭顯吾人生命心靈之廣大高明，達到返本開新的目標。值得注意的是，唐君毅等學者也都注意到儒家的宗教觀點與型態與其他宗教不同，儒家既沒有固定的宗教組織，也沒有既定的宗教儀式或神職人員，但儒家卻與其他宗教一樣具有超越向上的哲思，且更要在向上超越的同時承擔道德倫理和社會教化的責任。因此，牟宗三也指出宗教能啟發人的精神向上之機，指導精神生活的途徑，這是儒家與佛教、基督教的努力之處。而儒家的特出之處在於注重禮樂和五倫是否落實在生活之中，吾人是否能藉此開闢精神向上的途徑。再者，儒家沒有特殊的宗教儀式，而重視禮樂教化也使儒家具有歷史文化的創造動力。所以牟宗三認為除了從主觀了解宗教之外，還要從客觀方面擔負文化創造的責任，這就是儒家宗教的特殊性質。〔註40〕當代新儒家學者也都了解儒學的宗教性、宗教精神與宗教表現不同於西方「宗教」的概念，在型態、理念等方面皆有差距之下，不宜用西方宗教，尤其是一神教的概念作為衡量儒家宗教思想的標準。若是將西方既定的宗教概念審視儒家宗教思想和唐君毅的宗教學說，不僅不易全然掌握儒家宗教學說和唐君毅的宗教論述之起始點，也不能給予相當的理解。〔註41〕

　　此外，當代新儒家學者們除了把握宗教改善人心的意義之外，亦切合社會需求與時代風氣，杜維明指出：

> 現代思想的趨勢是以二十世紀人類全體的生存條件、人生意義、社會及文化所面臨的危機、未來的展望等課題為起點，對各大宗教、各大傳統重新進行反省、評價。二十世紀的問題是人的問題。人不僅是動物的存在，也是社會的存在，而且還是神聖的體現，人有永恆、超越的一面。如何對人的問題進行全盤的反省，人道與天道如何結合，也就是說如何建立「哲學的人學」，這不僅是哲學課題，而且也成為宗教神學的課題。儒學對這一課題可以提供一條線索。〔註42〕

〔註40〕牟宗三：《中國哲學的特質》（上海：上海古籍出版社，2008年），頁87。
〔註41〕杜維明就反對以一元宗教（超越外在上帝）作為衡量是否為「宗教」的普遍標準，也主張將作為哲學或宗教的儒家問題轉化為儒家的哲學性與宗教性問題。（郭齊勇：《儒學與儒學史新論》（臺北：臺灣學生書局，2002年），頁265～266）
〔註42〕杜維明：《儒學第三期發展的前景問題》（臺北：聯經出版公司，1989年），頁127。

可見，當代新儒家學者們對宗教的關注，除了是要重振傳統文化的價值與精神，同時也關注到隨著時代脈動，社會人心產生的問題愈顯複雜，宗教與哲學思想的結合有助於吾人尋求改善之道，而這也是儒家過去在傳統社會裡扮演的角色與功能，彭國翔說：「解決安身立命的問題，解決人的信仰、意義、價值問題，在西方大多是靠宗教來完成的。我們儘管傳統上沒有宗教與哲學的劃分，但實際上儒家傳統在中國，在相當的意義上，發揮著類似宗教的功能。」〔註43〕彭國翔亦言：

> 由於儒家傳統本身具有極強的宗教性，對於人類如何使有限的自我連同其所存在的整體脈絡（包括家、國、天下以及整個宇宙）一道最終實現創造性的轉化，其「修身」、「成人」之學有著豐富的理論和實踐可資參照，在全球的視域中也已經被廣泛地認為是一種宗教傳統，在當前全球的宗教對話中正在逐漸發揮其作用。〔註44〕

彭國翔揭顯儒家宗教性質與效用對於當前世界具有重要意義，怎樣將儒家置於全球的宗教之中相互對話，以促成人文世界之完善，這是儒家未來發展的重要課題之一，也可說是儒家能藉由道德與宗教的結合而達到與時俱進、跨文化對話的效果，開展儒學新風貌與新生命。杜維明認為，儒學第三期（即20世紀以來）開展面臨的課題除了牟宗三所言的「民主」和「科學」之外，應增加「宗教情操」和「心理學方面對人性的理解」。尤其是儒學作為一種宗教傳統與精神性傳統不再是一個值得爭議的問題，西方學術界在20世紀70年代也有不少從宗教學研究儒家傳統的著作，在當今全球性的宗教對話中，儒家也早已被其他的宗教傳統主動接納為一個不可或缺的對話夥伴。〔註45〕郭齊勇評述中國大陸學人的當代新儒學研究，亦言儒學的宗教性與超越性是第二、三代

〔註43〕彭國翔：《重建斯文：儒學與當今世界》（北京：北京大學出版社，2013年），頁29。

〔註44〕彭國翔：《重建斯文：儒學與當今世界》，頁106。

〔註45〕參見彭國翔：《儒家傳統與中國哲學：新世紀的回顧與前瞻》（河北：河北人民出版社，2009年），頁47～69。1993年，天主教背景的學者孔漢斯（Hans Kung）起草《世界倫理宣言》，該宣言將涵括孔子在內的世界上各文明、各宗教的原創性思想家，並把「己所不欲，勿施於人」置於重要的地位，又如當代新儒家學者劉述先也積極參與全球倫理的建構，他以宋儒「理一分殊」的概念解決尊重差別與平等對待的問題，並接通傳統與現代，一元與多元。再者，儒家講究民胞物與，重視自律、仁愛與公義等等，這些都能做為普世價值而得到重視。（參見郭齊勇：《儒學與現代化的探討》（北京：商務印書館，2015年），頁270。）

當代新儒家學者的理論創識，他們關心如何從本體——境界論談「超越」，並以「內在超越」談論儒家的宗教性。〔註46〕另一方面，彭國翔透過西方學界對儒學的研究概況，了解到在長期的「宗教性儒學」之研究議題裡，已突顯儒家最為突出的兼容性特徵，能夠對不同宗教之間的和平共處與多元宗教參與的問題提供一筆豐厚的資源。〔註47〕彭國翔的看法很能說明新儒家的貢獻，新儒家第三代學者劉述先（1934～2016）、杜維明等等，都大大地拓展「宗教性儒學」的研究視野，積極為儒家思想與其他宗教進行對話。〔註48〕從這些研究概況來看，實可察見當代新儒家學者致力於自傳統宗教思想提出新詮釋，同時推動儒家與其他宗教、哲學進行互動，從這意義上，唐君毅的心靈九境論涉及對各大宗教和哲學的溝通與評述，藉由這些闡述以論吾人的心靈如何從客觀境界邁向超主客觀境界，並在超主客觀境界裡並置儒家、佛教與一神教思想，因此唐君毅的心靈九境論可視為新儒家重要的宗教論述。

　　唐君毅主張儒家本就是即宗教、即道德、即哲學，必須在此時充量發展之，促成人文化成之極致，〔註49〕他說：「孔孟之立身行己與從政施教之事中，亦有一宗教精神。所以我們亦未嘗不可說儒家是一宗教或包含一宗教。我們可說儒家之教，是一信天人合德之人道教、人格教或人文教。」〔註50〕唐君毅之後的學者也多秉持這個看法而論儒家的宗教性，更依儒家宗教的人文特質而積極探究儒家與其他宗教對話和溝通的可能性。〔註51〕在唐君毅看來，哲學與宗教均以提升吾人的生命品質與心靈境界為目標，因此哲學與宗教實能以發展

〔註46〕參見郭齊勇：《儒學與儒學史新論》，頁347～348。

〔註47〕參見彭國翔：《儒家傳統與中國哲學：新世紀的回顧與前瞻》，頁36～46。

〔註48〕例如劉述先《全球倫理與宗教對話》、《儒家哲學的典範重構》、《儒家思想之現代闡釋論集》等等，杜維明《儒家思想：以創造轉化為自我認同》、《儒學第三期發展的前景問題：大陸講學、答疑和討論》、《儒教》等等。這些著作均有涉及儒家宗教學說相關的議題。

〔註49〕參見唐君毅：〈宗教精神與現代人類〉，《人文精神之重建》，頁28。

〔註50〕唐君毅：《青年與學問》（臺北：三民書局股份有限公司，2012年），頁92。

〔註51〕例如杜維明從《中庸》文本來解析儒家的宗教性，肯定儒家的「終極的自我轉化」的人性實現，是具有著實質的與倫理的宗教意義，肯定儒學精神修養的生命歷程，是與其他宗教在終極的體驗上有共通之之處。蔡仁厚則繼承唐君毅、牟宗三兩位先生的論點，指出儒家雖然沒有特殊的宗教性儀式，卻同時具有哲學、道德與宗教的本質，是天人合德之教，進而認為發揚儒家宗教精神有助於打通宗教之間的隔閡，而使一切道德宗教的真理會通在一起。（參見鄭志明：〈唐君毅與牟宗三宗教觀的比較〉，《鵝湖月刊》第36卷第3期，2010年9月，頁29。）

吾人的生命作為共同的宗旨，儒家與佛教也是如此。值得注意的是，唐君毅注重如何以道德涵攝宗教，他早年從「道德自我」進行闡述，後來以「道德意識、宗教意識」作為說明，晚年轉為以「生命存在」作為論述重心，認為「生命存在」本身即有道德與宗教最高境界的超越性，而「生命存在」並非孤懸於客觀世界，而是兼具心靈主體與生存世界，兼綜主客觀境界及超主客觀境界。在這意義上，可以說唐君毅以「生命存在」涵攝「道德自我」、「道德意識」、「宗教意識」的意涵，把握生命存在本有的超越動力和無可窮盡的「心靈境界」以呈顯其道德性及宗教性。郭齊勇指出，唐君毅藉由心靈九境論述「生命存在」能夠橫觀、順觀、縱觀而構成九境，注意人的生活在橫向發展的各種境界中表現了意義與價值，說明吾人在九境內成就了生活與道德人格，闡釋儒家心性學說給吾人安身立命的終極意義，此即是唐君毅將「道德自我」推擴為「生命存在」。〔註52〕李杜亦云：

> 唐先生由於對中國傳統哲學人性說的新了解，及對整個哲學更進一步了解，而即不再以他所已建立的道德的理想主義的基本概念——道德自我去說哲學、去說中國哲學，而改由人性去說哲學、去說中國哲學，亦即由人性而說人的「生命存在」，由人的「生命存在」而說哲學。〔註53〕

李杜以《生命存在與心靈境界》作為唐君毅哲學重心轉變的代表，並指出唐君毅從「生命存在」闡述哲學與宗教，較符合傳統儒學與現代哲學的發展。〔註54〕單波也說：「因為在唐氏那裡，『心體』含有極為豐富的創生意義，及至後來他把『道德自我』推擴為『生命存在』，『心』已不是先驗的道德之心或抽象的理性之心，而是與人的生命存在相合一的『心靈』。由此，『心靈』以『居內而通外以合內外』的種種感通活動建構起不同的境界，創造出人文世界的豐富內容。」〔註55〕將「道德自我」擴張為「生命存在」，使「生命存在」的活動透過感通而涵括客觀境與主觀境界，也可以說唐君毅從「體」的探究擴大為

〔註52〕 參見郭齊勇：〈唐牟徐合論〉，收入李明輝主編：《當代新儒家人物論》（臺北：文津出版社有限公司，2005 年），頁 370～371。

〔註53〕 李杜：〈唐君毅先生與臺灣儒學〉，《哲學與文化》第 24 卷第 8 期，1997 年 8月，頁 718。

〔註54〕 李杜：〈唐君毅先生與臺灣儒學〉，《哲學與文化》第 24 卷第 8 期，1997 年 8月，頁 723。

〔註55〕 單波：〈人生意義的體驗——唐君毅人生道德哲學〉，《心通九境——唐君毅哲學的精神空間》（北京：北京大學出版社，2011 年），頁 76。

「體、相、用」，從關注個體「道德自我」與外境的聯繫互動，擴張為探究一切生命存在的聯繫、互動，進而顯揚道德與宗教精神。

　　從「道德自我」推擴為「生命存在」是唐君毅思想的一大轉變，這樣的變化可能發生在1948～1955年之間，他在1955年寫給勞思光的信件裡提到：

> 自一般宗教言，尊意自是弟在寫「道德自我之建立」之一時期亦如此辨宗教與道德之異，且視宗教為不須。唯近五、六年來，則覺此中尚須再進一步，而由道德心去安立宗教意識，成就宗教心，方為道德心之充量。此義非急切之所能決，姑俟之以待後悟可也。〔註56〕

依唐君毅的著述年表看來，他1948年撰寫中國宗教信仰和儒家天道觀方面的論文，並撰寫〈道德意識通釋〉，該文收入《文化意識與道德理性》，既從「善」與「不善」談論道德意識之作用，亦說明道德意識可做為宗教意識之主宰。須注意的是，這時候唐君毅關於道德意識方面的解說的確達到「由道德心去安立宗教意識」的目標，但是「成就宗教心，方為道德心之充量」的部分，應在《生命存在與心靈境界》方有更全面的說明，尤其是「神聖心體」的論述。可見，唐君毅意識到早年論「道德自我」固然可辨明宗教與道德；但如何以道德涵攝宗教，甚至如何本於儒家心性論以溝通其他宗教、哲學及文化活動，是確立「道德自我」之後應持續探討之課題。〔註57〕

〔註56〕唐君毅：〈致勞思光·三〉，《書簡》（臺北：臺灣學生書局，1990年），頁359。

〔註57〕根據《著述年表》，1942年，唐君毅約33歲時發表〈道德之實踐〉一文，收錄在《道德自我之建立》，因此《道德自我之建立》是唐氏早年的代表作。他在這時候闡述的「道德自我」較重視道德內在運作的意義與功能，此處以他1944年為《道德自我之建立》撰寫的〈導言〉作為說明。唐君毅說：「因我深信道德的問題，永遠是人格內部的問題；道德生活，永遠是內在的生活；道德的命令，永遠是自己對自己下命令，自己求支配自己，變化自己，改造自己。人必須要在自己真切的求支配自己，變化自己、改造自己時，才能有真正的道德意識之體驗。一個人希望他人有道德，而對人講道德，亦只能出於自己之真切的成己成物之道德意識——這一種道德意識當然是最高的。」（唐君毅：〈導言〉，《道德自我之建立》（臺北：臺灣學生書局，2002年），頁24。）這樣的觀點突出道德自我作為生命與生活的主宰意義，《文化意識與道德理性》以「道德意識」作為一切文化意識之主軸，即是延續他這部分的觀點。但是，唐君毅在《道德自我之建立》提到：「在道德哲學中，也有人主張他律的道德學說。但是依我所說，則他律的生活，必與宗教生活、或政治生活、或本能生活混淆，不是純粹的道德生活。我們不能不承認人有純粹的求自律之生活，我們便名此種生活，為純粹的道德生活。」（同前註，頁27。）顯然地，這個觀點在唐君毅思考「文化意識」時有了改變，他思考的是如何以道德意識作為宗教、政治等文化活動的主幹，使道德意識能實際地分殊在生活與生命之中，賦予

　　唐君毅說：「生命即存在，存在即生命」〔註58〕，他認為吾人的生命存在即具有動態活動的意涵，所以「存在」乃是兼具生命與生活的意涵，擁有「隱顯」的活動義：

　　　　剋就中國之存在二字，而分別之，則「存」初多指主觀之保存於心，

　　　「在」初指一客觀之在。「存」可只存於隱，「在」則隱而亦顯。〔註59〕

「隱顯、幽明、有無、乾坤」等等，是唐君毅闡述心靈的活動語，他認為生命存在及心靈的活動歷程就是不停止的活動、轉換。例如生命存在走向死亡，就是由顯入隱，轉明為幽；但生命也能再次走入世界，此即由隱入顯，轉幽為明。唐君毅比較中西方哲學對「存在」之解析後，認為西方缺少「由在而存」之義，而中國的「存在」具備「由存而在」、「由在而存」和內外隱顯之義，〔註60〕此即認為中國思想特重生命存在的活動意義。又因為「存在」兼及吾人生命內外之意涵，所以「存在」亦等同於吾人的「性命」，合稱為「生命存在」。唐君毅認為談論境界或其他的義理哲學之前，應當首先關注吾人生命存在的意義、心靈感通的活動歷程。〔註61〕因此，「生命存在」是唐君毅心靈九境論之起始，依於「生命存在」而有心靈感通，依心靈感通而促成心境互動，方能構成整體的「心靈境界」，故「生命存在」與「心靈境界」可以說是因果關係，吾人能本於「生命存在」而開展出廣大高明的「心靈境界」。

　　由此，唐君毅也解析「心靈」的活動義，他說：

　　　　「心靈」之「心」，偏自主於內說，「靈」則言其虛靈而能通外，靈

　　　活而善感，即涵感通義。〔註62〕

　　　　一切文化活動具有相當程度的道德性。最後，唐君毅以「生命存在」作為詮
　　　釋，闡釋「生命存在」具備溝通內外、貫通天人的動能，能在生活裡開闢「心
　　　靈境界」，達致內外一如，成為超越於客觀境界，又能經營人文世界的道德人
　　　格。依筆者所見，雖然唐君毅談道德與宗教的形式與觀點或有改變，但有些觀
　　　點仍然是一貫的。例如唐君毅所言的「道德自我」雖不若「生命存在」來得完
　　　備，但他論「道德自我」如何支配自己、支配生活，亦有利於吾人理解神聖心
　　　體展現的「當下生活的理性化、性情化」；這部分並非本論文首要的探討議題，
　　　留待日後持續論述。

〔註58〕唐君毅：〈導論〉，《生命存在與心靈境界・上冊》，頁1。
〔註59〕唐君毅：〈生命存在中之「真理或道」與「存在」之意義—觀生命存在中之「存
　　　　在之理」之相〉，《生命存在與心靈境界・下冊》，頁1100。
〔註60〕參見唐君毅：〈生命存在中之「真理或道」與「存在」之意義—觀生命存在中
　　　　之「存在之理」之相〉，《生命存在與心靈境界・下冊》，頁1101。
〔註61〕參見唐君毅：〈導論〉，《生命存在與心靈境界・上冊》，頁29。
〔註62〕唐君毅：〈導論〉，《生命存在與心靈境界・上冊》，頁2。

吾人「生命存在」含括內在之心性、自然生命，乃至於遭遇之外境，因此吾人的心靈不但要向內拓深，還要向上與天道契應，向外與一切事相和其他心靈彼此交流，以擴大生命存在之範疇與境界。在這之中，心靈「向內、向上、向外」不斷延伸，交感互動，即是「心靈感通」。心靈感通可以說是「感覺」，但是唐君毅認為吾人不僅「感覺」自身存在與存在之境，心靈更能「開通」而展現其他的境界。心靈的感通乃是以吾人至善之「神聖心體」為中樞，分別從橫觀、縱觀、順觀，表現自心與所遇一切相呈現的隱顯、幽明等轉易活動，此感通活動皆不離吾人之生命存在，所開展之境界亦依於生命存在而有，故可說「生命存在」即等同於「心靈境界」，亦即是道德與宗教的中樞所在。〔註63〕應注意的是，唐君毅對於生命存在及心靈感通的理解實切合儒家思想而論述，他論

〔註63〕 牟宗三論儒家，認為儒家重視禮樂，就有「真生命」在其中，「真生命」就是「仁」。實則儒家的重要問題在於使人的生命站起來。由這點來說，儒家的思想開闢價值之源，挺立道德主體。開闢價值之源就是道德價值、人生價值。（牟宗三：〈中國哲學之重點以及先秦諸子之起源問題〉，《中國哲學十九講》，頁62。）牟宗三言儒家在於挺立吾人之「真生命」、「仁」，唐君毅則以「生命存在」表述，生命存在就是儒家仁之所在，是道德與宗教運作之根據。牟宗三也認為有些人誤以為儒家的學問只是談論仁、性善，只講純道德，不牽涉到存在（being）的問題。牟宗三反對這種說法，認為儒家並非不談存在問題，雖然孔孟思想在這部分交代得不是很清楚，但仍然能從「天道生化」作為儒家交代存在的根據，所以儒家有個天來負責存在，孔子論仁與孟子的性必定和天相通，一定通而為一。（參見牟宗三：〈儒家系統之性格〉，《中國哲學十九講》，頁71～76。）這個解釋亦可以說明，唐君毅言「生命存在」本身就把握儒家心性通貫於天的主張，存在的隱顯變化亦順由天道生化而來。此外，此處亦可引用杜維明所見作為說明，他說：「我們又如何了解我們自己的具體存在呢？當下的宗教承擔和隔離的哲學智慧都是不可或缺的要素。沒有承擔，我們即使對自己有深入的理智分析，我們仍是一群毫無真實生命和真實動力的『脫節人』（irrelevant men）；沒有置喙，我們即使對生命有強烈的宗教感受，最多只是一群被熱情焚燃的盲動者。進一步來說，以仁德為動機的宗教承擔，必然包含著存在的大智大勇，因為當我們把『贊天地之化育』當作自己為乾坤盡孝，為萬物『踐形』的『終極關切』（ultimate concern）的時候，我們已把自己的『意、必、固、我』一一化除，『廓然大公』的心靈，自然會湧現人性最內在也最真實的智慧之光。」（杜維明：〈儒家心性之學──論中國哲學和宗教的途徑問題〉，杜維明撰，郭齊勇、鄭文龍主編：《杜維明文集·第一卷》（湖北：武漢出版社，2002年），頁167～169。）這裡提到宗教以「仁德」為動機，且認為結合宗教與道德的承擔有利於吾人理解生命存在，這與唐君毅論宗教以道德為主軸，生命存在的超越以道德實踐為主的觀點是一致的，尤其是這裡也提到，當吾人體見生命存在聯繫於天道，有利於吾人轉化生命的不善，豁顯生命存在，此亦證明生命存在是道德與宗教的核心所在。

「與物同體」時提到：

> 十年前新亞書院移天光道，乃將此諸意綜攝而說孔子言仁之旨，更
> 開之為對人之自己之內在的感通、對他人之感通、及對天命鬼神之
> 感通之三方面。皆以通情成感，以感應成通。此感通為人生命存在
> 上的，亦為心靈的，精神的。如說其為精神的，則對己之感通為主
> 觀的精神之感通，對人之感通為客觀的精神之感通，對天命鬼神之
> 感通，則為絕對的精神之感通。又此感通之三方面，其義亦可相涵
> 而論，有如主觀精神、客觀精神、與絕對精神之可通為一。此亦是
> 承宋儒之言感通之旨，進而更兼通西方哲學義理為說，復皆可以孔
> 子言證之。〔註64〕

唐君毅根據宋明儒對的詮釋「仁」的詮釋，認為均能以孔子思想綜攝之，而他更進一步據孔子思想以論感通，認為吾人的生命存在能夠開出主觀的、客觀的與絕對的心靈感通，這段見解已然勾勒出心靈九境的雛形，肯定吾人能由自身的生命存在而把握心靈活動，而心靈活動即是生命持續超越的歷程，此是唐君毅一再強調「生命存在」、「心靈」本就具有超越之動力的特質，他說：「感通即通往外境，感通之方向即境呈現之方向；則感通為依序而起，……一切境皆所感通之境，則感通之方向即境之方向。」〔註65〕這就將「心靈感通」等同於「境界」的開闢，甚至更可說「心靈即是境界」。再者，在生命持續超越的歷程之中，吾人能從中體見本具之神聖心體的主宰義與活動義，此即本於神聖心體以「執兩用中」，更是「盡性立命」的道德與宗教實踐，也達到唐君毅以道德心安立宗教心的目的。依儒家，生命存在與心靈的本質是至善的，更是「積極向善」的；因為「本來至善」、「積極向善」，所以吾人的心靈持續感通、相續成德，連帶促成心靈境界的開通與提升。那麼，生命存在與心靈的「本來至善」、「積極向善」不僅是道德實踐，同時也帶出宗教的超越意義。而唐君毅強調以生命存在作為立論核心，即確立以道德為主，宗教為輔的次序，避免吾人的心性流於外化，或是只知追求外在神祇，缺少與外境的互動，喪失自我心靈的提升。

〔註64〕唐君毅：〈孔子之仁道〉，《中國哲學原論‧原道篇（一）》（臺北：臺灣學生書局，2004年），頁78。

〔註65〕唐君毅：〈萬物散殊境—觀個體界（中）〉，《生命存在與心靈境界‧上冊》，頁98。

綜上所述，唐君毅本於對道德與宗教的重視以及對吾人心性的肯認，運用儒家、佛教及西方哲學建構心靈九境論。心靈九境象徵吾人的心性能溝通各大哲學與宗教，同時也指點出心性所能達致的理想境地與超越精神。比起唐君毅早先從「道德意識」涵攝一切文化意識及活動，他在晚年從「生命存在」作為入路，更直截切近地突顯心性融攝主客觀的層面，而這些論述均以唐君毅長年對儒佛思想的研究與體會有密切的關係，因此本論文從「生命存在」、「心靈境界」作為探討入路，既是期望能夠全面地進行考察唐君毅的詮釋，亦能察見他秉持「道德涵攝宗教」的原則確立生命存在的主體性，又巧妙地運用「宗教輔佐道德」以論述生命存在及心靈的活動。

（三）「生命存在、心靈境界」的儒佛思維

當代新儒家學者一方面探究傳統儒學的精髓，運用西方思想與傳統儒學提出新的詮釋；另一方面也將佛教思想視為中國傳統思想的重要成分進行深入的探究，至今已然獲致相當豐厚的成果。儒佛的交涉、會通早已是中國思想史上發展非常久的議題，在每個時代展現不同的風貌，在儒佛二家持續溝通、對話與探究之下，也激盪出儒佛二家思想的生命力，兩家思想的交涉與會通構成中國重要的道德與宗教之論述。

唐君毅在佛教方面有相當的研究，在論述之中也不乏帶出儒佛比較或是溝通的議題。例如，他在《文化意識與道德理性》談論宗教意識，就將佛教涵括第七～九類宗教意識，第七類「不信神亦不執我之宗教意識」，指佛教徒破我執之超越宗教意識。第八類「擔負人類或眾生苦罪，保存一切價值，實現一切價值，於超越世界或永恆世界之宗教意識」，指大乘佛教不僅破我執，還要空眾生之我執，以求解脫拔除眾生苦罪者。第九類「通過對先知先覺之崇拜以擔負人類眾生之苦罪之宗教意識」，指佛教行者皈依以證得無住涅槃之佛菩薩的皈依崇拜，而歸向於無住涅槃。由於這份體認，所以佛教重視僧寶與佛寶，轉化出「而最高之神為必須擔負世界之苦罪以入地獄之神佛菩薩，或必化身為耶穌上帝──亦即重成為眾生或人而忘其為神之神」之意識。這個意識能增強修行者期望同於佛菩薩的弘願。〔註66〕即使體證無住涅槃之行者，依然要重回人世以利益眾生。比起涅槃寂靜的殊勝圓滿，唐君毅更推崇大乘菩薩道的渡眾精神，尤其是這種精神可以聯繫到最高宗教意識「包含對聖賢豪傑個人祖先民

〔註66〕參見唐君毅：〈人類宗識意識之本性及其諸形態〉，《文化意識與道德理性》（臺北：臺灣學生書局，2003 年），頁 500～504。

族祖先之崇拜皈依之宗教意識」〔註67〕，此宗教意識是以道德人格為主要內涵，而道德人格之所以能成就其道德，在於能夠實際地愛護世人、子孫，更能以實際作為解脫世人之苦痛煩惱。值得注意的是，此處宗教意識的安排也反映在《生命存在與心靈境界》，唐君毅將孝弟之心作為一切德性之根源，〔註68〕也推崇佛教破執去妄、普渡眾生的實踐，此即唐君毅從宗教情感、宗教精神的層面融通儒佛的見解，也反映在他談論心靈的道德情感部分。

　　誠如李杜等學者所言，唐君毅對於中國傳統人性說有深刻的研究，使得他的立論重心從「道德自我」移為「生命存在」。依據此見解，吾人更可說唐君毅把握中國傳統人性說而闡釋生命存在的道德和宗教意義，他說：「中國思想之論人性，幾於大體上共許一義，即為直就此人性之能變化無方處，而指為人之特性之所在，此即人之靈性，而異於萬物之性之為一定而不靈者。」〔註69〕又如唐君毅解析「性」字的意涵，指出：

> 因中國古代之言性乃就一具體之存在之有生，而即言其有性；故中
> 國古代之泛論人物之性，通常涵二義：一為就一人物之當前之存在，
> 引生其自身之繼起之存在，以言其性；一為就一物之自身之存在，
> 以言其引生其他事物之存在之性。〔註70〕

由上顯見，唐君毅從「性」衍伸出「生命存在」，並以「生命存在」涵蓋「心性」、「心靈感通」等義，申論生命存在本就是持續活動於一切境相，更能藉由心靈感通而相續表現德性，且在生命存在的整體運作裡強調「靈覺」作用在其中。而唐君毅論「性」的兩個意涵，即涉及心靈如何感通九境，通貫天地及一切生命存在；以及心靈如何在彼此感通之中，達到相續成德的問題。可見，唐君毅論中國傳統對「性」的特點，已然蘊含「生命存在」、「心靈感通」的哲思。在這裡要關注的是唐君毅如何藉由傳統思想論「生命存在」能夠涵括道德及宗教意識。儒家自孔孟思想闡釋人心為道德主體，以仁義為人性的內涵，此即揭顯心性的道德意義，而《中庸》、《易傳》則呈顯心性的超越層面，宋明儒者則

〔註67〕唐君毅：〈人類宗識意識之本性及其諸形態〉，《文化意識與道德理性》，頁504。
〔註68〕唐君毅：〈天德流行境──盡性立命境──觀性命界（上）〉，《生命存在與心靈境界・下冊》（臺北：臺灣學生書局有限公司，1977年），頁858。
〔註69〕唐君毅：〈中國人性觀之方向與春秋時代之對德言性〉，《中國哲學原論・原性篇》，頁25。
〔註70〕唐君毅：〈中國人性觀之方向與春秋時代之對德言性〉，《中國哲學原論・原性篇》，頁29。

發揮此義，豁顯儒家融道德與宗教為一體的「道德的形上學」，此即牟宗三所言：「故在宋明儒，此『道德的形上學』即是其『成德之教』下相應其『道德的宗教』之『道德的神學』。」〔註71〕此外，牟宗三論宋明「新」儒學何以在前賢論心性與天道的基礎上開闢出「新義」，一是孔子踐仁知天，未說仁與天合 或為 ，但依宋明儒，其共同傾向為仁之內容與天之內容最後完全合一，或即是一。二是孟子言盡心知性知天，心性是一，但未明顯表示心性與天是一，宋明儒則特重此義。三是《中庸》說「天命之謂性」，但未明顯表示「天命不已」的實體即是個體之性，宋明儒則明顯地強調天道性命通而為一。四是《易傳》說「乾道變化，各正性命」，雖表示乾道變化的過程中個體皆得正定其性命，但未明顯地表示此所正之「性」即是乾道實體或「為物不貳、生物不測」之天道實體內在於各個體而為其性，所正之「命」即是此實體所定之命，但宋明儒則顯明地如此表示。五是《大學》言「明明德」，未表示「明德」即是吾人之心性，但宋明儒則是從因地之心性說「明德」，而非從果地之「德行」說。〔註72〕可見，宋明儒者延續孔子、孟子、《中庸》、《易》、《大學》等思想，闡述儒家融貫天道與心性的理論，建立儒家道德及宗教超越精神的論述。而唐君毅的心靈九境論可以說是秉持宋明儒開創的「新」義以擘劃生命存在及心靈整體的運作，他強調「神聖心體」是道德實踐與宗教超越的根柢，心靈九境運作的基石，本就是融天道與心性為一如的「事事無礙境界」，內蘊於生命存在，不僅本身切合乾坤、陰陽、幽明等天地之道以運作心靈感通；亦能以心靈感通在一切事相一切法「執兩用中」協調心境、呈顯心體之德，同時達到「正命」、「明德」等作用。如此看來，唐君毅論生命存在、心靈及心體的意涵與運作就深受理學的影響，例如，他論周濂溪「誠道」，說：「濂溪之言天道之誠，乃立於一一萬物之各正性命處，言人道之誠，乃立於聖人之志業；而聖人之志業則在以仁育萬物以義正萬民，使萬一各正，是見濂溪所言之誠道雖為一本，而此一本必表見於萬殊之成就。」〔註73〕此即指出吾人之生命根柢即是融貫天人，當吾人能全然豁顯此至善生命（亦是「神聖心體」）後，又能行教化責任，並在一切事相之中表現德性，這正呼應唐君毅論神聖心體是「一多相即」的看法，同時又展現生命的道德性與宗教性。又從唐君毅的論述看來，生命存在及心靈

〔註71〕牟宗三：〈綜論〉，《心體與性體》，頁10。
〔註72〕參見牟宗三：〈綜論〉，《心體與性體》，頁17。
〔註73〕唐君毅：〈由佛入儒之性論〉，《中國哲學原論・原性篇》，頁343。

本來至善、又能將此善推擴而出，此是道德的；生命存在及心靈的根源是融貫天人，此是超越的。據此，可以說生命存在的道德和宗教意涵即是運用儒家思想而建構，而唐君毅更進一步思想如何能以此論述溝通其他宗教和哲學。

　　從上述也可以得見，儒家思想已然發展出融道德與宗教為一體的天道觀、心性論與工夫論，而唐君毅據此而闡釋生命存在與心靈境界，即是充分運用傳統儒學之要義，誠如楊祖漢論儒家思想的特色：

> 經過了孔子的指點出人本有其仁心，仁心是道德主體、價值之源；及孟子之肯定仁義內在，以仁義為人性，嚴義利之辯，樹立起人格尊嚴後，道德世界的全部義蘊已徹底開出，而是無暗晦了。但人的道德生命一旦發露，便一定要仁民愛物，而不能有止境。所以孔子的聖者生命要如天道的不息不已，而孟子亦曰「萬物皆備於我」，「上下與天地同流」。則這道德心一旦呈現，便必然要涉及一切存在，要一切存在皆在己之仁心之包容覆育底下，即要「體物而不可遺」。在這意義下，道德心性便可有存有論的意義，而可說道德心主宰著、創生著一切存在，這便涵有一套形上學。而這套形上學，是由道德實踐之至乎其極而開出的，故可稱為道德的形而上學。〔註74〕

此即指出依循儒家思想，建立至善心性為道德主體之後，則儒者的生命自然而然能推及他人，融通天人及天地一切生命，朗現「天德流行」的弘大規模，亦彰顯儒者之生命能潤澤一切，構成廣大之「生命存在」。再者，唐君毅論生命存在本就是切合天道以活動，本身即是兼主客、觀及超主客觀境界，這是因為生命存在的根柢是神聖心體，故能作為生命存在道德及宗教之根源。在這個意義上，則能得見唐君毅以「生命存在」融貫道德意識和宗教意識，此即依循中國傳統思想對心性的肯認，例如儒佛皆肯定眾生可成佛成聖，而儒家自孔孟至宋明理學以來，在天道與心性的融貫與互動更是著墨甚多，更在此天人一貫的基石上肯認天道與至善心性能普及於一切存在、融通主客觀境界的超越意涵。在此體認下，唐君毅認為生命存在及心靈的活動皆是依循至善的神聖心體而來，因此自然是「道德自我」，自然是秉持「道德理性」而活動，由此可見，唐君毅綰合道德意識、宗教意識及文化意識於「生命存在」、「心靈境界」，象徵吾人的生命既能超越一切境界及事相，又不離對此人文世界的關懷；而「生命存在」、「心靈境界」又兼有「道德自我」、「道德理性」，

〔註74〕楊祖漢：《中庸義理疏解》（臺北：鵝湖出版社，1983年），頁12。

指心靈感通的運作皆能發揮良知、自覺——此即「靈覺」蘊含在心靈感通，遍及一切法及所有境界。

唐君毅的心靈九境論蘊含對世界的深刻肯定，他認為道德與宗教的最高理想與境界，必須落實在當前的生命存在與生活之中體現；在這意義上，唐君毅並非唯心論，而是兼重心境、主客觀的互動，他也強調心靈能通貫九境，能「開」出九境，並非是「心變現境」：

> 此人之生命存在之感覺，能感實而通過之，以及於虛，而兼此虛實，以為其所感覺感通之境，即此心靈自開通，以直下通內外之事。此心靈自開通，而其感覺感通之「能」自現，其所開所通之「境」亦次序現。此境、此感覺之能之自開通後，其能之所運與所在，亦即有此感覺之吾人生命存在之所在。於此亦不須說境由此生命存在之心所造，更不須說心變現境，只須說心開出此境，而自通之。心開出境，亦不須說是原有此境，心開而後見之。於此盡可說原無此境，然心開，則境與開俱起。〔註75〕

唐君毅認為「境」有其真實性，生命存在、心靈是真實的，一切事相的變化流行，包括心靈彼此之間的互動，皆有其真實性，並非虛妄不實。吾人雖未能馬上全然豁顯神聖心體，但是能於事相流行之中察見心體之「能」，此「能」不僅能相續流行在一切事相之中，更能引起後繼之事相，使事相能依照前後次序，相續不斷地出現，吾人即能在此中把握心體活動，進而開顯心體。唐君毅認為心靈與境界沒有前後之別，也不必爭論「境是否先於心靈而存有」的問題。心靈所開展出的境界證明吾人生命存在之真實，而境界也因吾人之心靈感通而呈現，兩者皆有「真實」的層面，不必如唯識宗所言「心變現境」，使一切

〔註75〕唐君毅：〈萬物散殊境—觀個體界（中）〉，《生命存在與心靈境界·上冊》，頁88。引文之畫線乃是筆者自行所加，本論文其他處引文也是如此。此外，關於唯識「心變現境」的論點，唐君毅嘗以張橫渠的看法作為儒佛比較，他說：「然吾人仍可說：自唯識宗以山河大地，唯是心識所變現言，山河大地，乃無獨立之客觀實在性者。橫渠之思想，則依於一先將天地中之人與萬物平觀，而視為同原於一本之太和以生，故於人與萬物之各別的實在之性，初步乃在一平面上，俱加以肯定。……於是我與外之他人與萬物，亦初為同立於一平面上之各別之個體，初不須就其有情與否，能覺、能成佛與否，以分為二類。」（唐君毅：〈由佛再入儒之性論〉，《中國哲學原論·原性篇》，頁344。）在此「平等」的觀照與肯認之下，則能秉持人之覺知以開出「民胞物與」、「萬物同體」的襟懷。（參見前註，頁344。）此即唐君毅援引張橫渠的思想強調儒家對於世間萬物有較具體的肯定，而非唯識所云的「變現」而已。

事相流於空幻不真，不符合唐君毅「由當下事相流行之中見體、進而豁顯神聖心體」的原則。

　　從現實生命而言，唐君毅承認吾人的心靈之中的確有煩惱執障，現實生活也充斥不善之處，但他依然肯定生命存在及存在之境地，反對佛教視人間為「五濁惡世」、引導眾生解脫人身以究竟成佛的主張。此外，唐君毅也認為儒佛觀照生命存在的入路不同，致使教化及超越方式也迥然有別，佛教教導眾生先觀照生命的煩惱苦痛等負面價值，再由此破執去惡以達解脫；儒家則是從生命存在的正面價值開闢超越之道，他說：

> 此儒家之思想，要在對於人當下之生命存在，與其當前所在之世界之原始的正面之價值意義，有一真實肯定，即順此真實肯定，以立教成德，而化除人之生命存在中之限制與封閉，而消除一切執障與罪惡所自起之根，亦消化人之種種煩惱苦痛之原。〔註76〕

唐君毅認為儒家乃是從生命存在之正面價值而開闢轉化不善之契機，此即有別於佛教，亦即是他主張的「順成之教」——順由心體之善而把握轉化不善的樞紐，進而去私除弊，破執去妄，提升心靈境界。再者，唐君毅格外強調「當下之生命存在」與「當前世界」，並指出儒家方能有此「真實肯定」，他指出佛教思想以「空」為要，引導眾生應解脫人身、往生淨土，這就對吾人當下的生命存在與生活的世間沒有真切的肯定。唐君毅也指出心靈在感通一切事相時自能發揮適當的作用，回應外境，協調心境關係，而且更能不停滯於境相而持續感通，〔註77〕此即神聖心體發用的「執兩用中」之道。進一步說來，心靈所以能對於一切事相給予合理的因應之道，這是因為此心靈活動兼有良知良能之發用，所以能突破外境的限制、化除生命中的煩惱苦痛，達到提升心靈境界之目標。因此，「心靈感通」更是「盡性立命」的實踐。綜上所述，可察見唐君毅的心靈九境論乃是肇基於生命存在與心靈，此立足點亦可通貫佛教學說。目前的研究多注意到唐君毅思想運用不少佛教學說，但如何運用、如何扣緊「生命存在」、「心靈境界」，乃至於扣合「執兩用中」的體用論，仍然未有全面的討論，此是本論文欲探討之處。

　　進一步說，「生命存在」正是唐君毅辨明儒佛之要處。從唐君毅的成長背

〔註76〕唐君毅：〈天德流行境——盡性立命境——觀性命界（上）〉，《生命存在與心靈境界‧下冊》，頁836。

〔註77〕參見唐君毅：〈導論〉，《生命存在與心靈境界‧上冊》，頁4～5。

景來說，他的父親迪風公早年嘗問學於歐陽竟無（1871～1943）先生，爾後他對歐陽竟無說：「弟子不願學佛，願學儒。」〔註78〕同樣的事情也發生在唐君毅身上。唐君毅也曾就學於歐陽竟無門下，但對於其說難以接受，其癥結點就在「生命存在」，據載：

> 至於歐陽先生講唯識論，先生亦不能接受。蓋若萬法唯識，境由心生，則別人以及自己父母之身體，亦由我心變現，如是，別人之心靈，亦無存在之餘地。且若一切均不能離開我當下之心，則童年之我亦可能不存在，而只有現在之我才存在。甚至當我不被反省時，現在之我亦不存在。先生在南京一鐵路旁，思維至此，頓覺世界即將毀滅，一切歸於虛無。然若一切歸於虛無，則唯識論亦不能建立。〔註79〕

從這段話可以發現，唐君毅對佛法的質疑正是從「心靈境界」與「生命存在」而起，他認為唯識學論境界過於虛幻不實，致使吾人之心靈與生命存在無法有確切的肯定，一切均淪為虛無，這使唐君毅難以接受唯識學，連帶地也反對佛教的空觀之說。不過，佛教在中國發展出天臺、華嚴與禪宗等宗派，越漸重視「人」、「人生」的問題，楊維中稱此為佛教思想發展「人本化」的特徵，〔註80〕他對各宗派的心性論有扼要地解釋：

> 如前所論，以心體為基點，將理體落實於心體就形成「心性本體」這是中國化佛教諸宗心性論的要點之一。天台宗確立的心性本體為「一念無明法性心」，華嚴宗確立的心性本體為「自性清淨圓明體」即「一真法界」，禪宗的心性本體為「自心」。而法相唯識宗則持心體與理體兩分的立場，其心體即阿賴耶識本體內容的無漏種子是連接心體與理體的媒介。上述四宗的心性本體都具有實體化傾向——將心性本體當作確定的、真實的存在，但與將實體視為獨立存在、沒有活動的「絕對」的西方哲學，卻是迥然不同的。無論是天台宗的「一念心」、華嚴宗的「真心」，還是唯識宗的阿賴耶識，都是一種動態的、可修可證的心性本體。因為這些「本體」均是以

〔註78〕 參見唐端正編撰：〈唐君毅先生年譜〉，唐君毅全集編委會：《年譜‧著述年表‧先人著述》（臺北：臺灣學生書局，1990 年），頁 4。

〔註79〕 唐端正編撰：〈唐君毅先生年譜〉，唐君毅全集編委會：《年譜‧著述年表‧先人著述》，頁 23。

〔註80〕 楊維中：〈論中國佛教心性論的基本特徵〉，《宗教哲學》第 8 卷第 1 期，2002 年 1 月，頁 141。

> 眾生之心即心體為基石，以解脫成佛即涅槃境界為修行目標的，所
> 以，生命機體本身的活力與修行解脫之路所特有的「過程性」，使
> 中國佛學的本體論成為一種機體主義的存在哲學、生命哲學和人
> 本哲學。〔註81〕

雖然佛教的「體」並非創生實體，但仍可權說一個亦空亦有、空有不二的理體，又不妨視為「生命機體本身的活力與修行解脫之路所特有的『過程性』」，以免落於我執與法執。天臺、華嚴與禪宗將理體扣合眾生心性而論，顯示佛教「不空」的層面，進而勉勵眾生應當把握此心性本體努力修持。大乘佛教宗派設定有心性本體，並對此本體開出不同的解脫之道，更由此衍生出佛教的倫理學、生命學與人生哲學等等。賴永海亦云，孟子與《中庸》學說等等，均倡導盡心見性以上達天道，由修心養性而轉凡入聖。而中國佛性思想演變為訴諸於當前現實之人心，拋棄純思辨的系統追求而強調返回自我存在之主體，主張「明心見性」，追求自我之「主人翁」，其思想內容或表達方式都與儒家注重心性、強調道德主題越趨相近。〔註82〕如此說來，大乘佛教宗派依然是把握吾人心靈之至善而指導解脫之道，吾人現有之生命存在仍然是解脫的重要途徑；在這點上，能夠契應唐君毅以「生命存在」、「心靈境界」。雖然唐君毅對佛教的判定側重於「破執去妄」的層面——即「空」的性質；但是從佛教「不空」的特色進行理解，反而更能了解「生命存在」的概念。即使如此，從「生命存在」、「心靈境界」作為考察唐君毅儒佛思想的入路依然可行，因為「破執去妄」可說是秉持佛法智慧以轉化心靈諸多不善之超越入路，而破執去妄的實踐重心仍在於人身——即「生命存在」。因此，雖然在唐君毅堅持以儒家創生心體為本體的前提之下，儒家難以在本體的層面上會通佛教亦有亦無的空性空理，但佛法的智慧仍可為儒家所用。據此體認，唐君毅將佛教「不空」蘊含的普渡精神作為心靈應有之情感，「空」的破執去妄作為體察生命存在染污部分的參酌，既強化了佛教的必要性，也能保持以儒家心性論為基石的「生命存在」。

　　最後，回到唐君毅的心靈九境論來說，他論「心靈」與「生命存在」的活動與佛教「體、相、用」〔註83〕甚有關係，他說：

〔註81〕楊維中：〈論中國佛教心性論的基本特徵〉，頁151。
〔註82〕參見賴永海：《中國佛性論》（南京：江蘇人民出版社，2010年），頁281。
〔註83〕按《大乘起信論》：「言有法者，謂一切眾生心，是心則攝一切世間出世間法，依此顯示摩訶衍義以此心真如相，即示大乘體故。此心生滅因緣相，能顯示大乘體相用故。」（馬鳴菩薩造，〔唐〕實叉難陀譯：《大乘起信論》，《大正藏》

> 對上文所謂感通活動，與其方向、方式，如更說吾人之生命存在之
> 心<u>靈</u>為其<u>體</u>，則感通即是此體之活動或<u>用</u>；而此方向方式之自身，
> 即此活動或用之有其所向而次序進行時，所表現之義理或<u>性相或相</u>
> <u>狀</u>，乃由此體之自反觀其活動，或用之如何進行所發見者。如說此
> 反觀亦是此體之一活動，則此反觀，即此體之自以其反觀之活動加
> 於所反觀之活動之上之事；而此反觀所發見之方向方式，則屬於此
> 所反觀之活動，兼屬於能反觀之活動之自身，而亦屬於能次序發此
> 二活動之生命存在之心靈之體；而此體亦即存在於其諸方向方式之
> 感通活動中。由此即見此中之體、相、用三義之相涵。〔註84〕

此即確定生命存在的本有心靈乃是「體」，感通是「用」，在活動之中能夠呈現
種種義理或相狀，是「相」。又直就此活動本身來看，能觀照此活動，是體；
能依序活動，且能在活動方向與各種活動之中呈現體，是用，因此心靈感通本
身即兼具「體、相、用」。佛法肯定眾生心涵攝一切法，並能作為佛法實踐本
體而顯一切相，施一切用，眾生心即依體、相、用而有各種境界，並運作於境
界之中。李瑞全根據唐君毅論「心體、客境、感通」之「體、相、用」，評論：

> 唐先生之生命心靈哲學並不是一般所想像的是主觀唯心論之類的論
> 述。然而唐先生也不以為心物各自隔絕為能說明和充盡心與物之關
> 係，乃主張心與境之互相感遇之一體並現。由此並現，境有其自身
> 的性相，即客觀的存在，而心靈有此呈現性相之表現，心靈也呈現
> 其客觀存在。〔註85〕

由此可見，唐君毅從「體、相、用」開出心靈九境，其關注的不只停留在心體
的闡述，而是擴及生命存在，所以心靈九境並非唯心論，而是兼及主客觀之論
述。誠如陳特所言：「但唐先生並不是唯心論者，因為他同時又說不能離開世
界來說心靈，因為沒有離開世界的純心靈。這即是說，心靈與世界是在互相感

第32冊，頁584b。）「摩訶衍」即「大乘」義，顯示眾生心能攝一切世間出
世間法，心的真如平等相是大乘體，當體即是，故云「即示」。大乘的自體與
相用從生滅因緣的種種差別相中，間接地顯示出來。大乘的用，也要從離染成
淨、淨能熏染的關係中顯出，故云「能示」，總之，大乘體是真如平等性，大
乘相是大乘的稱性功德，大乘用是大乘的種種作用（參見釋印順：《大乘起信
論講記》（臺北：正聞出版社，1988年），頁51～53。）

〔註84〕唐君毅：〈自序〉，《生命存在與心靈境界·上冊》，頁4。

〔註85〕李瑞全：〈唐君毅先生之生命哲學：心靈與境界一體論〉，《鵝湖學誌》第40期，
2008年6月，頁38。

通中共同存在，如果沒有感遇，就無所謂心靈，也無所謂世界。」﹝註86﹞若從唐君毅把握體、相、用的詮釋，更能理解這一點。

再者，唐君毅也說：

> 如更說吾人之生命存在之心靈為其體，則感通即是此體之活動或用；而此方向方式之自身，即此活動或用之有其所向而次序進行時，所表現之義理或性相或相狀，乃由此體之自反觀其活動，或用之如何進行所發見者。﹝註87﹞

吾人的心靈感通即依此體、相、用的架構而活動，在活動歷程中觀照一切事相之義理或相狀，並依所遭遇的各種境況而調和境相，這樣的心靈感通亦是顯揚吾人心靈之至善至仁。不過，在心靈感通的歷程裡，無可避免會遭逢阻滯，或是吾人內在本有的執著、煩惱與私欲，或是外在的人我不協調，引發諸多衝突與矛盾。諸如此類，均有造成吾人心靈陷溺、偏失的疑慮。據此，無論是宗教或是道德，在探討超越或成聖的課題時都必然要面對「善」與「不善」的問題。「善」，即是如何充分豁顯吾人心體本具的至善或本有之佛性，例如唐君毅認為一切事相的流行之中均有吾人的神聖心體在其中作用，那麼吾人應如何在當下事相流行之中認取神聖心體？「不善」的部分也引發不少問題，例如吾人的至善心性或佛性如何看待「不善」的性質與產生？吾人應如何導惡為善？諸如此類，皆是善惡與心性之間延伸的諸多議題，而這些議題正是道德與宗教最為關切之處。因此，在唐君毅博大精深的論述裡，筆者採取「心性超越」與「轉化不善」作為撰寫主題，期望能集中問題意識，聚焦於唐君毅論秉持心性以超越的議題。在探討議題之中，既能考察唐君毅運用儒佛思想的方法與論點，也能得見唐君毅一方面揭顯宗教的重要，主張必須以「人」為核心，宗教必須依於道德而行的主張﹝註88﹞；另一方面，唐君毅又以儒家學說為本，重新詮釋儒佛之間的關係與互涉，並依據儒家學說擘劃心靈「體、相、用」之運作。

﹝註86﹞陳特：〈心性與天道──唐君毅先生的體會與闡釋〉，《鵝湖學誌》第 17 期，1996 年 12 月，頁 80。

﹝註87﹞唐君毅：〈導論〉，《生命存在與心靈境界・上冊》，頁 4。

﹝註88﹞吳汝鈞認為，唐君毅以道德理性作為一切文化意識、文化活動，很可能受到康德論宗教與道德之關係的影響。此中的關鍵點是，康德有把宗教還原到道德的傾向；即是，他視道德可獨立於宗教而成立，而宗教則不可獨立於道德而成立。吳汝鈞又指出，唐君毅在《文化意識與道德理性》裡也承認自己受到康德的影響。（參見吳汝鈞：〈當代新儒學的深層反思〉，吳汝鈞：《當代新儒學的深層反思與對話詮釋》（臺北：臺灣學生書局有限公司，2009 年），頁 32。）

綜上所述，唐君毅以心體作為「體」，生命存在與境界作為「相」，心體在生命存在及境界的感通活動作為「用」。他一方面肯定吾人依循佛教和一神教而體證，主張最終豁顯的宗教境界與精神亦不出於神聖心體。另一方面，唐君毅也強調以儒家「盡性立命」作為實踐入路最為切要直截，不遜於佛教和一神教。唐君毅確立以儒家思想為底蘊的「神聖心體」，並在「用」的層面納入佛教學說作為輔助，既同意佛教對於執著與煩惱的體認有利於吾人把握生命存在，觀照一切相；同時也援引華嚴學說論心體「理事不二」之要義，闡揚體用不二的神聖心體內蘊於生命存在與心靈境界，更論證神聖心體能在當前世界及當下生命存起實際作用，調和心境關係、涵攝及開展出一切相。從「生命存在」、「心靈境界」含括儒家首重當下生命與社會的實踐重點，實則也相應佛教對眾生與世間的關懷。尤其是，唐君毅雖以「我法二空」概括佛教境界，側重佛法「空」去執著煩惱的特點；但唐君毅援引佛法作為神聖心體作用之輔助，並將佛教的慈悲精神與普渡眾生之大行納入儒者必定具有之德行，這樣的闡述不僅將「生命存在」、「心靈境界」貫攝儒佛，更間接地顯出佛教「不空」的面貌，此是值得注意之處。

（四）以「神聖心體」作為生命存在的超越根據

如上文所述，吾人的心體乃是九境運作之中樞，而唐君毅更稱此為「神聖心體」。目前談論唐君毅思想者罕由「神聖心體」論之，神聖心體所以重要，是因為唐君毅論九境皆以神聖心體為根源。研究唐君毅佛教思想的學者張云江依據唐君毅〈現代世界文化交流之意義與根據〉提到，世界文化交流的基礎在於人的心靈開朗，心靈開朗的根據又在「虛靈明覺心」，唐君毅有時又將此簡稱「靈覺」。張云江也參考《生命存在與心靈境界》、《道德自我之建立》和《文化意識與道德理性》等著作，所以張云江以「虛靈明覺心」作為唐君毅會通儒佛的道德修養基礎所在。〔註89〕筆者同意心之「虛明靈覺」的確是唐君毅探究之處，但筆者仍專依《生命存在與心靈境界》而以「神聖心體」作為唐君毅儒佛交涉、宗教匯流之基礎。筆者認為，唐君毅《生命存在與心靈境界》的確把握心之靈覺而論盡性立命、轉化不善和超越境界等課題，但唐君毅在晚年的鉅著裡以「神聖心體」取代「虛明靈覺心」必有其用心之處。筆者採取「神聖心體」作為儒佛交涉基礎的原因有三：一是「神聖心體」是依據唐

〔註89〕張云江：《唐君毅佛教哲學思想研究》（北京：高等教育出版社，2016年）頁285。

君毅的原話而來，按他的思路，儒者不必先行渲染吾人心性之大用，一朝至善心性全然朗現，自然能呈顯此心「致廣大而盡精微，極高明而道中庸」的殊勝，亦在當下生活全幅理性化之中體現生命心靈的莊嚴與偉大，亦能涵括心之虛靈明覺。二是唐君毅曾經在其他的著述裡使用「虛靈明覺」言道家的心性論，例如他說「道家之言心，重心之虛靈明覺，及心所依之氣一面。」〔註90〕又嘗論述莊子思想時，評道：「人由虛心、靜心、洒心，而見得此靈光常在，……然此復得之常心，或靈臺心，初仍當只是一虛靜觀照心，亦可名之為一純粹之虛靈明覺心。」〔註91〕可見，「虛明靈覺心」在唐君毅其他的著作裡也可指涉道家心性論。當然，唐君毅也從朱子思想論「虛明靈覺心」〔註92〕從以上的出處看來，的確也符合唐君毅論「虛靈明覺心」是儒道釋共法的主張。〔註93〕但是，唐君毅在〈現代世界文化交流之意義與根據〉的演講裡並沒有深入地以虛靈明覺心詮釋儒佛，而他在《生命存在與心靈境界》論「靈覺」已然包含「虛靈明覺」的意涵，所以儒家觀吾人心性之善，佛教遍觀事相，均可說是以吾人「靈覺」而體證，所以筆者認為言「靈覺」已然包括「虛靈明覺」，而靈覺乃是由神聖心體而發出，作用在心靈感通之中，這也切合唐君毅期望以盡性立命境的神聖心體作為儒佛宗教匯流之處的主張。三是唐君毅以「神聖心體」稱道德實踐與宗教超越之主體與終極境界，也期望能以神聖心體貫通於其他宗教的最高境界，亦彰顯儒家學說能開展出不遜於其他宗教的神聖意義。「虛明靈覺心」固然切合唐君毅的思想，但是「虛明靈覺心」較側重於吾人良知與心體之發用，此是偏重「用」而論。而「神聖心體」則是吾人心性切合「體、相、用」而開出各種心靈境界，包括從客觀、主觀到超主客觀的超越歷程而開出的道德與宗教之最高境界與至善心體。舉例來說，唐君毅說：「故在此三境中之歸向一神境，只以體大勝；我法二空境，更以相大勝；盡性立命境，則再以用大勝也。」〔註94〕他不反對生命存在從佛教或是歸向一神境契入神聖心體，即使佛教徒從遍觀苦痛煩惱而契入，基督教徒從

〔註90〕唐君毅：〈中國先哲之心性觀〉，《中國文化之精神價值》（臺北：正中書局，1953 年），頁 93。

〔註91〕唐君毅：〈原心下：莊子之靈臺心荀子之統類心與大學中庸之德性功夫論〉，《中國哲學原論・導論篇》，頁 127。

〔註92〕唐君毅：〈朱子之理氣心性論〉，《中國哲學原論・原性篇》，頁 420。

〔註93〕唐君毅：〈現代世界文化交流之意義與根據〉，《中華人文與當今世界・下》（臺北：臺灣學生書局，1993 年），頁 821。

〔註94〕唐君毅：〈通觀九境之構造與開闔〉，《生命存在與心靈境界・下冊》，頁 945。

對上帝的崇敬皈依之心為入路，最終的超越境界仍可稱之為神聖心體。此是著眼於「道德」與「生命存在」乃是儒、佛、耶皆注重者，亦是著重於心體的開放性、涵攝性及多元性，藉此闡揚吾人之心靈能與形而上互相感通、或受感召的大用，是儒、佛、耶三教均可接納之處。由此可見，「神聖心體」雖然僅出現在《生命存在與心靈境界》，但為了達到融通各大宗教、哲學的目的，詮釋「以儒家為基底，可接納以佛教或基督教為輔翼」的「心體」作為心靈九境的骨幹，是相當有必要的。

　　本論文還要探討的是，唐君毅將「盡性立命」闡釋為神聖心體藉由心靈感通以開通九境的歷程與工夫，這個見解一是契合儒家以吾人心性為涵養主體的主張，二是肯認吾人的生命及心靈必定能立人德、達天道；實則這樣的看法也能切合佛教「眾生皆有佛性」的宗旨。唐君毅言：

> 依儒家之義，則於人未至聖人之德處，亦許人說有人德以上之天德、上帝之德之超越於人德之上。然必兼說此天德即性德，天心神心即本心。故人盡性盡心而立命，以成聖，則聖即同於天，同於上帝，而亦視聖如天如帝。故能兼綜上述一神教與佛教之二義，其說最為圓融。〔註95〕

此即論吾人盡性立命以成人德，亦能涵攝佛教與一神教的高明境界；所以，至善圓融的境界與實踐，其起始在於吾人心性。而此段引文論人德通貫天德，人心融通天心，亦指出吾人的生命存在及心靈能在盡性立命的歷程裡持續擴大、提升境界之範疇與層次，並依序突破客觀境、主觀境而至超主客觀境，圓融心靈九境。依循吾人心靈的超越歷程，唐君毅劃分為心靈九境，其名如下：

客觀境	主觀境	超主客觀境
萬物散殊境——觀個體界	感覺互攝境——觀心身關係與時空界	歸向一神境——觀神界
依類化成境——觀類界	觀照凌虛境——觀意義界	我法二空境——眾生普渡境——觀一真法界
功能序運境——觀因果界、目的手段界	道德實踐境——觀德行界	天德流行境——盡性立命境——觀性命境

本論文探討的部分集中於超主客觀境，尤其是代表佛教的我法二空境和儒家

〔註95〕唐君毅：〈論生命存在與心靈之主體——其升降中之理性運用——觀主體之依理成用〉，《生命存在與心靈境界・下冊》，頁1030。

的天德流行境。此處還可注意唐君毅對儒家境界的命名，他將「盡性立命」作為道德與宗教的實踐綱領，也認為「盡性立命」本身就「觀境合一」，既是境界也是工夫。唐君毅又稱此為「觀性命境」，此亦是說明吾人能由當下的心靈與生命體證至超主客觀境界。

　　既然神聖心體能開出九境，吾人更可說九境涵括的一切文化活動均統屬於神聖心體，唐君毅說：「人類一切文化活動，均統屬於一道德自我或精神自我、超越自我，而為其分殊之表現。」〔註96〕他論神聖心體乃九境之根源，而九境又涵括一切文化活動和文化意識，那麼神聖心體即包括道德理性、道德意識和道德自我。唐君毅嘗言：

> 人在自覺上只是實現一文化理想時，亦有不自覺或超自覺之道德理
> 性之表現。人之一切文化生活，在一意義下皆可為道德生活之內容。
> 於是道德生活即內在於人之一切文化生活中。〔註97〕

此是唐君毅撰述《文化意識與道德理性》的看法；在《生命存在與心靈境界》，他直由心靈感通而論人們在各境中的文化活動，並將道德理性、道德意識和道德理性均以「神聖心體」涵攝之，並將吾人能自覺之良知扣合心靈感通，作為神聖心體之用。從體、相、用來說，神聖心體為中樞，蘊含良知的心靈感通為用，能一一感通各種境相，並依各種境相而調適心靈，發揮適合的德性，使之歸於中道，此即依體、相、用而有「執兩用中」之道。唐君毅又以中國傳統的氣化活動「隱顯」、「幽明」、「始終」配合乾坤之道論述神聖心體能在當下生活裡「執兩用中」，其目的在於全然豁顯「在當下生活理性化、性情化」的神聖心體，唐君毅說道：

> 以此九境之可依序以升降言，則此九境既相差別，亦相平等，而可
> 銷歸於純一之理念。然亦必如屈原賦所謂「腸一日而九迴，魂須臾
> 而九遷者」，乃能於差別中見平等。後文於通觀九境之數章中，即將
> 及此九境如何可銷歸一理念，以至由一念至無念之道，以及九境最
> <u>後根源之在吾人當下生活之理性化、性情化中，所昭露之神聖心體，</u>
> 並綜論此心體之用之升降，及其依如如生化之理，而成之事相之白
> 相通達等；而歸在見此體之「截斷眾流」，其用之「隨波逐浪」，其

〔註96〕唐君毅：〈自序二：明本書宗趣〉，唐君毅：《文化意識與道德理性》（臺北：臺灣學生書局，2003 年），頁 5。

〔註97〕唐君毅：〈自序二：明本書宗趣〉，唐君毅：《文化意識與道德理性》，頁 14。

所成事相之「涵蓋乾坤」，而九境之繁，即歸於至約。〔註98〕

唐君毅僅在《生命存在與心靈境界》論及「神聖心體」這個名詞，實則「神聖心體」即是吾人之至善心性。唐君毅將最高境界之主體稱為「神聖心體」，而最高境界即是吾人當下生活的理性化、性情化，其「理性化」即吾人能運用神聖心體之靈覺以安立一切，「性情化」即吾人能將神聖心體蘊含之各種善德流布於生活之中，即吾人盡性立命後全然澄澈的心靈。〔註99〕是以此心體看似平凡實為神聖；此心體又原來內蘊於我，吾人可把握心性之善而「盡性立命」，豁顯心體，此又可謂是神聖心體之殊勝處。「神聖心體」雖然在盡性立命境之後才集中詮釋，其實按唐君毅的論述看來，「神聖心體」一開始就存在於事相之中，本就內蘊於生命存在，一切事相一切法均不離神聖心體而活動。

　　唐君毅也認為宗教的最高境界或最高神祇，皆屬神聖心體，在這個意義上，神聖心體又可說是各宗教最終的匯流之處，他說：

> 謂此由於凡心自有成聖心之理，而當說此人之超凡入聖，即人之凡心開而其聖心自出，為凡之人隱，而為聖之人顯。凡心中自始藏聖心，凡體中自始藏聖體。如佛家之言有自性佛，陽明之言個個人心有仲尼。若如此說，則聖心即不特在理上為人所能有，而亦是在事上人所原有，而自本自根者；而人與有情生命之體，無始以來，原是一自本自根之聖體，唯以凡心凡體為障蔽，遂皆不顯耳。人之學聖，即所以去此凡心凡體之障蔽，以顯此自本自根之聖心聖體。上文言聖體原神體，聖心即神心，合名為神聖心體。此神聖心體，固自本自根。然當其未顯，而人視之為超越外在於現有之凡心，遂單名之曰神。宗教家即有神造人或神降世為人，人自去其不合於神者，方再升合於神之說。依此以謂人之生命存在，乃以自本自根之神為本根，亦可說。人初不知其生命存在之本根之神聖心體，即在自己

〔註98〕唐君毅：〈導論〉，《生命存在與心靈境界‧上冊》，頁44。
〔註99〕黃冠閔指出，唐君毅也稱孟子所論的心為「性情心或德性心」，即指吾人之心性乃是根植仁義禮智、四端之心，能作為德性之源。唐君毅將性情心解釋德性心，表示他體會的儒家仁教精神、涵養德性的工夫必須落實在性情之教。此外，唐君毅也論孟子性善，乃是直就仁對其他人物之直接的心的感應上指證，這裡說的「直接的心的感應」就是回到性情的直接性上立論。（參見黃冠閔：〈唐君毅的境界感通論：一個場所論的線索〉，《清華學報》第41卷第2期，2011年6月，頁346。）我們更可說：唐君毅論神聖心體之性情化，即是依於盡性立命而擴充、轉化與提升後的心性與情感。

> 之凡心中，遂上望此本根，而只視為超越外在，亦在一階段中不免
> 之事。然神不顯於人，使人成聖，則神亦未盡其能，而非能自足自
> 成之神。有如說人原具自本自根之聖心，而未顯者，亦非自足自成
> 之聖。則神必顯於人之成聖，而亦為後於人之成聖，方可進於自足
> 自成之神者。故必合神聖以為一兼超越而亦內在於人心之神聖之心
> 體，方得其義之全。此則非世之宗教家之所及者也。〔註100〕

心體的神聖之處在於吾人能依凡心凡體以轉惡為善，直至超越成聖；此心體的神聖之處還在於原來內在於我又能超越於吾人之上，此「超越而內在」、「轉凡為聖」即是心體可被稱作「神聖」之處。這部分提到聖心為凡心所藏，頗有佛性為無明所障覆之意味，但唐君毅指出佛教無明乃是與眾生的生命根源一同生發，但吾人心性較為偏私、不善的部分絕非是根源義，所以他認為佛教必須破除無明後方能呈顯佛性，但儒家卻能直下肯定當下一念之善即是神聖心體所在，此較佛教更為簡易直截。再者，唐君毅認為儒家盡性立命的實踐包含對世間與世人有深刻的關懷與體察，這種蘊含道德與宗教情感的學說實是唐君毅思想的一大特色。據此，唐君毅論神聖心體的展現現除了當下生活的「理性化」，還要「性情化」，他解釋：

> 於其理想之繼續生起之處，即更當知有一升起理想之泉源，即此泉
> 源之亦存在於吾人生命存在與心靈之中。此即人之性情之表現之泉
> 源。此可稱為性情之德，或本性、天性、與本情、天情。〔註101〕

吾人之至善心性——即神聖心體即是性情表現之泉源，唐君毅不僅依孟子「四端之心」而論儒者的情感，更將佛教對眾生的悲憫及渡眾精神納入其中，可見唐君毅綜貫儒佛以詮釋「理性化、性情化」。由上可見，吾人「盡性立命」也是破執去妄、轉凡為聖，而最神聖之心體，原來根植於我；最高明之境界，原來是當下生活的理性化、性情化，因此直由神聖心體談論唐君毅道德與宗教的理論是較為切要之途徑。

　　再者，唐君毅的心靈九境論大量援引佛教學說作為輔弼，尤其是華嚴學。例如，他多方運用華嚴的理事觀、法界觀解釋神聖心體的意涵與「執兩用中」

〔註100〕唐君毅：〈專觀盡性立命境之通達餘境義——當下生活之理性化——超越的
　　　　信仰　精神的空間、具體的理性、與性情之表現為餘情〉，《生命存在與心
　　　　靈境界・下冊》，頁 969～970。

〔註101〕唐君毅：〈後序：當前時代之問題——本書之思想背景之形成哲學之教化的意
　　　　義〉，《生命存在與心靈境界・下冊》，頁 1168。

的運作，又引華嚴學說解釋吾人之德性與成德工夫如何能夠相續不斷之義。前後生命存在彼此聯繫、心靈持續感通，涉及如何成就生命的普遍恆存，唐君毅除了秉持儒家學說，論心體本有源源不斷的動力之外，亦引華嚴學、唯識種子說及三世說作為論據，說明吾人的生命存在能跨越時空限制以持續升進。另外，唐君毅亦兼從儒佛而探討生命存在的善與不善，並比較儒佛二家表現至善、轉化不善的異同。從現實生命來說，吾人不僅未能充量表現至善，更產生諸多負面的不善行為，包括吾人心靈感受到的煩惱、苦痛、執著等等，究竟吾人如何在不善充斥的狀態下表現善，進而轉化不善，此是本論文探討之處。唐君毅以孟子學說談論心性之善，肯認吾人的心性能自然地表現惻隱、辭讓、羞惡、是非之心，此既是吾人之善性，亦是道德與宗教情感，如何在每個情境裡表現合宜的情感，亦是神聖心體主宰之處。自心靈活動來說，唐君毅將良知結合於心靈感通之中，指出吾人在心靈感通於外境時能夠進行判斷，並能協調心境關係，減少心與境之間的矛盾與衝突，並藉由神聖心體「執兩用中」的作用，安立、調適一切事相，使吾人能充分展現心體本有的德性，排除心境不諧的狀況。如此看來，唐君毅所謂的「性情之德」可以說是吾人透過執兩用中的機制以判斷、調適、轉化一切不善後昭顯的德性。除了以心靈作為轉化不善、呈顯至善的內因，唐君毅又從吾人心靈的活動與外境的互動，提出「反躬自省」和「師友之道」，作為轉化不善的外緣。如此一來，唐君毅就從生命存在的內外建立解決不善的機制，甚至進一步把握生命存在的活動而探討佛教「無明」的問題，這是值得關注的議題。

透過上述的討論，可以發現心靈九境論能藉由唐君毅的「三祭」論述作為總結。三祭是儒家重視的宗教儀式，唐君毅也有多篇論述探討三祭蘊含的道德及宗教意義，甚至據此比較儒家與其他宗教。有別於以往從文化及宗教比較的角度析論唐君毅的三祭論，筆者從生命存在的聯繫及心靈感通，論述唐君毅根據三祭而提掇出的道德意義和宗教精神，同時探討他援引華嚴學解釋前後生命存在彼此心靈感通，成就心靈的普遍恆存，藉由這部分的論述亦能得見唐君毅將「三祭」詮釋為心靈與天地及一切生命的往來互動，亦能綜攝本章各處所探討的唐君毅重要主張。

綜上所述，「盡性立命」實是心靈境界的擴張與開通，亦是生命存在的突破與超越，從神聖心體及執兩用中的體用關係、生命存在相續升進、看待生命存在善與不善的觀點、轉化不善的方法和三祭具有的理想道德及宗教精神，這

些論題既有利於吾人考察唐君毅運用儒佛的方法，亦可察見唐君毅把握生命存在及心靈活動以詮釋的創見。

三、文獻回顧

　　近年來出現不少有關唐君毅宗教、佛教與儒佛方面的研究論文，目前看來，唐君毅的相關研究主要集中在道德哲學方面，關於他佛學思想的相關研究甚為不足。首先是高柏園談論唐君毅貫通儒佛的方法，談論唐君毅如何以儒佛思想做為生命實踐之理據。〔註102〕杜保瑞則論唐君毅「先儒後佛」，他肯定唐君毅的佛教理論深度乃是當代學者相當特出者，而杜保瑞也認為唐君毅從教化目的和功能位序而議論儒佛，但這樣的排比方法不見得能為其他宗教所接受。〔註103〕張云江於 2016 年出版《唐君毅佛教哲學思想研究》是目前針對唐君毅佛學思想最為全面的專著，該著作順由唐君毅《中國哲學原論・原道篇三》的論述層次進行析論，一一評述唐君毅對般若學、天臺宗哲學、唯識宗哲學等方面的見解，並從宋明理學探討唐君毅的儒佛思想。這本專著有利於吾人了解唐君毅在佛學研究方面獲致的成果與論述特點，爾後也論及論文各章關心的儒佛問題。張云江認為，不研究唐君毅的佛教哲學思想，就難以深入解析其心靈九境等哲學體系，〔註104〕此見甚是。唐君毅論道德與宗教的實踐和心靈九境的論述均與佛教密切相關，或採對比方式，以佛教突顯出儒家哲學的特出處；或採取交涉的方式，論述儒佛可相輔相成之處，這兩種方式都證明唐君毅基於對佛學深刻的體認，故能在其立說上能圓熟地運用佛理以成一家之言。

　　主要針對唐君毅宗教思想立論者，有陳振崑的博士論文《唐君毅的儒教理論之研究──由宗教意識與道德意識之分辨論人文宗教是否可能》，該論文將宗教意識分為解脫意識、虛己意識、超我意識與崇拜皈依意識，並從「主體性」與「超主體性」、「自覺性」與「啟示性」的對比、及「自律性」與「他律性」的不適當對比等等，對比道德意識與宗教意識，此外，也論述唐君毅的儒教理

〔註102〕　參見高柏園：〈論唐君毅對儒佛的貫通之道〉，《哲學與文化》第 40 卷第 8 期，2013 年 8 月，頁 5～23。

〔註103〕　參見杜保瑞：〈從當代儒佛辯諍談中國哲學研究視野〉，《哲學與文化》第 40 卷第 8 期，2013 年 8 月，頁 105～107。

〔註104〕　張云江：《唐君毅佛教哲學思想研究》（北京：高等教育出版社，2016 年），頁 6。

念，認為他是結合哲學、道德與宗教而成，以及融合基督宗教、佛教與儒教的宗教精神之終極理想。同時，該論文也析論唐君毅人性論「道德意識」、「道德理性」、「生命靈覺」三個命題，並由此探討罪惡、苦難與生死超越等等問題。〔註105〕全論文的章節設定涵蓋了唐君毅宗教論述的要點，陳振崑也以扼要之陳述及西哲之哲學概念剖析，並多以儒教與基督教進行對比。基於西方宗教理論及基督神學，陳振崑認為唐君毅所云之宗教意識缺少真正的虛己意識與崇拜皈依意識，所以無法真正成立宗教意識。再者，陳振崑指出儒教理論對於人的有限性認識不夠透徹，最後儒教理論未能開顯天道超越的豐沛動力。〔註106〕該論對於筆者思考問題意識有甚多啟發，但筆者認為，若是把握中國儒家傳統的宗教觀與哲學思想以考察唐君毅的宗教論述，應當能夠理解唐君毅的詮釋緣由與立論根據，也有助於吾人理解新儒家以道德涵攝宗教的意義與關懷。此外，關於該論文提到的內在超越與善惡方面的論題，筆者從儒佛對比以及心靈九境論進行探討，研究方法與入路也不同於該論文。

王俊傑《當代新儒家對儒學宗教性意義之詮釋——以唐君毅、牟宗三為核心之展開》，討論牟宗三與唐君毅之宗教論。本論文首先從清末民初「孔教」運動和八十年代中國大陸學者對於「儒教是否為宗教」之說而論起，並概論新儒家唐、牟對儒家宗教性的看法。在牟先生的部分，談論「圓善」、「無限智心」、「智的直覺」及判教論等等；在唐君毅的部分，該論文探討較少，可見作者主要用力處在於牟先生之宗教論，較少顧及唐君毅宗教論之境界論、心性論、工夫論等等。

關於唐君毅的學術研究，主要是學位論文較多，其他多是從《道德自我之建立》談超越與體證的問題，有助於筆者理解唐君毅「道德自我」與「道德理性」之理論，故列在參考文獻的部分，在此不多作討論。其他的專書集中在唐君毅心靈九境論與道德哲學部分，如下列：

（一）唐君毅宗教思想和心靈九境論之相關研究

唐君毅《生命存在與心靈境界》為其思想之大成，篇幅不小，理論廣博繁

〔註105〕 參見陳振崑：《唐君毅的儒教理論之研究——由宗教意識與道德意識之分辨論人文宗教是否可能》，臺北：輔仁大學哲學研究所博士學位論文，1998 年，頁 4。

〔註106〕 陳振崑：《唐君毅的儒教理論之研究——由宗教意識與道德意識之分辨論人文宗教是否可能》，頁 5。

複,故有梁瑞明《心靈九境與人生哲學》〔註107〕、《心靈九境與宗教的人生哲學》〔註108〕等等,這些書是順著心靈九境的劃分,介紹每一境界中的議題,其著述目的主要是提綱挈領地引領讀者把握心靈九境論,以達「導讀」之目的。另有廖俊裕《唐君毅的真實存在論——《生命存在與心靈境界》之研究》〔註109〕,該論從「呈現的哲學」,即自覺地呈現出人生的活動事實所成之經驗,探討唐君毅就「自覺→超自覺」談論吾人如何體證生命存在,在真實存在的狀態裡,人則能以道德理性使當下生活理性化、道德化。該論把握唐君毅思想裡重要的核心——自覺,這樣以簡馭繁的方式,很能抽繹出《生命存在與心靈境界》之綱領。另,單波《心通九境:唐君毅哲學的精神空間》〔註110〕,該書第六章談到唐君毅的宗教哲學,扼要地說明唐君毅哲學、道德與宗教的關係、宗教意識的內容以及唐君毅對各大宗教的比較。在宗教思想方面,彭國翔〈唐君毅論宗教精神〉是談論唐君毅宗教觀與著作最為詳實的論文,恰如彭國翔所言,目前關於唐君毅宗教方面的論述不多,所以彭國翔整理出唐君毅發表過的宗教類論文,接著談論唐君毅對宗教精神之肯定、對宗教聯繫其他文化活動的看法,並析論唐君毅對世界各大宗教精神的評述,唐君毅在這些論述裡也突顯儒家宗教的特質與精神,並期望能建立新的宗教精神。〔註111〕這篇文章概括了唐君毅關於宗教方面的論著與觀點,但對於較深入的儒佛思想則沒有相關看法。

　　吳有能(Ng, Yau-Nang William)的博士論文"T'ang Chun-i's idea of transcendence With special reference to his Life, Existence, and the Horizon of Mind-Heart",〔註112〕該博士論文從唐君毅的思想探討儒家的超越性,認為儒家的人文主義具有超越意義,這可以從唐君毅詮釋儒家的宗教性進行理解。作

〔註107〕　梁瑞明:《心靈九境與人生哲學》(香港:志蓮淨苑,2006 年)。

〔註108〕　梁瑞明:《心靈九境與宗教的人生哲學》(香港:志蓮淨苑,2007 年)。

〔註109〕　廖俊裕:《唐君毅的真實存在論——《生命存在與心靈境界》之研究》,桃園:中央大學中國文學研究所碩士學位論文,1992 年。

〔註110〕　單波:《心通九境:唐君毅哲學的精神空間》,2011 年。

〔註111〕　參見彭國翔:《儒家傳統的詮釋與思辯——從先秦儒學、宋明理學到現代新儒學》,頁 265～367。

〔註112〕　Ng, Yau-Nang William "T'ang Chun-i's idea of transcendence With special reference to his Life, Existence, and the Horizon of Mind-Heart" Ph.D.diss, Toronto: University of Toronto, 1996。又,關於唐君毅的研究概況及外文研究,可參考陳學然:〈唐君毅研究概況及書目文獻索引〉,《中國文哲研究通訊》第 18 卷 4 期,2008 年 12 月,頁 187～226。

者從唐君毅對於人性的概念進行探討，考察唐君毅探究心性的超越動力，同時也從佛教與儒家談論心靈超越的問題，最後評論唐君毅思想體系。總之，這部博士論文主要從唐君毅的宗教觀及心性論作為探討議題，雖然佛教不是最主要的部份，但仍然必須將唐君毅的佛教觀點作為衡量唐君毅宗教學說的判準之一。又如其他還有 Lau, Kwok-keung "Creativity and unity :the relationship between the world and the divine in Whitead and T'ang Chun-i"〔註113〕這就是將唐君毅與懷特海（1861～1947）進行比較，談論他們對神聖與世俗之間的看法。綜合看來，關於唐君毅的外文研究集中在他的宗教學和心靈九境部分，但是對於唐君毅儒佛思想方面的研究談論較少。還可注意的是，趙敬邦（Chiu, King Pong）的外文著作"Thome H. Fang, Tang Junyi and Huayan Thought: A Confucian Appropriation of Buddhist Ideas in Response to Scientism in Twentieth-"〔註114〕趙敬邦注意到佛教在近代儒學思想發展的重要性，尤其是華嚴學，因此從唐君毅和方東美作為研究對象，探討他們對華嚴的運用。

（二）唐君毅道德哲學之相關研究

這部分是近來唐君毅研究較主要的部份。首先是專書，金小方《唐君毅道德哲學研究》〔註115〕，探討唐君毅道德哲學的淵源及發展歷程，兼論道德形上根源等議題，其要在於唐君毅對儒家道德哲學在實踐方面的現代詮釋。余仕麟、段吉福、吳映平合著《生命心靈的超越：儒家新析論與唐君毅道德形上學》〔註116〕，該書從唐君毅對中國傳統心性論的解讀與傳承開始，考察唐君毅道德哲學在形而上學、道德生活與道德實踐之相關議題，此書兼及道德思想與文化意識之互動，較為深入切要。不過，在道德實踐的部分，以一念自覺作為道德修養之方法；也僅就天德流行境作簡要的討論，該書可了解唐君毅形而上學之概略，但未能論及唐君毅關於心性之體用以及儒佛思維開出的境界論與工夫論。段吉福《從儒學心性論到道德形上學的嬗變——以唐

〔註113〕 Lau, Kwok-keung "Creativity and unity :the relationship between the world and the divine in Whitead and T'ang Chun-i" Ph.D.diss,Honolulu:University of Hawaii at Manoa,1986。

〔註114〕 趙敬邦（Chiu, King Pong）："Thome H. Fang, Tang Junyi and Huayan Thought: A Confucian Appropriation of Buddhist Ideas in Response to Scientism in Twentieth-", Brill Academic Pub, 2016。

〔註115〕 金小方：《唐君毅道德哲學研究》（蕪湖：安徽師範大學出版社，2014 年）。

〔註116〕 余仕麟、段吉福、吳映平：《生命心靈的超越：儒家新析論與唐君毅道德形上學》（四川：巴蜀書社，2010 年）。

君毅為中心》〔註 117〕，作者主要是從思想史的角度溯源中國哲學傳統心性論的演變，並以概論的方式說明熊十力、牟宗三與唐君毅三位先生的心性論，這樣的論述方式可讓讀者了解心性論發展之趨勢，但其論唐君毅的道德形上學仍稍嫌疏略，主要是從唐君毅《道德自我之建立》一書而立論。此外，林如心《唐君毅的道德惡源論》〔註 118〕從個人因素及文化角度探討道德惡和道德惡源，該論文值得關注之處，在於作者援引西方宗教及社會思想，析論唐君毅道德惡源與文化發展的議題，並由此檢討傳統思想「內在超越」與社會文化、個體涵養的問題。該論文從唐君毅論「惡」的來源進一步談論其本體論，然其在宗教學與社會文化方面著墨較多，也兼及中西方對於天人關係見解的差異。〔註 119〕

此外，單篇論文也不乏討論唐君毅宗教思想者，主要討論唐君毅對三祭的看法。〔註 120〕其中，林維杰不僅析論唐君毅、牟宗三與徐復觀三位先生對儒

〔註 117〕 段吉福：《從儒學心性論到道德形上學的嬗變——以唐君毅為中心》（上海：上海古籍出版社，2014 年）。

〔註 118〕 林如心：《唐君毅的道德惡源論》，臺北：臺灣大學哲學研究所博士學位論文，1995 年。

〔註 119〕 舉例來說，林如心認為中國文化「內在超越文化」造成階級對立，並指出唐君毅亦了解數千年來的文教未能真正落實在下層人民的內部。連帶地，儒家也不甚關心「解脫」或是「得救」的問題，忽略民眾尋求慰藉和寄託之需要，所以成聖成賢的道德教訓不見得在民間有效果，儒家的禮儀規範也是表現其優越地位的象徵行為。（林如心：《唐君毅的道德惡源論》，頁 246～247）這是從社會教化評論儒家「內在超越」的問題。儒家的宗教組織與儀式不若其他宗教有既定組織，其教說也首重社會倫理的經營，但是其學說蘊含的「超越性」是相當豐富，此在宋明理學發揮甚多，此無需贅言。那麼，將儒家「教化」的問題與「超越」的部分混為一談，是否合宜？儒家的教化與推廣還需考量各時期的政策與社會風氣等等，平民雖不見得希望「成聖成賢」，但儒家的道德倫理對於社會文化有相當的影響力，這是顯而易見的。儒家的「宗教性」表現之一，就在於聖人即使「解脫」，也必須在世間服務，持續在社會行教化責任，此是儒家與其他宗教歧異之處，唐君毅、牟宗三等當代新儒家學者亦針對此處發揮甚多。再者，將儒家禮儀視為純粹的表現優越地位，也忽略其中的宗教意涵，例如唐君毅在《文化意識與道德理性》論最高層次的宗教意識，即對聖賢人格的禮敬，這就是從儒家禮儀而來；甚至《生命存在與心靈境界》的後半部，亦相當推崇「三祭」蘊含的道德及宗教精神，若是將儒家禮儀僅視為表現優越的工具，忽略其對中國社會倫理及宗教文化的影響，此是抹煞儒家重視禮儀蘊含的宗教精神及道德實踐。

〔註 120〕 例如唐端正：〈唐君毅論宗教之價值與三祭之意義〉，收入於霍韜晦主編：《唐君毅思想國際會議論文集 II》（香港：法住出版社，1990 年），頁 1～112。

家與宗教的看法，也談論三祭與氣化，讓讀者理解宋明儒者對於三祭的詮釋。〔註121〕又如吳啟超從祭祀鬼神，談論鬼神與仁心的關係，〔註122〕這都是討論唐君毅在三祭詮釋裡體現的人文意義。關於這部分，筆者預備更進一步從心靈九境論考察三祭對於吾人心靈的意義、吾人之心如何透過「隱始終顯」以彰顯三祭蘊藏的人文精神。此外，也有專就唐君毅佛教思想的相關研究，〔註123〕這部分主要是就《中國哲學原論》系列中有關佛教的論述而談。可注意的是，景海峰談論唐君毅對華嚴思想的闡釋後，於文末提到：華嚴學對唐君毅思想的具體影響和華嚴法界觀心靈九境論的具體啟示，可再深入探究，〔註124〕就目前研究來說，華嚴學與心靈九境的建構的確是還可進一步追索之處，是以本論文也將此列為問題意識之一。

四、研究方法

本論文主要採用的是哲學研究法，吳汝鈞先生說：

> 哲學方法即是透過哲學概念的分析來把握思想的一種研究方法，故這種方法所注意的，不是文獻本身的表面意義（當然要藉著文獻來了解），而是它背後的哲學內涵；即是說，要看那些思想包含了些什麼哲學觀念，反映了些什麼哲學問題。和根據什麼理論立場，對這些問題如何處理。〔註125〕

採取哲學研究法是因為唐君毅正是善用哲學研究法者，他以此考察諸多宗教理論，且建構出具創發性與創意性之宗教思想，其著作《中國哲學原論》系列主要是採用明確的哲學概念而探討此概念在中國思想史上的嬗變與意義，既建構此哲學概念之發展脈絡及體系，也突顯他個人的理解與詮釋。再者，唐君毅嘗言：「吾人又不能徒取他方之哲學義理，或個人心思所及之義理，為預訂

〔註121〕 林維杰：〈儒學的宗教人文化與氣化〉，收入於劉笑敢主編：《中國哲學與文化》第 8 輯，廣西：廣西師範大學出版社，2010 年，頁 115～142。

〔註122〕 參見吳啟超：〈仁心何以能生出事物來？——從唐君毅的鬼神論求解，並略說牟宗三的「道德的形上學」〉，收入於劉笑敢主編：《中國哲學與文化》第 8 輯，廣西：廣西師範大學出版社，2010 年，頁 143～163。

〔註123〕 游祥洲：〈論龍樹「即空即如」思想的理論面與實踐面——兼及唐君毅先生論空與如〉，收入於霍韜晦主編：《唐君毅思想國際會議論文集 II》（香港：法住出版社，1990 年），頁 54～65。

〔註124〕 景海峰：〈唐君毅先生對華嚴思想的闡釋〉，收入於霍韜晦主編：《唐君毅思想國際會議論文集 II》（香港：法住出版社，1990 年），頁 64。

〔註125〕 吳汝鈞：《佛學研究方法論》（臺北：臺灣學生書局，1983 年出版），頁 125。

之型模，而宰割昔賢之言，加以炮製，以為填充」〔註126〕為了避免有此弊病，筆者把握哲學研究法，並擷取唐君毅集中闡釋的思想概念進行討論，例如「生命存在」、「心靈境界」、「道德理性」、「靈覺」等等。從這以上這些哲學概念裡，反映的主要議題是：唐君毅如何以儒家建構出道德與宗教實踐？如何以吾人本有之心體融通各大宗教與哲學？吾人應如何把握內在心性以邁向超越？如何看待世間的諸多不善，並加以轉化？這些問題散見於唐君毅各著作之中，不侷限於《生命存在與心靈境界》。若要有體系、有條理地整頓唐君毅之論述，並提綱挈領地探討唐君毅運用儒佛之要義，那麼把握唐君毅重要的思想概念進行析論，較能扼要肯綮地探究唐君毅的思想創發之處。

　　除此之外，哲學研究法乃是結合文獻與思想史之研究法，筆者期望，除了把握重要的哲學概念以究義理之外，也要追究唐君毅立論之依據與立場。早在佛教傳入中土時，知識份子便時常議論儒佛，這種議論背後便是將儒家視為與佛教一般的宗教。而近代「宗教」的概念傳入中國，知識份子便質疑儒家並非嚴謹的「宗教」，但回溯史實，儒家實被視為宗教之一，故能與佛教相提並論。尤其是宋明儒者探討不少儒家之宗教性，他們體認到儒家雖致力於經世濟民的入世之舉，但孔孟學說蘊藏的心性論與工夫論，其超越性質與體證工夫實是不遜於佛道的宗教踐履。儒者一方面積極詮釋、發明孔孟學說；另一方面也與佛、道二家溝通對話，既簡別三教之同異，也接受不少佛道思想之精髓，以構成「儒教」之規模，長期發展之下，早已形成一部源遠流長之「儒教史」。因此，就儒教史之角度來審視唐君毅之宗教思想，他既非被動地接受前人之說，也非僵硬地將古說套用於現今，是以從思想史與文獻的研究視角探索唐君毅之哲思，更有助於吾人深入理解唐君毅哲學思想之形成與依據，並闡發唐君毅學說之創見與特重處。

　　筆者研讀唐君毅的著述之後，了解到唐君毅雖有借重西哲之處，但他更致力於耕耘中國傳統思想之豐壤，以開出契應新時代新文化之豐碩花果。在這體認下，筆者認為應切實地把握唐君毅著述中重要的哲學概念，一一梳理唐君毅思想之綱領，以成本論文之橫軸；再從唐君毅之論述裡溯源其立論之根據與成因，構成本論文之縱軸，在這縱橫交錯之研究徑路下，實能切合唐君毅立論之方法，也能夠把握唐君毅出入於傳統與現代之研究視域，故期能根據以上研究方法以釐清唐君毅儒佛思想之理論脈絡，並能深入考察其思想的哲理與終極關懷。

〔註126〕唐君毅：〈自序〉，唐君毅：《中國哲學原論：導論篇》，頁4。

第一章 從「盡性立命」論神聖心體的儒佛意涵

一、前言

歷來談論唐君毅心靈九境論的相關研究雖多，但是對於「盡性立命境」的「神聖心體」缺乏相關的討論，實則神聖心體是心靈九境的根源，亦主導心靈感通，因此本章首先從盡性立命境的「神聖心體」進行討論。唐君毅言：

> 九境最後根源之在吾人當下生活之理性化、性情化中，所昭露之神聖心體，並綜論此心體之用之升降，及其依如如生化之理，而成之事相之白相通達等；而歸在見此體之「截斷眾流」，其用之「隨波逐浪」，其所成事相之「涵蓋乾坤」，而九境之繁，即歸於至約。〔註1〕

這就清楚地指出心靈九境的根源在於「神聖心體」，唐君毅雖言神聖心體乃是在「當下生活之理性化、性情化所昭露」，實則此神聖心體乃是吾人本具，由始而終皆存在、作用於生命存在與心靈感通之中。此心體能作為九境運作之中樞，活動於一切事相之中，卻又歸之於最平凡的「當下生活」，成就「天德流行」之境地。

唐君毅主張神聖心體作為心靈九境運作之實體，能作為基督教、佛教最高境界之共識。而契入神聖心體途徑即在於吾人的生命存在──儒家「盡性立命」。依此盡性立命之實踐，吾人即能從生命存在及心靈之中開通九境，將神聖心體內蘊的至善至德推擴於天地之間。唐君毅也認為儒家盡性立命的實

〔註1〕唐君毅：〈導論〉，《生命存在與心靈境界・上冊》，頁44。

踐亦能開通佛教「我法二空」的境界，他雖不排斥以佛教空觀作為邁入超主客觀境界的方式，但仍然透過神聖心體的闡釋突顯儒家體證的特勝處。神聖心體能發揮「靈覺」，此即是吾人的良知良能、道德情感，附隨在心靈感通之中，隨時進行觀照事相、道德判斷和協調心境等效用，此是「當下生活之理性化」的表現。又從「當下生活之性情化」而言，神聖心體亦含括道德與宗教情感，呈現儒者對世間的關懷；在這部分，唐君毅亦援用佛教觀照眾生貪瞋癡之悲懷、救渡眾生之菩薩道。如此一來，「當下生活之理性化、性情化」所昭露的神聖心體亦有涵融佛教之作用，而這也是唐君毅認為「盡性立命」的完整表現。

　　本章首先針對唐君毅有關於「神聖心體」和「盡性立命」的闡釋，了解其蘊涵的道德與宗教之意涵，並由此了解唐君毅融會儒佛思想之處。他既確立以儒家學說為基底的本體論，也援引佛教思想做為輔翼，甚能突顯「神聖心體」的涵攝作用以及作為整體心靈境界運作的主體意義。

二、「盡性立命」的實踐義與境界義

　　唐君毅將「盡性立命」作為儒家道德與宗教的實踐綱領，是契入神聖心體的最佳入路，這樣的主張也反映在他訂定心靈最高境界「天德流行境──盡性立命境──觀性命境」的命名，今人多注意「天德流行境」，對於「盡性立命境──觀性命境」的意涵沒有較多的論述。吳汝鈞從「順成之教」論「天德流行境」，認為唐君毅乃是把握心性之善及靈覺而論吾人之超越，其重點在於「靈覺」。〔註2〕亦有學者指出「盡性立命」是天德流行境的工夫。〔註3〕其實，「心靈感通」的整體運作就是「盡性立命」。心靈與外境的彼此感通，就是吾人生命存在與外境（外命）的互動，而吾人的靈覺蘊含在心靈感通之中，發揮辨明是非、協調心境的作用，因此「盡性立命」不應被認為專屬於天德流行境的實踐，整體心靈九境皆可透過盡性立命的實踐以開通。唐君毅在〈導論〉處指出：

> 此要在論儒教之盡主觀之性，以立客觀之天命，而通主客，以成此
> 性命之用之流行之大序，而使此性德之流行為天德之流行，而通主

〔註2〕 參見吳汝鈞：〈當代新儒學的深層反思〉，《當代新儒學的深層反思與對話詮釋》，頁116～134。

〔註3〕 參見余仕麟、段吉福、吳映平：〈對儒家天德境界的皈依〉，《生命心靈的超越：儒家心性論與唐君毅道德形上學》，頁270～271。

客、天人、物我，以超主客之分者。故此境稱為盡性立命境，亦稱
天德流行境。〔註4〕

「盡主觀之性，以立客觀之天命」，即論吾人能把握自身的生命存在而順應天
道天命。此實踐的特出處在於以吾人心性為實踐核心，不將依賴他力大能作為
必要條件，此是有別於其他宗教卻又處處彰顯其宗教性之處。吾人一方面開拓
生命存在與心靈之體、相、用，另一方面使吾人的生命存在與心靈通貫主客、
天人與物我而邁向超越，而此超越境界又存在於當下流行不已的事相之中。由
此看來，天德流行境又稱作「盡性立命境」、「觀性命境」，即是從實踐層面而
命名，能呈顯此廣大高明的境界實源於吾人當下之心靈、生命存在，足見「盡
性立命」是心靈九境的主要實踐。再者，「盡性立命」更等同於「心靈感通」
之歷程，皆是以吾人的生命心靈作為實踐主體。唐君毅認為儒佛體證的差異在
於儒家能於當下的事相流行之中肯認神聖心體，並於心靈感通的觀照與實踐
裡把握、豁顯之，所以牟宗三也說：「孔孟立教皆是認為此本心之實有是可以
當機指點的；其所以可當機指點乃因其可當下呈現也。」〔註5〕因此唐、牟二
先生皆以「德性可當下呈現」作為儒家的特點。

　　「盡性立命」是儒家思想與實踐的要旨，孟子云：「盡其心者，知其性
也；知其性，則知天矣。存其心，養其性，所以事天也。殀壽不貳，修身以
俟之，所以立命」〔註6〕牟宗三更謂此語是「成德之教之全部展開」〔註7〕。
唐君毅也肯認對「性」的闡釋與發揚是中國思想重視「人德」的表現，也是
有別於其他宗教之要處，〔註8〕他說：「『生』與『心』所成之『性』之一字，
即象徵中國思想之自始把穩一『即心靈與生命一整體以言性』之一大方向。」
〔註9〕、「中國思想之論人性，幾於大體上共許之一義，即為直就此人性之能
變化無方處，而指為人之特性之所。」〔註10〕據此，則知唐君毅論「性」有

〔註4〕唐君毅：〈導論〉，《生命存在與心靈境界·上冊》，頁43。

〔註5〕牟宗三：〈基本的義理〉，《圓善論》，頁36。

〔註6〕〔宋〕朱熹：《四書章句集注》（臺北：中華書局，1983年），頁349。

〔註7〕牟宗三：〈綜論〉，《心體與性體（一）》，頁7。

〔註8〕唐君毅指出，孔、孟、老、莊等賢哲均重視「性」，這表示其關懷以「人」為
　　　首，以成就「人德」為先，故其教學以「性」為入路。以上，參見唐君毅：〈自
　　　序〉，《中國哲學原論·原性篇》（臺北：臺灣學生書局，2000年。）頁4～5。

〔註9〕唐君毅：〈自序〉，《中國哲學原論·原性篇》，頁13。

〔註10〕唐君毅：〈中國人性觀之方向，與春秋時代之對德言性、孔子之對習言信、告
　　　子之即生言性、與孟子之即心言性〉，《中國哲學原論·原性篇》，頁24。

三個意義：一是「性」是生命根源，具備創生義，這是儒家心性論、工夫論與本體論的根據所在，亦等同於「心靈、生命、精神、存在」。二是「性」的活動義，「性」的創生義代表道德實踐之力量，「性」的活動義即是心靈之「感通」的動力，三是「性」具有境界義，成聖的最高境界不離吾人所有之心性，所以唐君毅言「即心靈與生命一整體以言性」，表明心靈與生命之無限性、普遍性與活潑性。按唐君毅的論述而言，生命存在及心靈即收攝「性」的所有意涵，整體心靈活動及境界均由生命存在「盡性立命」（「心靈感通」）所開出。唐君毅認為佛教論性雖然繁複，但不若中國先哲之論難懂；他更認為佛教論性之繁複終究會歸於至簡至易，此正是佛教性論能與中國先哲之說相契之處。〔註11〕此「至簡至易」，即吾人本有之性命，即生命存在。唐君毅說：「吾人當下之一感之如是如是，並無奇特，亦人人當下可實證之此生命心靈之性。」〔註12〕此即儒家肯認人皆可把握心性而體證之宗旨，陳特評論唐君毅論性的特點，他說：

> 唐先生在這裡表現出一特殊的見解，他認為由孟子開始所建立的儒家心性論傳統，所說的人性或本性，都不是說明現實人生的現實原則，而是指引人向上提升的理想原則。因此說人有仁義禮智的本性，不是說人事實上或在行為的表現上自然地合仁義禮智的德性，而是說人的心靈有趨向於仁義禮智的理想。這理想表現於人的心靈的感遇上，表現於惻隱、羞惡、辭讓、是非之情上。人有惻隱、羞惡、辭讓、是非之情，這是一事實，這事實表示人有超越個人的利益，與其他人其他事物相感通，趨向於仁義禮智的理想，這即是儒家所說的性，儒家所說的本性因此不是在描寫現實的人現實的行為，而是指人的嚮往，人的趨向。〔註13〕

由此可見，唐君毅尤為發揮儒家心性論的超越性質，認為仁義禮智等德性不只是一般的道德行為，吾人的心性能在表現各種德性的同時也達到邁向超越的目的。因此，唐君毅所言「盡性」之「盡」代表至善心體本就有表現、擴充至善的動能，也表示吾人能夠主動發揮心性之善與良知良能，當吾人願「盡」，即是把握心性向善的趨向、超拔此心於陷溺之中；而吾人心性之向善的趨向，

〔註11〕參見唐君毅：〈佛家言性之六義，及其與中國傳統言性之異同〉，《中國哲學原論・原性篇》，頁200～201。

〔註12〕唐君毅：〈自序〉，《中國哲學原論・原性篇》，頁14。

〔註13〕陳特：〈心性與天道──唐君毅先生的體會與闡釋〉，頁87。

即是盡性立命（「心靈感通」）。牟宗三梳理孟子文句時提到，常人與聖人的差別不在於性、仁義之心、良知良能，而在於「能盡不能盡」，而盡不盡的差別在於是否陷溺其心。〔註14〕而唐君毅以吾人心性作為神聖心體，能客觀地體察一切相，必定有活動、向善之趨向，所以必能「盡」心，即心靈持續感通內在、外境與天道，以開通境界。

「命」也有幾種意涵，是自然生命、不可捉摸的命運，也是人之氣質等天生條件，不論是哪個意涵，「命」對人而言是一種限制。「命」是在天人之際而產生，從天而說是「天命」，對人是「性命」。「命」也是順逆之外境，能啟示人之作為，進而使人能客觀地從仁心自命自令裡體見上天對自己所「命」，唐君毅認為孟子已然包含此義。〔註15〕他不反對佛教將「命」解釋為「無常」，但他不認同佛教由「無常」而判定眾生與世界是「苦」，充滿煩惱執著。〔註16〕所以，唐君毅依據儒家學說而認為人面對命運時當有所承擔，需正面肯定順逆皆有助於心靈之涵養與提升，他說：「此所遇之一任何命運，亦不只是一事實，而是『吾人之生命之變化運行道之一境，此一境對吾人義所當然者有所命』之

〔註14〕參見牟宗三：〈基本的義理〉，《圓善論》，頁29。

〔註15〕參見唐君毅：〈天德流行境——盡性立命境——觀性命界（中）〉，《生命存在與心靈境界·下冊》，頁872。在這裡還可藉牟宗三的解釋理解「命」，他認為「命」是個體生命與氣化方面相順或不相順的一個「內在的限制」之虛概念，是實踐上的虛概念。「命」不是理性可以全然掌握，它應該屬於氣化，但它又不是氣化本身所呈現的變化事實。牟宗三認為「命」是落在「個體生命與無窮複雜的氣化之相順或不相順」之分際上。這相順或不相順之分際是一個「虛意」，不是一個時間空間的客觀事實可以陳述，所以它也不是知識，而就在這「虛意」上可以名之曰「命」。（參見牟宗三：〈心、性與天與命〉，《圓善論》，頁142～143。）此即認為「命」是吾人自體與外境氣化不協的因素，「命」的型態近似氣，但又不屬於氣，此是其渺茫難明之因。牟宗三又認為「命」是「消極的實有」，而「命定」只屬於氣化方面的事，氣化方面必然有「命」觀念，儒家則是於道德實踐上確立命的概念。（參見前註，頁144～145。）唐君毅不將「命」解釋為氣化，「命」除了自然生命的意義外，它是外境帶來的限制，是吾人未能充分表現德行致使心境不協，因此「命定」的產生亦可說是吾人心靈所造成。

〔註16〕唐君毅認為「無常」是佛教對「命」的理解，但就牟宗三看來，他認為佛教乃是以「無明」而概括「命」的意義，甚至沒有意識到「命限」的觀念。佛教對於「命」乃是從意義的轉化、作用的轉化作為因應之道，引導眾生不執著於「命」。而儒家對於「命」，是以「無可奈何而安之若命」的體認而採取重性不重命的態度，並以此態度積極進德修業。至於基督教均依上帝決定，形成「命定主義」，因此，牟宗三認為「道德實踐中命之觀念是儒家獨有」。（參見牟宗三：〈心、性與天與命〉，《圓善論》，頁155。）

一有價值意義之一活潑潑的命運。」〔註17〕此價值意義即表現在人面對各種情境表現出恰當的德性，如果不能在各種境況裡體現適當的德性，即形成不善，也造成心靈感通之窒礙。如此，唐君毅將「命」詮釋為吾人之生命與上天之命，而上天之命更化為順逆之境，從外在促使吾人表現德性；而吾人之生命本就能積極地向外感通活動，因此「命」兼有內在外在之意涵，而心靈感通即是使內外一致的關鍵。

　　唐君毅引孟子學說以言「命」：

> 孟子所謂命，不只為外在之品節限制之意，而兼涵此品節限制之所在，即吾人當然之義之所在，而義之所在即心性之所在，耳目口鼻之欲，受限於外在之命，即受限於義，故非吾人真性之所在。然人之行天所命之仁義禮智，即所以自盡其心性，故雖為命，又即為吾人內在之真性之所在云云。〔註18〕

「命」是兼具「限制」與「限制之所在」的意涵，這表示能限制吾人的是「心性」；而能突破此限制者亦是「心性」。唐君毅把握孟子「即心言性」〔註19〕之義，仁義禮智是心性的共義；同時也要「即命見義」，在命運的限制上得見吾人義之所在和心性之所在。〔註20〕如此一來，吾人實踐道德，豁顯心性，同時也是突破命之限制，因為人天生具備的條件與生存的環境都是至善德性的表現所在，而仁義禮智之道德價值亦契合天道，性命之生生義也契應上天之生生不已。因此，儒者注重的不是難以捉摸的「外在之命」，而是關注如何全然地豁顯心性，不為「外在之命」所限囿，由此更能得見義命一貫之至理，心性與天道渾然之境界，此亦彰顯儒家道德與宗教實踐的境界：

〔註17〕 唐君毅：〈天德流行境──盡性立命境──觀性命境（中）〉，《生命存在與心靈境界・下冊》，頁875。

〔註18〕 唐君毅：〈第一章 中國人性觀之方向，與春秋時代之對德言性、孔子之對習言信、告子之即生言性、與孟子之即心言性〉，《中國哲學原論・原性篇》，頁41。

〔註19〕 「即心言性」，是唐君毅把握孟子所言之心的惻隱、羞惡、辭讓、是非而言性，心能呈現惻隱、羞惡、辭讓、是非，就表示心是善，且具有向善之「性能」，這是心自己的活動。唐君毅認為孟子不僅以四端言心，更將四端解釋為性的內涵，針對心能產生四端的「幾」處而言「心性是善」，四端是人心自然流露的道德，故證明心之表現為善，且心性是善；仁義之心即仁義之性，而心能向善即心性之能的擴充。參見：唐君毅：〈中國人性觀之方向，與春秋時代之對德言性、孔子之對習言信、告子之即生言性、與孟子之即心言性〉，《中國哲學原論・原性篇》，頁46～49。

〔註20〕 唐君毅：〈原命上：先秦天命思想之發展〉，《中國哲學原論・導論篇》，頁546。

> 人在其盡性之事中，即見有一道德生活上之自命。此自命，若自超
> 越於現實之人生已有之一切事之原泉流出，故謂之原於天命。實則
> 此天命，即見於人之道德生活之自命之中，亦即見於人之自盡其性
> 而求自誠自成之中，故曰天命之謂性也。〔註21〕

依此語，即是指吾人能在擴充心性之善的歷程裡，體見生命存在持續向善之趨
勢，此即「自命」。若是持續溯源此自命的根源從何而來，能溯源至天命，可
見天命與生命存在有著密切聯繫。進一步而言，此「自命」即是心靈不斷依神
聖心體而感通，溯源至天命，亦即溯源至神聖心體，這也是「天命之謂性」的
最高境界。唐君毅詮釋盡性立命之意涵與實踐，乃是以吾人的生命存在與心靈
作為體證主軸，所以盡性立命之首要目標不在於揭顯天人之際的奧秘，而是先
要把握自心，從自肯自得著手：

> 人之理解此天命之謂性，不須先想一天是如何之物。天只是性之形
> 上根源。此形上根源之為何物，只能由人依其性而有之自命自令為
> 何物以知之。此人之自命自令之事相續有，而人相續依之以行，人
> 之性即相續現；而人即相續自知其性，亦知性之根源之天。故孟子
> 謂盡心即知性知天也，盡心即盡此心之自命自令，而行之，亦即就
> 此心自命自令之時，所視為當然者而行之，此亦即盡此天之所命於
> 我者，而立此命於我之生命存在之內也。〔註22〕

此自命自令即是吾人依循自心之道德要求持續作為，即持續感通，則一一廓清
生命之滯礙與執著，而吾人即能在此自命自令的心靈感通、道德實踐之中，體
見心體之作用，進而把握天道乃是心體之根源，此即「盡此天之所命於我者，
而立此命於我之生命存在之內」。而這樣的解釋也彰顯「性」與「命」蘊含的
宗教性質，所以牟宗三據此主張儒家是「道德的宗教」：

> 此「內聖之學」亦曰「成德之教」。「成德」之最高目標是聖、是仁
> 者、是大人，而其真實意義即在於個人有限之生命中取得一個無限
> 而圓滿之意義。此即道德即宗教，而為人類建立一「道德的宗教」
> 也。〔註23〕

〔註21〕 唐君毅：〈乾坤之道、禮樂之原、政教之本、與秦漢學者之言性〉，《中國哲學
　　　　原論‧原性篇》，頁 88。
〔註22〕 唐君毅：〈天德流行境──盡性立命境──觀性命境（中）〉，《生命存在與心靈
　　　　境界‧下冊》，頁 872。
〔註23〕 牟宗三：〈綜論〉，《心體與性體（一）》，頁 6。

此見亦相契於唐君毅所論，藉由盡性立命以提升心靈境界，達到成聖成仁的最高目標，也使生命與精神臻於至善至圓，吾人心體「神聖」之義正在此處，儒家的宗教精神也在此表露無遺。

綜上所述，顯見唐君毅從儒家的性命之說而結合生命存在及心靈而論述，儒者順成天命，擴充心性之至善，與外境不斷互動，足見成德之教的體證與教化方式在於盡性立命之中，所成就之超越境界亦在於融貫天道的生命存在，所以唐君毅詮釋的盡性立命不僅是遍歷九境、豁顯神聖心體之踐履，亦說明吾人性命及所體證之境界均不離吾人的性命之中——即生命存在，亦即在於本具有之神聖心體，所以盡性立命不僅是道德與宗教的實踐，亦含有心靈九境的境界意義。

三、盡性立命境的「神聖心體」

唐君毅將吾人的心靈與生命存在作為道德與宗教的主軸，此既是吾人超越之根據，亦是至善圓滿境界之所在，他說：

> 我們須相信，在一切不能不承擔的不合理之後之上，應當有一絕對合理的彼界、或宇宙真宰。此彼界或真宰，為我們之合理的道德努力之泉源，亦為其真實性作最後的保證，亦為一切道德努力所歸宿。此彼界真宰，亦即人之形而上的真性真心所在。〔註24〕

唐君毅相信吾人之心靈本具有形而上的性質，能主宰一切道德努力，此形而上的真性真心，即心靈融貫九境後全然彰顯的至善心體，他稱之為「神聖心體」：

> 人之學聖，即所以去此凡心凡體之障蔽，以顯此自本自根之聖心聖體。上文言聖體原神體，聖心即神心，合名為神聖心體。此神聖心體，固自本自根。然當其未顯，而人視之為超越外在於現有之凡心，遂單名之曰神。〔註25〕

此即指出吾人本具神聖心體，只是吾人將神聖心體外在化、客觀化而視之為「神」，不知此神聖心體即是吾人本有之至善心性。〔註26〕但是在超主客觀境

〔註24〕唐君毅：〈精神上的合內外之道〉，《中國人文精神之發展》，頁313。

〔註25〕唐君毅：〈專觀盡性立命境之通達餘境義——當下生活之理性化——超越的信仰——精神空間、具體的理性、與性情之表現為餘情〉，《生命存在與心靈境界·下冊》，頁969。

〔註26〕這是唐君毅論宗教意識產生的看法。他認為人期望自欲望解脫時會產生矛盾與掙扎，在這之中便產生兩重自我，一是陷於欲望之自我，一為超越欲望求自

界，吾人更能把握心體，最終能在當下生活中全幅展現神聖心體。唐君毅將最高境界之心體特別稱作「神聖心體」，一是彰顯吾人之生命存在與心靈本具有達致最高境界之動力與根據；二是唐君毅認為以儒家心性論為底蘊的神聖心體最為切實可行，更能作為各大宗教的匯流之處。這些意義還能從唐君毅解釋「仁心」、「天心」和「聖心」得見：

> 仁心發展至極，必要求人之精神之不朽，並肯定允恒之正義。……
> 因而必須於人之仁心聖心中見天心，以真肯定仁心聖心天心之不二。
> 至於此中何以不只用一名？則以仁心是自個體人上說，聖心自個人
> 仁心完全實現上說，而天心則自諸聖同心一心上說，而顯於人我之
> 仁心交感處及天地之化育中者也。〔註27〕

唐君毅認為「仁心」是就個體而言，而仁心全然展現即是「聖心」，而「天心」即指一切聖賢共有之心，能在心靈感通之際呈現。唐君毅言「聖心即神心，合名為神聖心體」，即說明神聖心體融貫仁心、聖心與天心，存於生命存在，亦在於每個生命存在彼此感通之際。如此一來，可以說神聖心體乃是以儒家心性論為底蘊，在肯定吾人心體至善能全然彰顯的前提下，神聖心體能作為宗教的溝通橋樑。

　　吾人知曉有神聖心體，即是察知吾人之至善心性本具有超越的動力，以此動力進德修業，豁顯心體之神聖。〔註28〕此如同佛教倡言眾生皆有佛性，

欲望解脫之自我。在這之中，如果人僅是將這兩重自我的矛盾視為磨練自我人格，以期能夠超越自我，這仍是道德意識。但是，人未必能夠堅持磨練自我之道德意識，在遭遇頓挫之際有可能使道德意識散亂。於是，吾人會分裂兩重自我，即將第二重超越欲望的我另立為一精神實體，視之為「神」，與第一重自然欲望的我相對。如此一來，「神」就是客觀化的「非我」，此「非我」能夠客觀地審視「欲望的我」遭遇的種種問題。（參見唐君毅：〈人類宗教意識之本性及其諸形態〉，《文化意識與道德理性》頁481～482。）所以在唐君毅看來，所謂的「天」、「上帝」、「神」等等，其實都自「我」而發出，是「我」肯定而存在，並具有意義。

〔註27〕唐君毅：〈致勞思光・二〉，《書簡》，頁355。

〔註28〕吳汝鈞說：「熊十力先生與牟宗三先生的系統，或他們所理解的儒家的形而上學，是本體宇宙論。牟先生更常運用『本體宇宙論』的字眼在其鉅著《心體與性體》之中。這種形而上學的思路基本上是承襲《中庸》與《易傳》而來。《易傳》〈繫辭〉說『乾道變化，各正性命』，《中庸》說『天命之謂性』，都是說乾道或天命的形而上的實體是具有動感的，它流行、作用到哪裡，便成就該處事物的本性，而宇宙的一切事物，都由這形而上的實體所創生。『乾道變化』中的『變化』，並不真指乾道實體或本體真的像現象般變化無常，是生滅法。變

眾生應據佛性以破無明、除妄見,直至證得佛性。如果人放失心性或是不知佛性存於己心,都會造成體證的困難,故先知有體,〔註29〕是儒佛二家共許之義。唐君毅又認為「人皆可成聖」是「神聖心靈」的消極義,以解決幾個問題:一是消除「人不能成聖」之見解;二是強調神聖心靈根植於吾人心性,消除「神聖心體與我二分」之見解;三是基於神聖心靈內在且根植於吾人心性,教導吾人必須要在當下持續感通,以達到生活全然理性化之目標,而非要脫離生活而另作心靈感通。〔註30〕這種消極義,也是信仰的應用,能夠藉此信

化只是作用之意而已。『天命之謂性』的『命』,也有流行的意味。雙方都展示本體或實體的強烈的動感。」(吳汝鈞:〈力動宇宙論與空義的變化〉,《純粹力動現象學》(臺北:臺灣商務印書館股份有限公司,2005 年),頁 136。)藉由這個對實體的體認審視唐君毅對生命存在的體認,可察見吾人的心靈能持續感通,在心靈感通及事相流行裡體認神聖心體正在此中作用,心體能作為心靈感通、協調事相的根據。因此,唐君毅一再強調要在事相流行裡認取神聖心體,當下肯定心靈的德性能持續作用,此亦是突顯心體的強烈動感,契合心體與天道「生生不已」的精神。

〔註29〕單波析論唐君毅追尋本體的方式時,他說:「其具體思考路向是:先由道德實踐指出道德生活的本質為自覺的自己支配自己、以超越現實自我,由此啟示出道德自我的尊嚴性;進而追溯道德自我在宇宙中的地位,即自懷疑現實世界的真實與感受現實世界的不仁出發,進而指出心之本體的存在及其真實、至善,並以它為道德自我的根源;再進而說明心之本體即現實世界的本體;最後又申論此心之本體,即充內形外的精神實在,既超越世界、現實生活,又表現於現實世界、現實生活。這樣,我們不難體會到,唐氏所追尋的心之本體,即處於主客合一、天人合一的狀態之中。」(單波:〈生命之真的追尋——唐君毅心本體論〉,《心通九境——唐君毅哲學的精神空間》,頁 38。)實則唐君毅強調人必須先知「有體」,明白成德的根源在於吾人心性(參見唐君毅:〈論生命存在與心靈之主體——其升降中之理性運用——觀主體之依理成用〉,《生命存在與心靈境界‧下冊》,頁 1007。)先知吾人之心性之至善且能作為道德實踐之主體,方能把握主體進行涵養觀照,同時利用主體之良知良能而判定善與不善,進而轉不善為至善。吾人如何當下見體?按唐君毅所見,即是先從吾人一念之間的良知良能著手,從中得見主體在其中運作,爾後不斷擴充吾人心念之善性,直至全然豁顯至善主體,即神聖心體。如此看來,單波認為唐君毅對心體的體會乃是由「懷疑現實的殘忍不仁開始」,(單波:〈生命之真的追尋——唐君毅心本體論〉,《心通九境——唐君毅哲學的精神空間》,頁 39)這樣的觀點就不甚確切,至少在《中國哲學原論》系列與《生命存在與心靈境界》,唐君毅多處說明吾人先見心性之善與佛教先觀眾生煩惱是儒佛之別,這都表明先見吾人在現實中表達的善,乃至於從吾人「知現實之不善」而見善,都是唐君毅順成之教的實踐起點。

〔註30〕參見唐君毅:〈專觀盡性立命境之通達餘境義——當下生活之理性化——超越的信仰——精神空間、具體的理性、與性情之表現為餘情〉,《生命存在與

仰而消解這些成見，就是建立信仰的主要效用。也就是說，唐君毅藉由申明心性之限量，突顯心性的超越性與動能以詮釋信仰，卻不贊同對「積極的使用」信仰——即吾人因信仰而產生種種玄思，他說：「人亦不須對此諸信仰更作想像思辨之玄想，而唯當還至其當下心靈之其他種種感通中，求其生活之理性化，方為盡性立命以成聖，而達於神聖之境之正道也。」〔註31〕道德為主，信仰為輔；儒家盡性立命為正道，佛教破執去妄為輔，這個次序在唐君毅的宗教思想裡是很鮮明的。

心靈境界·下冊》，頁970。單波指出唐君毅心本體論的矛盾，他說：「（唐君毅）他由否定現象真實而體認本體真實，當他透悟了心體之後，又要由心體來肯定現象真實，這就出現了邏輯背反；由否定現象真實來體認心體的真實存在，認定它是萬物之本，現象世界裡每一事物都是它的全體的體現，那又有違心本體論的宗旨，而且體認心體的真實存在的邏輯起點又不復存在。」（單波：《心通九境——唐君毅哲學的精神空間》，頁71。）這個矛盾是否存在呢？從唐君毅的儒佛之辨裡可以發現，唐君毅認為儒家方才有「真肯定」，基於這份真肯定，故而肯認吾人的生命存在與其它存在均有意義與價值；且依於這份真肯定而批判佛教將一切事相認為是緣起性空的生滅法，缺少一切存在之真實性。但是，唐君毅也肯定華嚴宗將一切物與事之世界為「事法界」，所以唐君毅更稱萬物散殊境即是「萬事散殊境」（參見唐君毅：〈萬物散殊境——觀個體界（上）〉，《生命存在與心靈境界·上冊》，頁51。）此是著眼於佛教雖然未能在「體」方面建立實體，但佛教華嚴宗將現象界納入法界，並視為修持必經之途。據此，唐君毅將萬物散殊境作為九境之起始，而達致最高之「天德流行境」之後仍接契萬物散殊境，既成就九境之循環不已、生命心靈流行不已，亦透顯出唐君毅對於現象界「真實」之肯定。倘若唐君毅「否定現象真實」，就無從由萬物散殊境而「體認本體真實」。再者，我們必須注意到唐君毅「當下生活的理性化」的境界，吾人在當下生活全然理性化的境界裡，能夠直接諦見神聖心體在事相裡的運作，吾人的良知自覺也全然在此中操持，這比起「先知有體」、「先肯定一切生命存在」的階段更為深入透徹。從唐君毅的儒佛之別與體證觀點可以察見，單波認為唐君毅先由否認現實而證實本體存在，這是不夠確切。至於「由心體之真實而論其他現象之真實」，唐君毅已然在肯定一切事相均有意義的基礎上論證心靈感通，倘若其他現象或存在並非真實，那麼心靈感通就很難成立，若將所有現象均視為心體的呈現，這又是唐君毅批判佛教之處。因此，這部分的矛盾能夠從「當下生活之理性化」作為解決之道，唐君毅所詮釋的最高境界不在於證得一切均由心體呈現，而是吾人的心體能夠依循道德理性與良知良能進行執兩用中，以此安立、調適一切，使一切均能如理而行，泯除主客觀之間的差別，此更可說是唐君毅將華嚴事事無礙之義與吾人當前的生活結合，亦能解決單波所指出的矛盾。

〔註31〕唐君毅：〈專觀盡性立命境之通達餘境義——當下生活之理性化——超越的信仰——精神空間、具體的理性、與性情之表現為餘情〉，《生命存在與心靈境界·下冊》，頁971。

　　唐君毅也認為儒家與其他宗教的不同之處，在於不先描述最高境界的殊勝與偉大，而是直接指點當下生活的心性表現，因此他解釋心靈九境之後才論述「神聖心體」，亦是切合儒家宗教的特點。再者，吾人成聖之後，其教化事業亦無有窮盡，故能兼有儒家「人皆可為堯舜」及佛教「眾生皆能成佛」之意涵，更由此開出信仰意義。〔註32〕唐君毅認為依據這信仰，人使能相信且盼望自己與一切生命都能成聖，並在成聖之後貫通彼此的心靈，一切都不能外在於我之心靈境界，一切皆是在我神聖心體的觀照之中。如此一來，在神聖心靈的觀照之下，吾人能發現原來神聖心靈遍於全體的事相上，此即是「天德流行」之圓善境地。

　　唐君毅闡述神聖心體作為活動主體的意義：

> 吾人於此生命存在與心靈，乃謂其為一具此種種活動之主體；而在盡性立命之境，此主體，即為一通客觀之天道，其性德即天德之一超越而內在的主體，而不同於一般之以特定經驗規定之一經驗的我，或經驗的主體者。此主體，專自其為一心靈言，吾人或稱之一生的靈覺或自覺的心靈，乃具能生之性，而能盡之、能知命而立之，以成就吾人之生命存在者。自此心之盡性立命，可使人至聖境神境說，吾人又名此心靈之自體為<u>神聖心體</u>，而加以論述。〔註33〕

吾人之生命存在與心靈是一切活動之主體，此主體具有感知、感通之效用，故能在活動歷程之中同時發揮良知良能，判斷事相之性質、活動以及分辨善與不善等等。神聖心體的超越性又在於能夠永恆地「盡性立命」，使九境不斷運作，使心體本有之德性不斷流行，亦引領他人邁向更高遠之境界，象徵成德之教永無止盡，呈現「天德流行」。如此看來，可以發現神聖心體雖然是盡性立命境所證成的心性本體和至善境界；但實際上，唐君毅在起始的「萬物散殊境」已然指出「神聖心體」的存在，他說：

> 人固可以我之一名，表此能統之為能統之性質，於此知此思之運行中，謂時時皆有此我，即時時皆有一「我思」、「我知」，與其所統所

〔註32〕參見唐君毅：〈專觀盡性立命境之通達餘境義──當下生活之理性化──超越的信仰──精神空間、具體的理性、與性情之表現為餘情〉，《生命存在與心靈境界·下冊》，頁966～967。

〔註33〕唐君毅：〈專觀盡性立命境之通達餘境義──當下生活之理性化──超越的信仰──精神空間、具體的理性、與性情之表現為餘情〉，《生命存在與心靈境界·下冊》，頁997。

　　思所知之一切經驗事物之性相。然此能統之性質，仍不同于吾人用
　　以建立個體物為實體性之個體物之性相。此能統之性質，乃唯於能
　　統之活動之運行中見。〔註34〕

在「萬物散殊境」乃是觀照事物之性質、活動，而人在這階段可以窺見在吾人
的自覺之中存在一個「能統的我」，也發現在「能統的我」存在於自身思維與
一切事物的性相之中；尤其是此「能統的我」必須在運行之中方能體見。顯然
地，「能統的我」正是神聖心體，「能統」即是心體透過心靈感通進行涵攝諸相，
「我思、我知」即是「靈覺」。唐君毅所以不一開始就點明神聖心體，亦可凸
顯心靈在境界提升的歷程中，對「心體」有不同的認知，在萬物散殊境，人們
僅感知到「我」的活動，未能全然地發揮「我」──即神聖心體。再者，唐君
毅主張吾人全然豁顯神聖心體之後，還要返回萬物散殊境以觀照人文世界，此
是聖者的境界，倘若一開始就以神聖心體進行闡述，易與初進入萬物散殊境的
心靈混淆。〔註35〕

　　唐君毅說：「九境最後根源之在吾人當下生活之理性化、性情化中，所昭露
之神聖心體」，所謂「當下生活之理性化、性情化」，即吾人的德性能全然遍布
於生活，吾人之性情亦全幅至善至誠，內外兼善。唐君毅曾在《文化意識與道
德理性》云「人類一切文化活動，均統屬於一道德自我或精神自我，而為其分
殊之表現」〔註36〕、「然而一切文化活動之所以能存在，皆依於一道德自我，為
之支持。一切文化活動，皆不自覺的，或超自覺的，表現一道德價值。」〔註37〕
又說：「本書之目的，一方是推擴我們所謂道德自我、精神自我之涵攝，以說明
人文世界之成立；一方即統攝人文世界於道德自我、精神自我之主宰之下。」
〔註38〕在《生命存在與心靈境界》，唐君毅以更簡要的「當下生活之理性化、性

〔註34〕唐君毅：〈萬物散殊境──觀個體界（下）〉，《生命存在與心靈境界·上冊》，
　　　　頁124。
〔註35〕唐君毅指出「心靈的活動從三個方向建立我外之人物、上下層之經驗的我與
　　　　超越的我之存在」，人們在萬物散殊境的階段是「不自覺」這部分的，雖然約
　　　　略得知有「能統的我」，但未能知曉心靈的活動及所處世界之一切事相有「超
　　　　越的我」運作其中，只見一個客觀外在的萬物散殊境而已。（參見唐君毅：〈萬
　　　　物散殊境──觀個體界（下）〉，《生命存在與心靈境界·上冊》，頁132～133。）
　　　　因此，雖然神聖心體在萬物散殊境時即存在，但此刻的心靈不若接契萬物散
　　　　殊境的「盡性立命境之神聖心體」。
〔註36〕唐君毅：〈自序（二）──明本書宗趣〉，《文化意識與道德理性》，頁5。
〔註37〕唐君毅：〈自序（二）──明本書宗趣〉，《文化意識與道德理性》，頁6。
〔註38〕唐君毅：〈自序（二）──明本書宗趣〉，《文化意識與道德理性》，頁6。

情化」涵納他在《文化意識與道德理性》的見解，以「神聖心體」取代「道德自我」，說明九境之哲學、宗教及一切活動，皆能歸源於神聖心體，並以心靈感通而作用、開通，支持吾人成德之踐履及當下生活。而唐君毅在《生命存在與心靈境界》主要援引儒家思想詮釋，建構以儒家為主軸的體用模式，解釋神聖心體能作為整體生命存在之主體，而生命存在本身即涵括九境、一切文化活動，此即唐君毅所云：「此當下生活之理性化，即盡性立命之事。故吾人今之論當下生活之理性化之道，初只是前論盡性立命之引申義，與補充義。」〔註39〕吾人當下生活之理性化，即在一切文化活動之中運用神聖心體，使超越的道德與宗教精神能落實於當前生活之中。唐君毅秉持盡性立命，結合乾坤之道以構成生活理性化、性情化的實踐。他指出，吾人的心靈首先要觀照當前的情境之性向，依性生情，而見此境如對自己有所命。自我的心靈與外在情境之命相互呼應，構成原始的太和。境是命，吾人心靈之感通是性；知命而自我心性承載之，是坤道；立命而盡性，是乾道。〔註40〕因此，神聖心體即是綜合乾坤之道。

依唐君毅所見，吾人若是能當下把握自我的心靈與生命存在而觀照外物，在這觀照之中而形成道德理想，並以此理想而行道德實踐；同時，在這實踐之中轉變心境關係，以顯道德心靈主體，契入超主客境，因此心靈可次第經歷九境而得圓滿，也可直接契入盡性立命境而融通全部心靈境界，這是因為吾人本就具有神聖心體，因此吾人的心靈本就具有超主客的動能與根據，故能直接把握超主客的意涵而破主客分別，通主客之境，即是直就第九境盡性立命境之意旨而感通，不只是從第一境萬物散殊境開始凝攝諸事相，所以唐君毅說心靈感通九境，實可約為「吾人之心靈生命與境有感通」之一事，〔註41〕而這一事都在人當下一念而開出：「則此九境者，皆可由人當下一念之次第轉進，而次第現出。其切近之義，乃人皆可由其當下之一念之如此次的轉進以求之者。」〔註42〕這裡所言的「轉進」不見得是由低層位提昇到高層位，高層位也可能向後

〔註39〕唐君毅：〈專觀盡性立命境之通達餘境義——當下生活之理性化——超越的信仰——精神空間、具體的理性、與性情之表現為餘情〉，《生命存在與心靈境界·下冊》，頁958。

〔註40〕參見唐君毅：〈專觀盡性立命境之通達餘境義——當下生活之理性化——超越的信仰——精神空間、具體的理性、與性情之表現為餘情〉，《生命存在與心靈境界·下冊》，頁958。

〔註41〕參見唐君毅：〈通觀九境之構造與開闔〉，《生命存在與心靈境界·下冊》，頁945～946。

〔註42〕唐君毅：〈通觀九境之構造與開闔〉，《生命存在與心靈境界·下冊》，頁948。

退位，所以心靈感通是有進有退。以超主客觀境之三境而言，其進退的狀況如下所述。吾人之心靈契入歸向一神境之後，需藉由神聖心體而完善道德理想，此是「進」；如果將此神聖心體看作是個人的道德理想的體現而忽略其超越性，這是「退」。進入我法二空境之後，能於一切生命存在之底層體見佛心佛性，此是「進」，將此佛心佛性全然外在化，只是被動地信仰，這是「退」。而在盡性立命境裡，察見此神聖心體當下即可把握，並由此得見天命流行，依此不斷成德成賢，此是「進」，而誤以為神聖心體乃是潛藏於生命底層之處，此是「退」。〔註43〕值得注意的是，唐君毅認為佛教將佛心佛性視為潛藏於生命底層之論述乃是心靈之倒退，而採取儒家盡性立命以使天德流行於人德方才是「進」，此則明顯地將儒家境界高於佛教之處。再者，此處亦表示吾人秉持盡性立命的實踐也能契入佛教我法二空境，此係心體執兩用中之作用，下章再述。

四、神聖心體的宗教意義

　　唐君毅論神聖心體乃是藉由「靈覺」而轉化出信仰意義，他常用「靈覺」言心性之活用性，他解釋「心靈」之「靈」的意思是「言其虛靈而能通外，靈活而善感外，即涵感通義。」〔註44〕他對「靈覺」的理解也能藉由他對陽明學說的評析裡了解：

> 陽明之良知天理之昭明靈覺，乃合心與理而言。此與象山之合「此心之靈」與「此理之明」，為一心即理之本心之言，大體無異。然知之一名，一般用以指心之用；而本心之一名，則一般用於以尰指能自作主宰之心之自體。故象山之發明心即理之本心，重在教人自見其心體，以自立自樹，而陽明之言良知之昭明靈覺，即重在此良知之對其所知而表現之運用。此良知之所知，在陽明非單純之外物，而為吾人對物之事或吾人對物之意念。良知乃知此意念之善惡，同時而有對此善惡意念之好惡，緣此好善惡惡，以有為善去惡之行。由此而致良知之工夫，即為純道德性的，精切篤實的，即知即行之工夫。〔註45〕

〔註43〕參見唐君毅：〈通觀九境之構造與開闔〉，《生命存在與心靈境界・下冊》，頁952。
〔註44〕唐君毅：〈導論〉，《生命存在與心靈境界・上冊》，頁2。
〔註45〕唐君毅：〈象山、慈湖至陽明之即心性工夫，以言心性本體義〉，《中國哲學原論・原性篇》，頁450。

陽明不僅把握象山「心即理」的觀點，更關注心之靈覺（良知）與外境之互動，此可說是進一步從理事關係而論靈覺（良知）之作用。朱子、象山與陽明皆論及心的「靈覺」，但朱子採取分析的方式解釋心的「虛靈不昧」，「虛」是心寂然不動而通於內具之理，「靈」是心能呈顯內具之理於外，「不昧」是心相續感物。〔註46〕然象山與陽明直接將心的覺知與理合而為 ，更論此心即理即天道天理，陽明更拈出「良知」說明吾人心性去惡向善的工夫和此心因應外物的問題，這些看法皆影響唐君毅對「靈覺」和「心靈感通」的闡釋。唐君毅指出，靈覺乃是出於心體，是吾人的良知、覺察，在吾人心靈感通的過程裡，此靈覺即發揮觀照事相、判斷是非的作用，既能自覺地把握自心的至善心性，也能隨著心靈感通而推擴心體之至善。吾人之靈覺能自動奉承天命，不斷超越，故此靈覺亦是吾人盡性立命之體現。更可以說，心靈感通即是靈覺之發用，靈覺之作用即是心靈感通，〔註47〕此即唐君毅所言：「此立命盡性之學，在根柢上唯在存此靈覺的生或生的靈覺。」〔註48〕可見他所論的「靈覺」可說是兼綜朱子、象山與陽明之說，取象山「心即理」之見，取朱子「虛靈不昧」的型態，兼取陽明論良知以應物的論述。

靈覺也是吾人最先把握心體的部分。神聖心體雖然在九境之中，但是吾人未能充分豁顯，因此吾人應先從事相流行或心靈感通之中把握「靈覺」。靈覺包括良知良能、道德理性，能夠判斷是非，因應外境而呈現道德情感，表現道德行為，所以心靈感通不僅是聯繫心境，靈覺亦伴隨其中。靈覺亦即吾人心性所有，所以仍涵納於盡性立命（心靈感通）之中。即使當下無法馬上昭顯神聖心體，吾人亦能從事相流行或心靈活動之中感受靈覺，並從靈覺而體見神聖心體。需注意的是，唐君毅論「體、相、用」的「用」，提到：「乃由此體之自反觀其活動，或用之如何進行所發見者。如說此反觀亦是此體之一活動，則此反觀，即此體之自以其反觀之活動加於所反觀之活動之上之事；而此反觀所發見之方向方式，則屬於此所反觀之活動，兼屬於能反觀之活動之自身，而亦屬於能次序發此二活動之生命存在之心靈之體」〔註49〕心體「反觀」活動，是良知的自

〔註46〕參見唐君毅：〈朱子之理氣心性論〉，《中國哲學原論·原性篇》，頁398。

〔註47〕參見唐君毅：〈天德流行境——盡性立命境——觀性命界（中）〉，《生命存在與心靈境界·下冊》，頁882～883。

〔註48〕唐君毅：〈天德流行境——盡性立命境——觀性命界（中）〉，《生命存在與心靈境界·下冊》，頁884。

〔註49〕唐君毅：〈自序〉，《生命存在與心靈境界·上冊》，頁4。

省；以此自省而決定心靈感通的方向方式，並次序使心體之德發用於感通及事相之中，此中包括吾人良知、道德理性、道德自我、道德情感的作用，皆蘊含在「靈覺」，靈覺又在心靈感通裡作用。實則靈覺與神聖心體密不可分，恰如唐君毅所言：「此主體，專自其為一心靈言，吾人或稱之一生的靈覺或自覺的心靈」。但是，「心體」、「心靈」和「靈覺」在表述上仍應分別，在《生命存在與心靈境界》言「心靈」，可解讀為「感通」結合「靈覺」；言「體」或是「心體」，則是「神聖心體」。唐君毅強調吾人應在事相流行中識取「神聖心體」的作用，實則是先發現心體發出的「靈覺」；先把握此靈覺，肯認心體，進而行道德實踐以豁顯之，所以靈覺側重於「用」，神聖心體側重於「體」，此即從生命存在與心靈感通而詮釋的「體用不二」。又因為唐君毅主張須在當下心念或事相流行中體認，所以「體」、「用」皆不能離相而說，此又是「體、相、用」一如。

　　唐君毅認為吾人的心靈是建立「信仰」的關鍵，他說：「人之信得及此靈覺之恆能如此召臨於上，以立命盡性，亦即可助成此靈覺之恆得昭臨於上。若信不及，即由此靈覺之不能自見其身之有之故。」〔註50〕此即論吾人縱使尚未全把握神聖心體，亦能先相信在一切事相之上有「形而上的真性真心所在」，此靈覺即此真性真心——神聖心體所有。唐君毅又言：「此一大信，乃初純依人之自思其天人、性情之際之事，更不出其位而立。此似至簡易，而亦至難。」〔註51〕此難處在於人往往困於相對概念之中，只見得自己與外在是對立的，而不知先把握自身的性情以作心境關係的調適。人若能先省察自身，當可見得其中有一中樞能夠作為吾人心靈與性情運轉之樞紐，而此中樞即是神聖心體，所以唐君毅說：「於此人欲存其大信，即須知此性、此情、此天樞、此天命，在一切人之心，及其在一切人之心，亦吾心之所知；又須知此性情、天樞、天命之泉源之實無窮而不息。」〔註52〕因此，唐君毅認為吾人可以先肯認有此形而上的神聖心體存在，然後「步步見有不合理之自化自空，亦步步見此至善之本原之真實，其力其能之無盡。」〔註53〕所以，吾人應將思維與體證的重心置於

<hr>

〔註50〕唐君毅：〈天德流行境——盡性立命境——觀性命界（中）〉，《生命存在與心靈境界‧下冊》，頁884。

〔註51〕唐君毅：〈當前時代之問題，本書之思想背景之形成及哲學之教化意義〉，《生命存在與心靈境界‧下冊》，頁1174。

〔註52〕唐君毅：〈當前時代之問題，本書之思想背景之形成及哲學之教化意義〉，《生命存在與心靈境界‧下冊》，頁1175。

〔註53〕唐君毅：〈當前時代之問題，本書之思想背景之形成及哲學之教化意義〉，《生命存在與心靈境界‧下冊》，頁1175。

顯揚至善、轉化不善的道德實踐之上，而非先行思慮此形而上之存在的全知全能，也不必先遍觀一切事相後方才見體。再者，吾人能由靈覺而體認到有一個形而上的存在，此即信仰的建立，儒家、基督教和佛教對此雖有不同的詮釋，但唐君毅仍認為彼此可以相輔相成，例如他以「陰、陽」的概念判定儒家、基督教與佛教，儒家屬陽位，基督教和佛教屬陰位，「陽主陰輔」，「陰、陽」可以互濟。此外，唐君毅也就三教思想而指出宇宙性的神聖心體之大能是基督教義；要遍觀一切生命之虛妄執著是佛教之說，但是中國傳統思想都有這些意思，所以唐君毅主張將這些信仰與意義置於生命的「陰位」，消極地用，以此排破除斷見，而將儒家盡性立命之事作為陽位，作為信仰與實踐的主軸。〔註54〕將自我的生命存在置於道德與宗教實踐之重心，轉化自身不善以提升自我，是較為切實切要的修證方式。

　　從上述看來，唐君毅認同宗教的確有助於吾人從事道德實踐，吾人深信有一形而上之至善光明之源為絕對真實，這份深信能夠作為吾人破執去惡、扭轉不合理之助力，只是吾人起初會將此深信視為宗教信仰，並視形而上之體為絕對真實，而不將此作為實踐動力。於是人對此形而上之體只是讚頌、想像其高明，無法藉由此深信而觀照生命的合理與不合理。〔註55〕據此，唐君毅認為人只是停留在信仰階段是不足的，尤其是人在這種信仰模式裡只是一被動角色，未能全然發揮心性自覺的作用，更可能割裂心性與現實之聯繫，讓自己的心性思維流於飄渺不實的玄想與謬思。唐君毅主張透過吾人之靈覺而將被動地「信仰」轉化為「信心」、「大信」，重新以吾人的心靈作為主宰，將此信心、信仰內化為吾人性情，並藉此信心而調適心境關係與處理不合理之事，當人能夠面對生命中的不合理並付諸於實踐時，生命的絕對真實也就由此顯現。

　　唐君毅說：「蓋順此人之性情之大願大望，至乎其極而思，則宇宙人生應唯有一至善光明之絕對真實之神聖心體，其無邊大用，皆屬此體，而此體外亦

〔註54〕參見唐君毅：〈當前時代之問題，本書之思想背景之形成及哲學之教化意義〉，《生命存在與心靈境界‧下冊》，頁1176。

〔註55〕參見唐君毅：〈當前時代之問題，本書之思想背景之形成及哲學之教化意義〉，《生命存在與心靈境界‧下冊》，頁1183。這部分的說法與唐君毅論宗教意識的解說相同，即吾人心性分裂成兩重自我，第一重「欲望的我」將第二重「超越欲望的我」全然客觀化、外在化，更將此視為「神祇」而信仰之。唐君毅之說在於論證上帝或其他神祇仍是依於吾人之心性而建立。參見唐君毅：〈人類宗教意識之本性及其諸形態〉，《文化意識與道德理性》，頁482。

無道無理，此體即道即理。」〔註56〕故吾人必然會有宗教信仰，而此信仰即是
內在於我，且能為我所用；因此，唐君毅論宗教意識時將一神教與佛教列入其
中，並將一神教與佛教與儒家並列於超主客觀境內，由此可見，唐君毅對宗教
的高度尊重與認同，實是當代新儒家學者裡最為特出者。〔註57〕唐君毅將吾人
之「靈覺」作為扭轉信仰重心的關鍵，避免人們對於神聖心體有過多玄想，同
時也突顯神聖心體可涵括宗教的特點，並標舉「道德為主，宗教為輔」的原則，
建立「生命存在為主，宗教為輔」的理想宗教模式。唐君毅說：

> 實則此天心神性，本心本性，佛心佛性，皆同依於人觀「人之成聖，
> 所根據之有體有用之同一形上實在，或神聖心體」之異相，而有之
> 異名。自下而上，以覷其相，見其自身之無隱無潛，即為天心神體。
> 自上而下，以觀其相，見其潛隱於現實生命存在之妄執等之底，則
> 為佛心佛性。自外而向內，以觀其相，見其具於吾人生命存在之內

〔註56〕 唐君毅：〈當前時代之問題，本書之思想背景之形成及哲學之教化意義〉，《生命存在與心靈境界・下冊》，頁1192。

〔註57〕 以熊十力、牟宗三和唐君毅作為比較，熊十力《新唯識論》採取「崇儒抑佛」，郭齊勇評論：「熊氏往往在佛教經論的字句和原意上抹上一層主觀的油彩，然後再加以批評，批評的目的是建立自己的學說。」（郭齊勇：《熊十力與中國傳統文化》（臺北：遠流出版事業股份有限公司，1990年），頁97。）熊十力過於主觀且強烈批判的詮釋態度招致不少教界人士批評。牟宗三也不甚認同其他宗教的「人格神」，他認為康德主張的「上帝存在」，只是依循宗教的傳統而將絕對的智心人格化為一個有無限性的個體存有，這樣的人格化是理性外的「情識作用」，如此一來，「上帝」的存在本身就有虛幻性，將圓善所以可能的根據置於此虛幻性的存在就是一大岐出。（參見牟宗三：〈康德論圓滿的善所以可能之條件〉，《圓善論》，頁239。）依唐君毅的解釋，人格化的「神」是吾人將心性的超越部分全然客觀化、外在化的結果，唐君毅也肯定「上帝」或「佛」的信仰亦能引導吾人邁向解脫，唐君毅強調的是「宗教意識必須依於道德意識」，他說：「吾人尚可自一方面說宗教意識所依之道德意識，為一種最深之道德意識。蓋宗教意識原自求自然生命之欲望全然解脫，此即要求一超自然生命之精神生命的再生。在宗教意識中，吾人因欲自自然生命解說，故恆自判斷其自然生命通體是罪惡。佛家所謂無始以來無明之縛，基督教所謂原始罪惡是也。此種對自己罪惡之深厚之認識，乃由吾人對自己所下之道德判斷。……吾人之能作如是之判斷，乃依於吾人之道德意識」（唐君毅：〈人類宗教意識之本性及其諸形態〉，《文化意識與道德理性》頁513。）在以道德意識作為宗教意識前提之下，唐君毅也主張將宗教「消極地用」，即鼓勵人們奉行宗教行善去惡的道德行為，避免思慮宗教神奇玄妙的形而上境界之敘述，此即是唐君毅依儒家學說而肯定宗教信仰的態度。唐君毅對宗教信仰採取較開放寬容的態度，在唐、牟之後的儒者對於世界各大信仰也大多近於唐氏，可見唐氏的宗教觀實能作為新儒家與世界宗教對話溝通之先聲。

> 部而至隱，則為本心本性。然此本心本性雖隱，而未嘗無其由隱之
> 顯，以普萬物而無私，而洋滋其心之德性之德，於上天下地之中，
> 而見此天地，皆如在命我之盡心盡性者。人即可以當下合內外之心
> 境，而通上下之天地，以成其立人極，亦貫天極與地極，而通三才；
> 故得為大中全正之聖教，而可以一神教之接凡愚、佛教之接智者，
> 並為其用，而亦與之並行不悖者也。〔註58〕

唐君毅評論儒家與佛教等其他宗教的目的都在於引導吾人邁向成聖的超越之
路，以佛教而言，其論佛性潛藏於吾人生命的最底層，吾人自可「自上而下」
以觀生命之執著與煩惱，再「由下而上」而見吾人本有之佛性，此是佛教的觀
照與感通方向。〔註59〕唐君毅認為，佛教雖視佛性為潛藏生命底層，但佛性朗
現之境界亦等同於儒家天德流行之高明境地，而全然朗現之佛性與盡性立命
以開顯之至善心性皆是神聖心體，因此儒佛體證方法與觀照方向雖有歧異，然
最終皆能殊途同歸，引領吾人成就至善之心靈境界。尤其是引文最後，更顯示
唐君毅認為宗教可做為生命存在邁向超越的不同方法，使不同型態的生命存
在皆能歸於神聖心體。

五、從「體」判別儒佛

　　唐君毅論神聖心體能透過心靈感通以通貫天人、開通九境，並開展出一切
事，顯見神聖心體是具有創生性的實體，這也是儒佛差異之所在。佛教與儒家
心性根本的差異在於「空性」，唐君毅將「破執」作為佛教「空理」的內涵，
他指出「空理」是「空我執法執後所證得之法爾如是之真如理」，這是著重於
佛家理論之注重空諸情見等方面，而不重在空諸情見後修行所證的境界方面。
〔註60〕唐君毅認為佛教「不空」的層面在於空去一切執著煩惱後仍有具般若智
而證涅槃之心，所以此心並非全然空無虛蕩。〔註61〕由此可見，「空」是佛教
體證的核心。既然佛教以空性作為一切法之根源，應將「空」作為「實體」看

〔註58〕唐君毅：〈當前時代之問題，本書之思想背景之形成及哲學之教化意義〉，《生
　　　　命存在與心靈境界·下冊》，頁1031。
〔註59〕唐君毅在其他處有言，佛教的修證不見得一定要兼顧他人，修行者可以依據
　　　　自己對煩惱執著的體認與佛性的修持，體證佛法的空慧，此應是小乘佛教修
　　　　行者之方式。如此看來，佛教修行者不見得必然有橫向的心靈感通，但修證大
　　　　乘菩薩道者依其慈悲心與普渡眾生的大願，即能有此橫向感通。
〔註60〕參見唐君毅：〈原理下：空理、性理與事理〉，《中國哲學原論·導論篇》，頁62。
〔註61〕參見唐君毅：〈原理下：空理、性理與事理〉，《中國哲學原論·導論篇》，頁69。

待，但是唐君毅了解到佛教難以從空性確立實體，牟宗三也認為佛教以「空」為基石，其體未有創生意義，他說：「其言『緣起性空』乃所以為觀空證空而得解脫。得解脫即是證槃涅（寂滅）。能如實觀空（修中觀）而不執，則表面上雖生滅變化，萬象紛紜，好像熱鬧得很，而底子上卻是至寂至靜，一無所有，此即『當體即如』之寂滅。」〔註62〕唐君毅也從唯識學談論佛教「體」的問題：

> 此中唯識宗之真如或圓成實性，只為一所證之空理，亦即其對吾人所提之問題，終難有善答之故。於此吾人欲跳出唯識宗之理論系統，以使人之自求成佛之事，在理論上真成為可能之說，便唯是謂：人之智證真如之心，為本有，而亦能自生自現，以成佛果之心；而其所證之真如，亦即應為與證之之心合為一體；不能只為萬法空理，而應同視為一能生萬法，而有實作用之實體。〔註63〕

不僅是唯識如此，實則佛教各宗派皆依循空性而論心性，所以不能說此心性乃是實體，即使唐君毅認為華嚴宗將「真如」和「能證此真如之智」結合而說萬法的創生義，〔註64〕但這只能說華嚴宗解決唯識「只許有由無漏種子之現行，已有此智證真如之心，不許人原有一智證真如心，更不許此心之能自現」〔註65〕的問題，其佛性本體仍不能說是「實體」，否則將形成大妄執。吳汝鈞引熊十力對佛教體用的批評，指出佛教無法建立實體已造成體證的困難，他說：

> 當代新儒家大師熊十力先生對佛教有嚴酷的批評：佛教一方面以空寂之性為本，另方面又強調力用，要普渡眾生，這如何可能呢？即是說，空寂的本性或本體，如何能產生力用以轉化世間呢？這顯然是佛教在體用關係上的理論困難。佛教的精義在緣起性空：一切事物都由因緣聚合而成，沒有常住不變的自性（svabhāva），這精義不容它建立實體觀念。因實體是自性的一種形式，要堅持性空或自性

〔註62〕牟宗三：〈佛教體用義之衡定〉，《心體與性體（一）》，頁574。

〔註63〕唐君毅：〈佛心與眾生之佛性〉，《中國哲學原論‧原性篇》，頁249。

〔註64〕參見唐君毅：〈佛心與眾生之佛性〉，《中國哲學原論‧原性篇》，頁250。法藏說：「《經》云：『森羅及萬象，一法之所印。』言一法者，所謂一心也，是心即攝一切世間出世間法，即是一法界大總相法門體，唯依妄念而有差別，若離妄念唯一真如，故言海印三昧也。」（〔唐〕釋法藏：《修華嚴奧旨妄盡還源觀》，《大正藏》第45冊，頁637b。）這是指出真如心涵蓋萬法的意義，但其底蘊不離空觀，例如法藏言「謂真諦之法本性空寂，俗諦之法似有即空」，即是一證。（〔唐〕釋法藏：《修華嚴奧旨妄盡還源觀》，頁639b。）

〔註65〕唐君毅：〈佛心與眾生之佛性〉，《中國哲學原論‧原性篇》，頁249。

空的精義，便不能立實體，不管是物理實體抑是精神實體，特別是後者。要立精神實體，便要放棄性空的立場，那便是遠離佛教，而轉為佛教所抨斥的神我外道了。熊氏的意思很明顯：佛教義理在體用問題上有困難，它的用是空掛的，是沒有體的用，因而也不是真正的用。真正的用是發自精神實體的。佛教性空思想讓它不能建立實體觀，因此不能說用，不能說以力用來普渡眾生，這樣，它的渡生的宗教理想勢必落了空。熊先生的解決方法是建立新唯識論，導入大《易》的生生不息、大用流行的實體觀，援儒入佛。其實是以儒家取代佛教，沒有為佛教解決困難。〔註66〕

佛教雖有「體用不二」、「體用一如」之說，但此「體」並非「真實之體」，那麼，如何依體而發用就成為佛教不易解決的問題。所以熊十力、唐君毅、牟宗三和吳汝鈞等學者咸認此為佛教體證的困難之處，也是儒佛在「體」的層面難以融通的部分。牟宗三說：

緣生無性，無性緣生。無性即是無自體無自性，而此「即是空」。若反而正面說，緣生之法以空為性，以空為體，仍須通過遮詞來了解。以無自性之空為其性，以無自體之空為其體。此性字體字皆是虛的抒意詞，故其為性並非儒家之作為實體之「性理」之性，其為體亦非儒家作為性理之誠體、心體、神體、性體之體，總之，非道德創生的實體之體。吾人不能說空是緣生之體，緣生是空之用，體用之陳述在此用不上。<u>雖然說以空為體，以空為性，然此抒意之空性空體實並不能存在地生起緣生之用也</u>。此即表示空與緣生之關係並非體用之關係。〔註67〕

〔註66〕吳汝鈞：〈佛教新思維：《純粹力動現象學》〉，《中央研究院研究週報》第1066期，2006年4月，頁5。吳汝鈞也說：「體用問題是佛教理論的最大困難。解決的關鍵，是它的基本理念『空』必須有動感，能起用。但空在定義上已不能容許一能產生力用的精神實體觀念，故空自身只能作一觀念上的自我轉化，由狀態的靜態義活現上來，上提至活動義的終極原理，才能說力用，說動感。而由於這活動本身是虛靈無礙的，它貫徹於萬物存在之中，仍可依緣起的義理，以指導萬物存在的運作，因而緣起的精采義理可以保留。」（吳汝鈞：〈儒佛會通與純粹力動理念的啟示〉，《純粹力動現象學》，頁769。）雖然「空」無法建立實體，但是「緣起性空」能夠作為吾人體察空觀作用於一切事一切法的入路，所以吳汝鈞也認為天臺宗、華嚴宗與禪宗都是在這意義上而立論佛教「不空」的層面。

〔註67〕牟宗三：〈佛家體用義之衡定〉，《心體與性體（一）》，頁572。

此即指出佛教所言的「性」、「體」皆是假名說之，並非實體義，所以「緣起性空」不能以體用義看待，只是從敘述上說明兩者的關係。熊十力的解決方法是將《易》作為生生不息的實體取代佛教空觀，但這仍不能解決佛教的困難，且其中不免帶有貶抑佛教的意味，招致不少批評。〔註68〕不論如何，佛教難以建立實體的確是體證上的困難，但唐君毅仍然同意吾人不妨把握「佛教肯定眾生皆有佛性」、「眾生必定能依佛性而成佛」的體認，這也有助於人們把握形而上之真心真性。〔註69〕又如唐君毅討論「《大乘起信論》自性清淨心依何而立」的問題，他說：

> 是吾人當知：如來藏自性清淨心，雖為吾人在修道歷程中最後之所證得者，然吾人之修道既向往此最後之所證，即必須當下即自信其能證。自信其能證，即須自信其有能證之性，亦有能證之心。此心儘可尚未充量呈現，然必須自始即信其有。〔註70〕

雖然要避免眾生將如來藏自性清淨心視為「實體」，但吾人仍應信自己有「能

〔註68〕　《新唯識論》一出，引起太虛大師、印順導師等人的批判，熊十力也予以反擊。相關篇章可參考熊十力等著、林安梧編集：《現代儒佛之爭》（臺北：明文書局股份有限公司，1990年）。

〔註69〕　這種「體認」的必要性，可以參考牟宗三的看法，他說：「在修證理想上，肯定此覺性乃至本覺，當然是就成佛而說明其超越根據之說明上的事。佛是這樣成正覺，即在其這樣成正覺中，覺性乃至本覺自然是這樣呈現，因而亦是這樣本有。或依此故而說：既是這樣呈現，這樣本有，則說明不說明，肯認不肯認，並無緊要，不這樣說明肯認，只這樣修證下去亦未嘗不可，何必定要先肯認此超越之本覺，先承認此識念中之覺性？曰：這種說明，肯認，雖然並不增加什麼，然在點明成佛所以可能之超越根據，使人有明確之響往，有清楚之認識，亦正是所關甚大。一切義理教言俱是說明。既都是說明，何不說得明確而恰當（相應）？而且對這超越真心的肯定，亦不是憑空肯定者，乃是即就生滅識念中之覺性而肯認之。若在生滅識念中不正視此覺性，而唯是注意此生滅之識念，以為此生滅之識念只是識念，並無所謂覺性，吾人只是順此生滅之識念而一步一步轉化之，轉化之而成覺，此所成之覺完全是後天的、經驗的、後得的，則吾人亦可以說：這樣順逐生滅識念而轉化下去亦可仍只是在識念中轉，而根本無由達成覺性之獲得（證得），這是無窮地追下去，亦是盲目地追下去，這樣很可使標的模糊，漸次亦可根本喪失其標的。」（牟宗三：〈佛家體用義之衡定〉，《心體與性體（一）》，頁586。）其實這種「體認」或「修證理想」也適用於儒家，先肯定吾人的心性至善，且能依此超越，恰如佛教肯認眾生皆有佛性，皆能成佛。這樣的體認能引領修證者持續超越，而不至於流於一般的道德修養而已。再者，有此認知，亦顯示吾人所開顯之至善心性或超越境界，原來不離當下之本有心性。

〔註70〕　唐君毅：〈佛心與眾生之佛性〉，《中國哲學原論‧原性篇》，頁255。

證之佛心佛性」、「所證之佛性」，且在修道歷程中逐漸汰除自己的執著煩惱，唐君毅說：「此如孔子之言我欲仁而仁至，即必引出孟子性善之說也。」〔註71〕所以這份「體認」能適用於儒佛實踐，且在「顯揚善性」的層面上達到一致。由上可見，唐君毅認為佛教難以建立實體是不若儒家完備之處，他基於對佛教「體流於空」的認知和重視儒家心性論的觀點，主張必須以神聖心體為實體，確立這個原則之後，在「用」的部分可以多援引佛教學說為輔助，這樣的詮釋方式貫通於整部《生命存在與心靈境界》。

關於佛教「體」的把握也是唐君毅判別儒佛之處，他認為儒家與佛教的體證型態皆呈現「體、相、用」，〔註72〕但是儒家與佛教把握「體、相、用」的方式不同，這點由唐君毅對「我法二空境」和「天德流行境」之解釋即可察見：

> 第二境為我法二空境，於其中觀法界。此要在論佛教之觀一切法界一切法相之類之義為重，而見其同以性空，為其法性，為其真如實相，亦同屬一性空之類；以破人對主客我法之相之執，以超主客之分別，而言一切有情眾生之實證得其執之空，即皆可彰顯其佛心佛性，以得普度，而與佛成同類者。〔註73〕

佛教觀一切法界一切法相以見其性空，此是由「相」而入；把握空性而破執、超越主客分別，此是「用」；實證之後，彰顯佛心佛性，此是「體」，普渡眾生即是「體、相、用」之圓融體現。從唐君毅解釋的佛教超越歷程來看，乃是「先觀事相，後見體」。至於儒家代表的「天德流行境」：

> 第三境為天德流行境，又名盡性立命境，於其中觀性命界。此要在論儒教之盡主觀之性，以立客觀之天命，而通主客，以成此性命之用之流行之大序，而使此性德之流行為天德之流行，而通主客、天人、物我，以超主客之分者。〔註74〕

此是言儒家首先確立吾人心性之「主體」，即神聖心體。確信吾人所存之神聖心體乃是融貫性命與天道。主體確立之後，能通貫主客之境，此即「相」；接著，吾人之神聖心體通貫主客之境，即是性命之流行、性德與天德之流行，此是「用」。因此，儒家是「當下把握體」依序而實證。〔註75〕可見，即使儒家

〔註71〕唐君毅：〈佛心與眾生之佛性〉，《中國哲學原論·原性篇》，頁254。
〔註72〕參見唐君毅：〈導論〉，《生命存在與心靈境界·上冊》，頁34。
〔註73〕唐君毅：〈導論〉，《生命存在與心靈境界·上冊》，頁43。
〔註74〕唐君毅：〈導論〉，《生命存在與心靈境界·上冊》，頁43。
〔註75〕唐君毅曾說：「依層位而觀，則體居上位，而為相用之主。然此亦不礙：依

與佛教的體證必須要把握整體的「體、相、用」，但兩者在實踐上仍然有別；這樣的區別既突顯唐君毅「儒家是當下把握心體之至善以體證」的主張，亦強調「儒家之超越乃是落實在日常之用」的特點。唐君毅雖敬佩佛教普渡眾生的慈悲，但又認為此即對「人」沒有「真肯定」，所以他一再強調「當下」即是標舉儒家能於「當下見體」，有別於佛教；但是他也指出儒佛所證得的超主客觀境界皆是神聖心體，無二無別。可見，唐君毅雖然在超主客觀境將儒佛分立，但也同意依循佛教修證也能證入超主客觀境，這樣的詮釋方法並非是「以儒攝佛」，而是將儒佛判為兩種超越的型態。

　　接著，唐君毅談論心靈通過我法二空境到盡性立命境的過程裡，儒佛把握神聖心體的差異。首先，吾人之心靈通過前六境後，相信這在前六境之上有一個超越於主觀之心靈與客觀世界之上的一大心靈存在，可以稱之為「神」或大心靈存在，它是完全之心靈，完全之存在。〔註76〕這個超越的大心靈存在也是吾人心靈全然客觀化的結果，人在此時僅能得見此大心靈存在是超越主觀境與客觀境，但還未能了解此大心靈存在本是根源於自身，唐君毅指出，心靈在歸向一神境的最後一步，就是主觀心靈與客觀的、超越的大心靈合一。為了合一，主觀心靈持續上升為超相對之心靈。在這當下，也就是心靈提昇到我法二空境的階段。在超相對心靈的如實觀照下，就能將主觀客觀都視為妄執，甚至要「空」去主觀之我執與客觀之法執。突破我法二執後的超相對心靈面對超越的大心靈存在，則能體證到此大心靈存在自上而下安住在超相對、無主客觀之別的心靈境界中。既然大心靈存在安住在此超相對而無主客分別的境界裡，人

次序而觀，必先見用，乃知有體，而用為主；又不礙：依種類而觀，唯有依體之相，方能定體之類，而相亦可為主也」（唐君毅：〈導論〉，《生命存在與心靈境界・上冊》，頁36。）這裡是說，一般觀照的次序，乃是由事相流行的作用之中把握體，這是以「用」為首先觀照；倘若以「相」作為首先觀照之處，也是可以的。但是唐君毅緊接著說：「又此體相用三者中，凡體必先自豎立，以成其能統，故於諸體與諸體之相用，初宜縱觀其層位之高低。相必展佈平舖，故於諸相，與依相辨之體用，初宜橫觀其類別之內外。用必流行變化，故於諸用與用之流行變化中之體相，初宜順觀其次序之先後。」（唐君毅：〈導論〉，《生命存在與心靈境界・上冊》，頁36。）縱觀層位之高低，體先豎立；橫觀諸相，先見體用於內外之間。順觀次序，則見作用於諸相之中的變化，由此而見體。所以，順觀、橫觀、縱觀是各自以「體、相、用」為主要觀照之處。從唐君毅對儒家與佛教的解釋來看，儒家側重縱觀，佛教側重橫觀。

〔註76〕參見唐君毅：〈通觀九境之構造與開闔〉，《生命存在與心靈境界・下冊》，頁942。

們便能了解到此大心靈存在原來就在超越主客的生命存在和心靈之中，因為人一開始未能破執才不見此大心靈存在內在於自身之中。據此，唐君毅認為這個大心靈存在原來就在吾人存有的執障之心靈生命存在的內部最底層深處，按佛教所言，即是人人本有的佛性佛心，乃是超主客觀之心體，〔註77〕此亦即是神聖心體。唐君毅認為佛教所言內藏於生命存在最底層深處的超主客心體，其實能夠表現於吾人當下之生命存在心靈，在心靈與客觀世界相互感通之時能亦能超越忘卻一切相，〔註78〕所以他說：「知此深處底層之佛心佛性，亦顯於人之當前之心，為其本心，此本心之本性自善，而在與當前之境之感通中，自求其盡性立命之事之相續而順行，即可至於成聖成賢，於人德中見天德之流行。」〔註79〕此即指出儒佛運用體的差異，其差別之處在於「超主客觀心體存在於生命存在最底層，還是自始凌駕於超主客觀境界之上」，以及「超主客觀心體是否必須超拔執障方能彰顯」。唐君毅認為最理想的模式就是在「天德表現於人德」的原則之下使盡性立命接銜接萬物散殊境，如此一來，九境就能循環不已。〔註80〕整體說來，佛教的超主客觀心體乃是透過超拔於一切執障而表現；而唐君毅認為真正最高境界的超主客觀心體自始即超越於主客觀境界，不須透過超拔執障方能顯現。

最後，還能從唐君毅論神聖心體「一多相即」的性質考察他運用佛教學說之處。按《華嚴經》云：「一即是多多即一，文隨於義義隨文，如是一切展轉成，此不退人應為說」〔註81〕，「一多相即」即是華嚴「相即相入」的概念，由此能說「一即一切，一切即一」的體用關係。〔註82〕唐君毅藉由這個概念而

〔註77〕 參見唐君毅：〈通觀九境之構造與開闔〉，《生命存在與心靈境界·下冊》，頁943。

〔註78〕 參見唐君毅：〈通觀九境之構造與開闔〉，《生命存在與心靈境界·下冊》，頁943。

〔註79〕 唐君毅：〈通觀九境之構造與開闔〉，《生命存在與心靈境界·下冊》，頁952。

〔註80〕 參見唐君毅：〈通觀九境之構造與開闔〉，《生命存在與心靈境界·下冊》，頁952。

〔註81〕 〔唐〕實叉難陀譯：《大方廣佛華嚴經》，《大正藏》第10冊，頁85c。

〔註82〕 據龜川教信的解釋，就以緣起法說其自體上均具有空、有二義故。以一為「有」者，其餘即成為「空」，而攝入其中，以稱為相即。又相入者，在緣起之法，其力用上，分為有力及無力。若一為有力者，其餘即成為無力而攝收其中，以說為相入之義。若以傳統的解釋來看，相即就是個體的現成為主，於個體上完全顯現絕對真理，就是說個體即是（不離）整體立場。相入是以全體成立為主，置於成立為個體之一切因緣相關性上，全體是包攝個體，而且使個體完成為個體即是相入。因為相即是以個體成為個體本身，反而更是全體，所以，「一

思考每個生命存在均有神聖心體，那麼每個心體之間應如何彼此涵攝？此外，究竟在超越的神聖境界裡，神是一還是多？唐君毅認為華嚴宗與天台宗論佛聖世界與一切有情之世界是相涵相攝、即一即多、非一非多，這是最圓融究竟之說。〔註83〕自己的心靈與他人之心靈相對的確是一與多的形式，在一個充量發展的道德心靈裡，人們透過道德實踐成就人我之間的感通，這感通之處就是「一」，表示吾人的心靈能與一切所感通之生命存在心靈彼此融通而渾然無別。又從佛聖而觀一切，一切都各各分疏而有多相，這是非一而為多。結合這兩個意涵，則一切佛聖當說即一即多，非多非一。〔註84〕唐君毅說：

> 一切人中唯其全幅之自然生命與自覺的生活思想，皆為合理，而為天理流行之聖人之全幅生命，能真實存在。一切人與有情生命，亦唯於其超升而化同於聖人生命時，乃能全幅真實存在。然一切聖人之生命皆無私，而以天地萬物為一體，則一切聖人非多非一，即一即多。人若偏自其非多為一處言，即可說為一宇宙之真實之生命。一切聖人之所以成聖之泉源，亦只為一宇宙之真實生命，一切聖人之生命之心靈，只是一宇宙之心靈，或吾人所謂宇宙性之神聖心體。〔註85〕

他認為每個生命存在在盡性立命境裡皆能成就「全幅真實存在」，如同聖人。聖人的生命與萬物一體，此是「非多非一，即一即多」。唐君毅所強調的「一」，在於吾人皆能成就的真實生命，又即是「宇宙性之神聖心體」。依吾人的神聖心體而觀照，則我之心體能與其他心體彼此感通，在此彼此感通、匯流之形態下，亦昭顯神聖心體之廣大無盡，〔註86〕在這意義上，唐君毅認為神聖心體是非一非多，即一即多。從事相流行的層面看來，事相前後相繼而生，相依而起，

即一切」是由法體上去觀察所承認。又相入更是以全體，使個體完成為個體，故全體反而是個體的抽象，如此考慮「一切即一」之說，是從法體作用上考察斷定的。（〔日〕龜川教信著，釋印海翻譯：《華嚴學》（高雄：佛光文化事業有限公司，2016年），頁228。）

〔註83〕 唐君毅：〈論生命存在與心靈之主體——其升降中之理性運用——觀主體之依理成用〉，《生命存在與心靈境界‧下冊》，頁1032。

〔註84〕 參見唐君毅：〈論生命存在與心靈之主體——其升降中之理性運用——觀主體之依理成用〉，《生命存在與心靈境界‧下冊》，頁1033。

〔註85〕 唐君毅：〈當前時代之問題，本書之思想背景之形成及哲學之教化意義〉，《生命存在與心靈境界‧下冊》，頁1177。

〔註86〕 參見唐君毅：〈專觀盡性立命境之通達餘境義——當下生活之理性化——超越的信仰——精神空間、具體的理性、與性情之表現為餘情〉，《生命存在與心靈境界‧下冊》，頁968～969。

必須「設立一個積極意義之生此果之功能、或種子、或形上實體」〔註87〕為其因；他不採取佛教以種子之空性作為因，而是將神聖心體作為形上實體，作為引導因果相生的主因，他說：

> 西方與印度之哲學，更多以一宇宙性之精神實體如上帝，為根本之形上因。但人亦可只以無量數多之「互相涵攝內在，而在其相涵攝內在之意義下貫通為一」之精神實體，為形上因。或兼通此二者之義，以說形上因。本書之義，乃歸向於此一「即一即多、非一非多」之精神實體為形上因者。〔註88〕

唐君毅認為，唯識學和華嚴宗僅是談論因緣之所生，在「親因」之外增添「緣」，只是從經驗事實上說明而已，沒有理性的理由，而且也不談論「因」具有的「積極意義之能創生之形上的功能」，〔註89〕而「神聖心體」可以解決這個問題。神聖心體代表生命存在、精神與心靈境界，同時也涵括一切相，一切相在神聖心體裡依然活動不已，說明吾人的神聖心體能涵納主客觀一切境界，所以神聖心體即是「因」，也包含「緣」，能以其活動而作為事相流行之根柢：

> 然實則吾人對此主體之活動之用與相，並不能視為一集合體而思之。其所以不能視為一集合體而思之之故，在此生命存在心靈之活動之用與其相，乃依先後次序，更迭輪替出現，既現而又隱，既來而又往，既伸而又屈者。〔註90〕

心靈感通活動於主客境與超主客境之間，一切活動出入於一切相，最終又歸於神聖心體；歸於神聖心體後，又必然要持續感通於外，即持續盡性立命，否則凝結為一集合體，反而使心靈感通僵滯不前，形成一大執著。神聖心體既統攝體用也非寂然不動，它在凝攝諸相的同時又散殊於外，不斷生起活動，人能在活動之中感知神聖心體，但又不可執著於此，所以唐君毅說神聖心體與諸相的關係是：「此即『超越一切活動與其相貌』之『相』，即『無此一切

〔註87〕唐君毅：〈功能序運境——觀因果界、目的手段界（中）〉，《生命存在與心靈境界·上冊》，頁269。

〔註88〕唐君毅：〈功能序運境——觀因果界、目的手段界（中）〉，《生命存在與心靈境界·上冊》，頁292。

〔註89〕參見唐君毅：〈功能序運境——觀因果界、目的手段界（中）〉，《生命存在與心靈境界·上冊》，頁298。

〔註90〕唐君毅：〈論生命存在與心靈之主體——其升降中之理性運用——觀主體之依理成用〉，《生命存在與心靈境界·下冊》，頁999。

相』之『相』」〔註91〕，這便是說神聖心體既超越於一切相而又存在於一切相，是亦有亦無，無相之相，這樣的見解，與佛教空有不二的般若觀非常相近，差別即在於唐君毅以心體為重心。

唐君毅從「一多相即」的析論裡，認為佛教反而是先探析境界再考慮實踐，這是儒佛的差異所在：

> 此即在成聖成賢之教中，只重能行於聖賢之境，而不必思其果。佛家必先思境，後思行，更思其果之如何如何，故可有諸佛為一為多之問，佛境與有情眾生之境為一為多之問；而人亦即可用此一多等種種概念，以成其玄思。然儒家則要在教人如何行於境，以成賢成聖，而不多論此聖境聖果之畢竟如何；而一切聖畢竟為一為多之問，即根本不生，亦不須有即一即多，非一非多等玄思，以答此問。此儒者之問，要在問人之行於境之道之如何，而非其行此道之後之結果如何；而辨道之邪正、偏中、同異，則為儒者之用思之中心所在。……學者希賢希聖，乃希慕其行於道，以求與之同行於一道，而非希慕其所得之果。此希慕其所得之果，若自其消極意義看，人自可由聖境之廣大，以使之自拔於凡境。此即有引人升進之意義。然若只自其積極意義看，亦可使人只希高慕外，而聖境亦可為人之貪欲之所對。故儒者之不多說聖境，不論諸聖之為一為多，亦不多論聖與天或神靈之為一為多，正有大慧存乎其中。〔註92〕

按此語，則唐君毅認為儒家著重實踐，故其論述重心不在於闡述神聖心體是一是多的問題，透過道德實踐而趨向神聖心體時，就是生命心靈契應天道，渾融一貫，所以不需要考慮一或多的問題。唐君毅雖稱許佛教一多相即的思想，但也認為討論一多相即的議題將落於宗教的玄思，佛教以境界令眾生嚮往追慕，進而從事佛教踐履；儒家則談作為，以具體的事功召喚有志者與聖賢同行於道，這也同樣能引導有志者超拔於上，積極奮進。

六、性情的形上學

唐君毅嘗指出中國先哲是直對人心自身之體驗以言心性，所以儒者言感

〔註91〕唐君毅：〈論生命存在與心靈之主體——其升降中之理性運用——觀主體之依理成用〉，《生命存在與心靈境界・下冊》，頁 1001。

〔註92〕唐君毅：〈論生命存在與心靈之主體——其升降中之理性運用——觀主體之依理成用〉，《生命存在與心靈境界・下冊》，頁 1036～1037。

通是顯性情。〔註93〕此即表明吾人性情的涵養及體現乃是儒者關注之處。這個
見解反映神聖心體「當下生活的理性化、性情化」,「性情化」不僅是個人情感
的純淨,而是在全然道德化的情感之下,開啟的道德與宗教情感,象徵心靈對
整體社會、眾生的關懷。黃冠閔根據唐君毅《中國文化之精神價值》而說:「誠
如從『盡心』、『知性』、『達情』來詮解性情之說,基本上是以孟子為依據,但
是,唐君毅的見解則是將此一性情說推到貫串孔子、孟子到易傳、中庸的傳統
上。……甚至將心的虛靈性、無限性、涵蓋性、超越性都當作以性情為本,這
是一種『性情為心之本』的主張。」〔註94〕由此可見唐君毅思想重「情」的特
徵。黃冠閔指出,唐君毅對性情的重視表現在心靈九境論,他說:

> 對於性情的活動來說,所聯繫的乃是「生活的合理化」中所感發的
> 性情。對於這種生活的合理化,唐君毅特別強調的是「當下」、是「當
> 下生活的合理化」,也是「當下的情境」。所有性情的興發都以此種
> 當下情境為起點。對於身處當下情境而有的生活合理化,唐君毅劃
> 歸為盡性立命。〔註95〕

「生活的理性化」必然聯繫於吾人之性情,心靈對於外境有合理的因應之道,
亦能在每個情境抒發合理之情感,此即是盡性立命的工夫。唐君毅解釋聖人與
外境感通的狀態,即提到聖人在一切境遇之中皆能理性化、性情化:

> 聖人即人之與境感通,於一切順逆成敗之境,無不能應變不窮,而
> 一一與之感通者,故其生活即為在任何之境,皆能理性化,而達其
> 立命盡性之目的者。然此非謂聖人之於其自成其道德實踐以外之一

〔註93〕 參見唐君毅:〈中國先哲之心性論〉,《中國文化之精神價值》,頁 92。按葉海
煙所見:「唐先生認為吾人情感乃由內而外,並一路由理智導引;同時,情感
之為用,乃自有其本能與本性,故須理智予以調節,予以克制。此一看似稀鬆
尋常之論,其實已蘊含中道之精神與中和之原理,其作為德行論之實踐原則,
以及由此所可能發生之道德行為,則自始便在自我超越的精神向度中,而終
將依竊人我之間的對立與對等之關係,涵化為超越主客的所謂的『宇宙性心
情』,恰如孟子之所謂『萬物皆備於我』。」(葉海煙:〈唐君毅的道德之學與生
命之學〉,《揭諦》第 33 期,2017 年 7 月,頁 206~207。)因此,葉海煙認
為唐君毅有「性情形上學」、「心靈形上學」、「境界形上學」三合一的況味。(同
前註,頁 196。)本節即探討唐君毅論吾人情感、性情能擴及全宇宙而構成「性
情形上學」。

〔註94〕 黃冠閔:〈唐君毅的境界感通論:一個場所論的線索〉,《清華學報》第 41 卷
第 2 期,2011 年 6 月,頁 343。

〔註95〕 黃冠閔:〈唐君毅的境界感通論:一個場所論的線索〉,頁 347。

般目的之不能達成，無憾、無慨歎之情之謂也。然此中之慨歎之情，
亦為聖人之依理性而生活所必有者。吾人亦將緣此而略論：在生活
理性化中，人之必同時有種種此類情感之表現，亦皆為依理性而生
之性情，而明此上所說之生活之理性化，其歸極之義，實在生活之
全幅成為一性情之表現。若只言理性，尚非至極之言也。〔註96〕

唐君毅言「性情化」是吾人情感的滌淨、轉化與昇華，唐君毅的思想特點亦在
於對「情」的重視，而不僅是強調「道德理性」。進一步說，「道德理性」不只
是表現於是非善惡的判斷、指導道德與宗教的實踐，亦涵括吾人的情感，涵括
對一切生命存在與心靈的肯定，乃至於不忍、不安之情等等，這種情感能擴張
成對整體世界的關懷，誠如唐君毅所言：

境之廣大者，莫大乎以全宇宙為境，心靈活動之廣大者，莫大乎能
遍運於全宇宙之知之情之意。〔註97〕

因此，心靈感通可說是吾人情感的延伸，感通之靈覺亦是情感的展現，所以整
體心靈的活動等同於情感之活動，心靈的超越與提升即是吾人之性情的深化、
擴展。唐君毅論心靈的方向時提到：「唯將此內外對通、橫通以觀之，可成就
真正之道德倫理，上通則只成渾然一體之形上學與宗教經驗而已」〔註98〕，從
心靈與整體境界的關係看來，心靈僅是向上延伸感通，將使心靈絕緣於外境，
淪於「自證自渡」，缺少對外境與群體的關懷，這不符合儒者積極入世教化的
襟懷。

　　從性情的形上學，還可以注意到唐君毅將佛教渡化眾生的精神納入道德
情感之中。如上文所提，吾人履行一切道德之際均有純粹的信仰、信心內蘊其
中，是吾人自然本有之純善，所以唐君毅主張孔子之仁，佛陀之慈悲，基督之
慈愛其根源都在於性情。〔註99〕可見，唐君毅言「當下之性情化」，除了論當
下能表現吾人心性之善外，也是將宗教精神表現於當下的生活之中，而唐君毅
更主張儒家由性情而申論更為確切直接，他說：

〔註96〕唐君毅：〈專觀盡性立命境之通達餘境義——當下生活之理性化——超越的信
　　　　仰——精神空間、具體的理性、與性情之表現為餘情〉，《生命存在與心靈境
　　　　界‧下冊》，頁991。
〔註97〕唐君毅：〈導論〉，《生命存在與心靈境界‧上冊》，頁19。
〔註98〕唐君毅：〈萬物散殊境——觀個體界（中）〉，《生命存在與心靈境界‧上冊》，
　　　　頁101。
〔註99〕參見唐君毅：〈當前時代之問題，本書之思想背景之形成及哲學之教化意義〉，
　　　　《生命存在與心靈境界‧下冊》，頁1183～1184。

故人須自覺此信仰之根，在此人之性情行事，而此信心亦所以助成此
行事，而不與此性情相離，以恒內在於此性情。一切形上學之思維之
助成此信心，而內在於信心之建立歷程之中，亦須內在於一充塞宇宙
之性情。則吾人之所論，一切始於性情，終於性情。然始終之間，則
可以一切形上學之思想，為開展照明此全幅性情，而成此性情之流行
之用。此形上學即哲學之歸止。故一切哲學亦皆攝在此性情之流行
中，而吾亦不以為世間之一切哲學，有必不可相通之處。〔註100〕

突出「性情」是唐君毅思想的特色，令他的學說充滿濃厚的宗教情感，吾人心
靈求善、求超越，是吾人性情自然的欲求；吾人心靈欲化除種種不善，好善惡
惡，亦是澄澈內心不善的情感、欲念。據此，可以說道德與宗教之超越與向善，
自始至終皆不離吾人心靈與性情之表現，信仰亦根植於此。

　　唐君毅在道德與宗教情感的部份相當重視佛教，這也是他論佛教「我法二
空境──眾生普渡境──觀一真法界」之起始。黃冠閔亦云：「明顯地，性情
之教作為一種宗教，其宗教意義是以超越的信仰（先驗的信仰）為基石。這種
性情之教本身就是一種融合著佛教與儒學的宗教。」〔註101〕唐君毅談論性情
之教或是宗教方面的情感，佛教都有不可或缺的地位，尤其是佛教肯定眾生皆
可成佛、本於對苦痛煩惱的體察而生起普渡眾生的慈悲精神，均可為儒家所攝
受。唐君毅說：

> 此佛家如實觀法界破執證空，乃所以使一切眾生實現其佛性，而得
> 普度。故其宗教道德感情，不只限於對吾人今生所見之人類，而及
> 於一切世界中一切能感苦樂之生命存在。故此宗教道德感情，非同
> 於一般限於求人自己之道德人格之成就，或求其在此世界中所遇之
> 人之道德人格之成就，以合為一道德人格之世界而止。此佛家之救
> 度一切有情生命之情，乃洋溢於人類之道德人格之世界之外，而及
> 於吾人所見之自然界中之一切有情生命，以及一切世界中之一切有
> 情生命，而超越於人之道德人格之主觀之外，亦超越於人類之主觀
> 之外者。故此對一切有情生命之情，即當說為一對宇宙一切有情生
> 命之宇宙感情。此宇宙感情，與依此情而有之思想智慧，即皆運於

〔註100〕唐君毅：〈當前時代之問題，本書之思想背景之形成及哲學之教化意義〉，《生
　　　　命存在與心靈境界・下冊》，頁1185。
〔註101〕黃冠閔：〈唐君毅的境界感通論：一個場所論的線索〉，頁349。

> 一超主觀，亦超吾人所謂客觀世界，以及於全法界一切有情生命者。
> 故與人之一切其他宗教之歸向在一超越之神靈者，同可引人至超一
> 般之客觀主觀之對立之境。〔註102〕

佛教的宗教道德感情乃是跨越時空限制，甚至普及一切眾生；不只是要完成個體的道德人格，還更求一切眾生皆能如是。唐君毅稱許佛教對於眾生有廣大的關懷，佛智深刻地觀照到眾生種種的煩惱、執障與苦痛，又能依此觀照而起慈悲渡眾的精神與踐履。憑藉著佛法智慧與對眾生的悲憫，融會為「宇宙感情」，引領眾生直至超主客觀境界。顯然地，唐君毅特別強調佛教宗教情感的部分，更將佛教對眾生的悲憫稱為「佛陀之根本願欲」，此指眾生若藉由佛家教說而見生命存有的貪嗔癡，不能因此對現實生命感到更加痛苦煩惱，而是要更進一步察見生命中也存在超越之願欲，此即「佛陀之根本願欲」，唐君毅說：

> 此即本於照明此有情生命中之貪嗔慢，與其所自起之無明之智慧，
> 而生之徹底超化此現實有情生命之此類願欲之一大願欲。亦即一救
> 度有情之出於其貪嗔癡慢之外，出於煩惱苦痛之世界或世界之苦海
> 之外之大願欲。此大願欲，乃使有情生命自其貪嗔癡慢之污染中得
> 清淨，自無明中得見大光明、起大智慧之願欲。此即起於對有情生
> 命之煩惱苦痛，有真實之同情共感，又對之生起慈心、悲心，而有
> 之慈願悲願。此即佛陀之根本願欲也。〔註103〕

由此可見，唐君毅乃是從佛教觀照生命之負面而起的慈悲之心，而論其情感淨化、超越的型態。就這段說明來看，更可得見佛教除了對生命的起始著眼點不同於儒家之外，其他與儒家有不少共通之點。例如，佛教對眾生的慈悲救渡之心，亦同於儒家入世教化之胸懷。佛教對有情生命能起同情共感，此是道德情感，亦可解釋為心靈感通向外的延伸。但是，唐君毅也從「佛陀的根本願欲」指出佛教的特點，他認為此根本願欲雖然是佛陀希望一切眾生能立即轉染為淨，但佛陀不能強求眾生馬上把握此根本願欲而轉化貪嗔癡之污染。雖然如此，佛陀仍積極說法，開示解脫之道，令有緣眾生能循佛法而超越，此即是唐君毅所云：「佛陀亦只能以此道示有情生命，而不能使有情生命必行於此道。行與不行，乃有情生命自身之願欲之事，而願欲其有此願欲，而示之以此道，

〔註102〕唐君毅：〈我法二空境——眾生普渡境——觀一真法界（上）〉，《生命存在與心靈境界‧下冊》，頁753。
〔註103〕唐君毅：〈我法二空境——眾生普渡境——觀一真法界（上）〉，《生命存在與心靈境界‧下冊》，頁766。

則佛陀之事。」〔註104〕其實這種情感儒家聖哲亦有之。儒者宣揚仁心仁性，卻也察見許多人仍未能把握心靈之善而履行道德實踐，縱使如此，儒者仍然肯定人性本善，終有覺醒之刻，唐君毅稱此情感為「內恕孔悲」。〔註105〕他指出，儒者對於他人未能盡性立命，乃至於生命存在具有痛苦煩惱等等，皆感到不忍不安。順由這份不忍不安，儒者對於一切有情之生命存在能起大悲心；而這份大悲心正可說是攝受佛教之義於儒家之仁教。〔註106〕這份大悲心從何而來？即是在自身履行盡性立命（心靈感通）之際，又同時察見有其他生命存在未能履行盡性立命之事，由此而感到不安不忍，他說：「然人之能自覺的盡性立命者，亦望此自覺的盡性立命之事，能普遍化於其境中之一切人與物，而皆見為能自覺的盡性立命者；故於其人物之不能自覺的盡性立命者，似於情有所不忍，於意有所不安。」〔註107〕關於唐君毅所云的大悲心或不忍不安，此即是他早先提出的「內恕孔悲」，他說：

> 然我永對人之仁心仁性或良知之未能大顯於人，有一種深情。此深情，
> 即對人之一面原恕，而一面悲惻的孔子所謂內恕孔悲的深情。〔註108〕

對於人未能充分發揮良知良能而感到不忍、不安、惻隱、原恕之情，這樣的情感即是「內恕孔悲」，與佛陀對於眾生未能充分豁顯佛性而起的悲憫之情，兩者非常相近的。佛陀明知眾生充滿執著煩惱，仍願積極開示解脫之道；誠如儒者了解他人未能全然把握良知良能，亦不氣餒，依然將此作為自身教化的責任，更內化為道德情感的一部分：

> 我對我之罪過之擔負，我或可以我之自力，逐漸加以卸掉。但我之
> 良知本不望其存在，而由他人之良知之不顯，而生之罪過。則我永

〔註104〕唐君毅：〈我法二空境——眾生普渡境——觀一真法界（上）〉，《生命存在與心靈境界·下冊》，頁766。

〔註105〕這種情感在《生命存在與心靈境界》雖然有所表述，但集中在〈論精神上的大赦（上、下）〉兩篇文章裡，唐君毅在這兩篇裡對於人性負面的價值有深刻的省思，也從儒家思考如何看待罪苦的問題。今人或有疑慮唐君毅僅關注心性至善的部分，對於負面的體察不深，實則在這兩篇文章裡頗能察見唐君毅對自私、罪惡苦痛的觀察與哲思。（參見唐君毅：〈論精神上的大赦（上、下）〉，《中國人文精神之發展》，頁261～298）

〔註106〕參見唐君毅〈天德流行境——盡性立命境——觀性命界（下）〉，《生命存在與心靈境界·下冊》，頁922～924。

〔註107〕唐君毅〈天德流行境——盡性立命境——觀性命界（下）〉，《生命存在與心靈境界·下冊》，頁922。

〔註108〕唐君毅：〈論精神上的大赦（下）〉，《中國人文精神之發展》，頁292。

> 無法只仗我之自力以使化除。因對此無理由的「良知之不顯於他
> 人，而不合我之良知之希望之事實」所加於我之良知之擔負，原是
> 我永無卸除之保證的。此即成為我之良知之永恆的擔負。我縱為聖
> 人，我仍永將擔負此無理由的「良知之不顯於他人之事實」。由此
> 而我了解聖人之有一永恆的悲惻之最深的根之所生。此見良知理
> 性之充量呈顯於我時，亦顯出我須依此良知理性，以負擔一絕對的
> 不合理之事實。而聯繫此良知理性與不合理者，即只能是一永恆的
> 悲惻。〔註109〕

所以聖人的良知亦包含對他人之悲惻，其良知理性亦涵蓋於對世人的關懷，更
能藉由對世人尚未覺醒的不安不忍之心，而入世教化。這樣的體認反映在《生
命存在與心靈境界》即是神聖心體「當下性情化」的體現。值得一提的是，吳
汝鈞嘗就唐君毅早年的論著《道德自我之建立》、《人生之體驗》、《文化意識與
道德理性》等等，認為唐君毅提出的順成之教過於樂觀，未能對無明、煩惱等
等有深刻的體認。〔註110〕筆者認為，從唐君毅論聖人「內恕孔悲」之悲惻與
承擔較能理解他的「樂觀」。牟宗三先生也曾說過，對於儒者相信人皆可成聖、
人之本性為善等看法，不能以「樂觀」或「悲觀」衡量：「西方宗教家看了儒
家說人人皆可以為聖人（孟子說為堯舜），便以為儒家是樂觀主義。其實儒家
既不是樂觀主義，亦不是悲觀主義，因為道德實踐之事乃是超越了那『可以用
悲觀或樂觀字眼去說之』的問體之上者。……樂觀者則反是，儘管他亦不知如
何解決之或達到之，然而他主觀上卻相信總有法可以解決之或達到之。因此，
悲觀樂觀乃是對於無辦法的客觀之事之一種主觀的態度，這種態度不能用之
於道德實踐之問題。」〔註111〕從唐、牟二先生的看法裡，能夠瞭解儒者「明
知不可為而為之」的擔負，不僅是出於對人之善性與成聖之深刻肯認，說明儒
家首重實踐、結果次之的宗教思想，同時在唐君毅的闡釋裡，儒者「任重道遠」
的悲憫情懷實能呼應大乘菩薩道的精神。

　　整體說來，唐君毅認為儒者不僅自覺本有之至善心性能夠超拔於苦痛煩
惱，同時也能覺察、肯認一切生命存在亦有至善心性能相續不斷地破除生命的
限制，直至圓滿境地。對他人的同情共感、不安、不忍均在心靈之靈覺裡，在

〔註109〕　唐君毅：〈論精神上的大赦（下）〉，《中國人文精神之發展》，頁295。
〔註110〕　參見吳汝鈞：〈當代新儒學的深層反思〉，吳汝鈞：《當代新儒學的深層反思與
　　　　　對話詮釋》，頁127。
〔註111〕　牟宗三：〈心、性與天與命〉，《圓善論》，頁156。

心靈感通時能隨時呈現，成就吾人真實的生命存在：

> 吾人言生活之理性化，其最高義，即在此生活中之理性，皆顯為有
> 如此之餘情之性情，而理性即同時為表現為超理性。由此，而人之
> 生活中之一切，皆如在此一性情之餘情之充塞洋溢之中。此餘情
> 者，如《中庸》所謂鬼神之為德，乃「視之而不見，聽之而不聞，
> 體物而不遺」；如《樂記》之「無聲之樂，無體之禮，無服之喪」，
> 故為超理性，而人之生活之理性化，盡性立命之道，亦至此超理性
> 而極矣。〔註112〕

唐君毅所言之「餘情」，即吾人對人與境物的關愛之情，此情不存在任何目的，包括吾人讚嘆、悲憫等等的宗教情操，都是此性情之表現。〔註113〕此種性情之表現乃依於理性而發，本於吾人至善心體而來，此融貫理性與感性的情感與生活，即是神聖心體涵括九境之體現。

七、結語

　　唐君毅將盡性立命境的心體稱為神聖心體，並認為凡是契入超主客觀境的宗教或哲學均能體證之，此亦呼應他對自己的期許：「吾不欲吾之哲學成堡壘之建築，而唯願其為一橋樑；吾復不欲吾之哲學如山嶽，而唯願其為一道路、為河流。」〔註114〕這樣的期許深刻地表現在神聖心體的詮釋，他說：「蓋順此人之性情之大願大望，至乎其極而思，則宇宙人生應唯有一至善光明之絕對真實之神聖心體，其無邊大用，皆屬此體，而此體外亦無道無理，此體即道即理。」〔註115〕期望儒家、佛教與其他宗教和哲學之最高境界均能在神聖心體之中得到共識。唐君毅強調吾人能夠在當下生命裡證得神聖心體，而神聖心體即是作為「當下生活之理性化、性情化」的根源。因此，唐君毅以盡性立命作為實踐，神聖心體作為主體，又能一一通觀九境，使九境循環不已，能在吾人的當前生

〔註112〕唐君毅：〈專觀盡性立命境之通達餘境義——當下生活之理性化——超越的信仰——精神空間、具體的理性、與性情之表現為餘情〉，《生命存在與心靈境界·下冊》，頁995。

〔註113〕參見唐君毅：〈專觀盡性立命境之通達餘境義——當下生活之理性化——超越的信仰——精神空間、具體的理性、與性情之表現為餘情〉，《生命存在與心靈境界·下冊》，頁994。

〔註114〕唐君毅：〈導論〉，《生命存在與心靈境界·上冊》，頁26。

〔註115〕唐君毅：〈當前時代之問題，本書之思想背景之形成及哲學教化的意義〉，《生命存在與心靈境界·下冊》，頁1192。

活開創天德流行的最高境界。在這歷程之中，應注意到唐君毅將道德理性、道德意識、道德自我、良知良能都凝攝於神聖心體，亦是心體之「靈覺」，蘊藏於心靈感通之中，使神聖心體能開出體、相、用的架構，並以縱觀、順觀、橫觀的方式感通於天道、外境與生命存在。從「體」的層面看唐君毅分判儒佛的態度，他將儒家與佛教都置於超主客觀境界之中，而以「能否當下呈現人德」平章儒佛，以此準則來看，儒家不僅能肯定當下的心靈與生命存在，且認為當下事相的流行之間即存在神聖心體，儒家注重「當下」和吾人成德的歷程，是有別於佛教之處，他認為儒家才是理想的體證方法。雖然如此，唐君毅也肯定佛教也能從生命存在的另一面向邁向神聖心體，他認為佛教所論的佛性雖潛藏於生命之底層，但佛法教導人們照見生命裡種種煩惱與執著，一一化除後而全然彰顯佛性，因此佛性亦是神聖心體。唐君毅也了解到佛教以空理難以建立實體義，他在儒佛之間頗為強調以吾人心性作為體證核心的主張。確立這個主張之後，他不排斥援引佛教作為實踐之輔助，尤其是佛教對於吾人的執著、煩惱、苦痛之體認比儒家深刻，所以佛教學說有助於吾人從另一個角度體察生命存在。

曾昭旭嘗引徐復觀評唐君毅為「仁者型」的看法，說仁者型的生命是傾於圓融渾厚而主情的，這都反映在唐君毅的生命經驗與為人處世，及其論學型態。〔註116〕重「情」可謂是唐君毅思想的一大特徵，尤其在心靈九境論裡，吾人如何隨著心靈的觀照、提升，以澄澈紛雜的情感，擴大對他人與世界的關懷，皆是「性情形上學」所關注的部分。因此，唐君毅將神聖心體作為宗教匯流之處，甚能彰顯他的宗教情懷，他說：

> 但是我知道在真正虔誠的佛教徒心中，他會相信我最後會成佛，因為一切眾生皆可成佛；在真正虔誠的基督教徒心中，亦會祈禱我與他共上天堂的。而我則相信：一切上了天堂成佛的人，亦還要化身為儒者，而出現於世。這些不同處，仍不是可以口舌爭的。在遙遠的地方，一切虔誠終當相遇。這還是人之仁心與人仁心之直接照面。此照面處，即天心佛心之所存也。〔註117〕

將這段話與唐君毅對神聖心體的解釋一同參看，就能理解唐君毅希望在自己

〔註116〕 參見曾昭旭：〈唐君毅先生與當代儒學〉，《鵝湖月刊》第17卷第2期，1991年8月，頁18～21。

〔註117〕 唐君毅：《青年與學問》（臺北：三民書局，2003年），頁140。

論述的心靈九境哲學裡建構出「天心佛心」共同存在的心體，此即吾人之「仁心」所以神聖莊嚴之高明意義。而在唐君毅論性情的部分，甚能得見他所闡述的儒者與佛家之道德宗教情感頗有相應之處，那麼，可以說在神聖心體「當下生活的理性化」部分，佛教遍觀一切事相，對眾生貪嗔癡、煩惱執著的體認，有助於吾人了解心靈存有的阻滯，能作為心靈感通的參考。在「當下生活的性情化」的部分，佛教的宗教情感亦能為儒者道德情感所接納。可見，在神聖心體部分，甚能得見唐君毅調和儒佛、援引佛教的哲思。

第二章 「執兩用中」的體用義──
兼論唐君毅對華嚴學的運用與
詮釋

一、前言

　　按唐君毅的論述，吾人的心靈能以神聖心體為根源，心體能發出蘊含靈覺的心靈感通，故言「心靈」，即包括「心靈感通」與「靈覺」，作為生命存在觀照事相、協調心境的力用，使一切事相歸於中道（神聖心體），使吾人能提昇心靈境界，通貫和主導九境，構成心靈九境的體用論。唐君毅特別將心靈感通調和事相、心境的力用稱為「執兩用中」。何以稱為「執兩用中」？唐君毅嘗推崇孔子「言默之際，最能執其兩端而用其中，未嘗陷於一偏」﹝註1﹞，這不僅是讚揚孔子善於教化，更是尊崇孔子「執兩用中」的智慧與境界。唐君毅言儒家執兩用中之義：「唯是言此儒者之盡性立命之道，在根本上乃一中正圓融之道。中而不偏，正則不邪，是見中道之體。」﹝註2﹞他藉此闡述事相前後相繼流行、心與天道或心境之間作為「兩端」，神聖心體作為「中樞、中道」，能以心靈感通上承天道、安立一切事相、協調吾人心靈與外境之間產生的諸多矛盾。這是因為心靈感通具有「靈覺」，能發揮涵攝、分殊、協調等效用，構成

﹝註1﹞唐君毅：〈原言與默：中國先哲對言默之運用〉，《中國哲學原論・導論篇》，頁228。
﹝註2﹞唐君毅：〈論生命存在與心靈之主體──其升降中之理性運用──觀主體之依理成用〉，《生命存在與心靈境界・下冊》，頁1038。

神聖心體的體用模式，唐君毅稱此為「執兩用中」之道。

唐君毅以傳統儒學詮釋事相的性質及其流行狀態，視一切事相乃是具有「隱顯、陰陽、幽明」等雙重性質的「種子」，能夠持續活動，而吾人的心靈能藉由觀照此事相前後相繼流行而察見靈覺作用其中，遂能把握神聖心體，直至全然彰顯之。除此之外，唐君毅的論述也運用自己對華嚴法界觀的架構與力用之體認，建構理事無礙、理氣一如的「執兩用中」之道。因此，本章首先析論心體與天道、外境之間形成的「兩端」型態，並切合「體、相、用」而開展出「執兩用中」。接著，在心體的體用模式裡探討唐君毅運用華嚴之處，並比較儒家與佛教體用論的異同。

二、「執兩用中」的型態

根據唐君毅的論述，心靈向外、向上感通，均以吾人性命為「一端」，天道、外境為「一端」，兩端的協調與互動有利於心靈持續向上、向外感通，同時達到深化心靈的效用，此即自吾人的性命而開展的執兩用中之道，實則整體生命存在的彼此溝通及事相流行，皆能運用執兩用中之道。唐君毅引儒家的心性論和天道觀申論「執兩用中」，他指出儒家孔子、孟子、《詩》、《書》、《中庸》、《易傳》之思想均倡言「人性之根於天命」、「天命之見於人道人德」，〔註3〕這些都能在道德生活中體證之，尤其是《易傳》論天命流行及萬物各正性命之觀點均是歷代儒者發揮之處。因此，唐君毅認為「盡性立命」能發揮執兩用中之作用，發揮在事相流行的本身、心體與天道、心體與外境之間的感通，以下分項述之。

（一）事相的性質及其流行狀態

唐君毅論萬物散殊境時提到：

> 由此而此萬物散殊境之自身中之哲學問題，即當是以一事體、物體
> 為中心，而觀其如何關聯於性相、作用、時空等之一套哲學問題，
> 而不能將此事體、物體孤立而論者。〔註4〕

此即說明吾人不能將事相孤立而觀，應該觀察其事相之間的互動與聯繫，這也

〔註3〕 參見唐君毅：〈天德流行境——盡性立命境——觀性命界（下）〉，《生命存在與心靈境界·下冊》，頁927～928。

〔註4〕 唐君毅：〈萬物散殊境——觀個體界（上）〉，《生命存在與心靈境界·上冊》，頁61。

顯示吾人在「萬物散殊」的狀態下擇一事態考察,同時運用「依類成化」、「功能序運」、「感覺互攝」等方法把握整體的境界。而唐君毅將「陰陽、隱顯、幽明」等概念詮釋為事相本身的性質及事相間的因果關係,取代佛教以「生滅」看待事相作用的觀點。他認為每一個事相本身都兼有「陰陽、隱顯、幽明」等性質,所以在活動之際能夠互為性相,轉換隱顯性質,所以他以「性相」說明事相更迭轉換的活動,論一切相乃是持續地前後相繼出現,一一呈現本具之性質,一一引起後起之相:

> 吾意是此所謂有一群恒常之性相,實唯是「一群更迭的相依而起,方見其重複之性相」。由此更迭的相依而起,便可見其重複之性相,乃一「在次序歷程中表現其有機的關聯」者。此次序歷程,即形成一歷史。故凡個體,無不有歷史。……於此又須知此中相依而起而重複之性相,乃此顯彼隱,彼顯此隱,以見其分,而於相依處,見其相合者。此即正有如宋玉神女賦所謂「神光離合,乍陰乍陽」。此性相之顯者,今暫單名之為相;於其隱者,則暫單名為性。此中必性可轉為相,相可轉為性,乃見此陰陽隱顯之相依,由此而吾人之憑其性相之相依。以由相知性,由性知相,而望見其重複時,吾人之知之指向活動,即初非表像某性相,或更抽離之而出,以形成種種觀念、概念之活動,更初非綜合觀念、概念,以形成判斷,而成就知識上之理解之活動。而是以此知之指向活動,直徹入於其性相之中,由相入性,出性入相,「如於諸性與相之夾縫中,曲折旋轉」之活動。〔註5〕

性相之「恆常」乃是持續不斷地「更迭的相依而起」,並非死寂的存在,而是相依而生,相續而起。〔註6〕在這過程之中,性是「隱」,相是「顯」,吾人能

〔註5〕唐君毅:〈萬物散殊境──觀個體界(下)〉,《生命存在與心靈境界‧上冊》,頁108。

〔註6〕關於種子的活動,可參考《成唯識論》的種子六義。(一)剎那滅。「謂體才生,無間必滅,有勝功力,方成種子。」種子剛生,很快就滅了,滅了又生,持續不斷。因為種子是有生滅變化的,所以它不同於常住不變的無為法。(二)果俱有。「謂與所生現行果法,俱現和合,方成種子。」種子具有產生現行的功能,種子與現行俱時顯現,由現行推知種子。在眾生身上種子與現行和合相應。(三)恆隨轉。「謂要長時,一類相續,至究竟位,方成種子。」種子生現行,現行生種子,種子自類相生,持續不斷,一直達到成佛的究竟位,才能終了。能保持「一類相續」種子的,只有第八識阿賴耶識,有間斷的前七轉識沒有這個功能。

從事相之「顯」而知其所「隱」之性，所以對於事物的體認不只是停留在表相而形成判斷或知識，應兼顧其性相方能把握事相蘊含之理。像這樣，事物本身兼有兩種性質，又能以性相方式呈顯其活動，唐君毅稱此為「陰陽之理」：「此陰陽之理，即為任何個體物之成為個體物之共同的存在之理」〔註7〕，每一事相能表現其性質，此是「顯」；引起後一事相後，轉入「隱」，然而此「隱」並非抹滅、消逝，而是留下表現後的狀態、意義或價值後，待後人識取、延續之，又能自隱入顯。在這意義上，唐君毅認為佛教僅體認到事相彼此相因而起的規律，儒家卻能由此而體察到歷史文化的形成。〔註8〕再者，吾人能夠在此意義裡，了解到判定性相、觀照事相的轉換以形成概念等等，乃是取決於心體之靈覺，可見吾人有能力影響事相的隱顯狀態。

（四）性決定。「謂隨因力，生善惡等，功能決定，方成種子。」善、惡、無記性質的種子只能產生相應的現行，其功能是固定的。（五）待眾緣。「謂此要待自眾緣合，功能殊勝，方成種子。」種子要變成現行，還需要其他條件的配合。（六）引自果。「謂於別別色、心等果，各各引生，方成種子。」色法種子只能引生色法之果，心法種子只能引生心法之果。（參見韓廷傑：〈唯識學的「種子」論〉，《唯識學概論》（臺北：文津出版社有限公司，1993年），頁248～249。）唐君毅對於事相的活動，格外把握種子因緣相生而起、恆隨轉的性質，這個看法有利於他說明一切生命存在彼此涵融互動，心靈恆常作用的主張。

〔註7〕唐君毅：〈萬物散殊境——觀個體界（下）〉，《生命存在與心靈境界・上冊》，頁113。

〔註8〕唐君毅說：「此更迭隱顯之事實，則可說為一陰陽之氣之流行」（唐君毅：〈萬物散殊境——觀個體界（下）〉，《生命存在與心靈境界・上冊》，頁113。）他認為儒家能由事相的陰陽隱顯變化而應用於社會與人生，這是把抽象的「氣」具體地詮釋現實人生裡人我、心境的互動。據坂出祥伸解釋，在朱子學說裡就提到自己與天地之氣能彼此調和，吾人與天地萬物之間還存在著家、國等團體之氣，於是，這種「氣」互相交感的社會裡，人與人之間的關係是永遠牽連著，在中國的文化裡也常常用「氣」談論群體互動，甚至是社會與政治的往來溝通，所以他認為，朱子所謂「理」寓於「氣」，就是指「理」從在於氣脈相通的人我關係。（〔日〕坂出祥伸著、盧瑞容翻譯：〈貫通天地人之「一氣」——其自然觀與社會秩序觀〉，收入楊儒賓主編：《中國古代思想中的氣論及身體觀》（臺北：巨流圖書公司，1993年），頁145～146。）唐君毅闡釋的陰陽隱顯變化也是如此，他不僅是要由此觀照事相之間的互動與轉變，由此探討心體在其中的主導意義，他更要藉此論群體之間、社會與人生不僅是外境外命，保持不斷活動的狀態，生命存在更應當體察其中具備的轉換活動，注重自身存在如何以「心靈感通」與它們聯繫與互動。正因為如此，所以唐君毅認為在每個生命存在之間的感通，乃至於生命存在感通於外境，就形成儒者對於社會群體的關懷，甚至擴大為對歷史文化傳承的關切，這種關懷背後可以透過「氣」、「生命存在」與「心靈感通」進行了解。

承上所述,事相本身兼有陰陽、隱顯等性質,事相之間的互動也呈現「陰陽、隱顯、幽明」等互動狀態,這樣的概念與唐君毅對唯識宗的體認有關,他說:

> 法相唯識宗之流,則重在使因果關係兼在理性上邏輯上成為可理解。故論一事物之親因與其他之緣之分別。一事物之親因為一事物之種子,此種子相當於西方哲學所謂一事物之真實之可能性。此可能性與種子之內容之意義,除在其非現實一點外,乃與現實事物或唯識法相宗所謂現行之內容之意義,為同一者。此種子之內容與現實事物或現行之內容之關係,即為邏輯的,理性的。〔註9〕

唯識的種子學說將一切事相視為能活動的種子,而自身活動與種子間的連繫是具備邏輯、理性的,因此唐君毅將種子學說納入「功能序運境——觀因果界、目的手段界」。不過,他認為中國傳統思想的確有因果相生之義,重視因生果,果生因,相繼無窮的關係,也直接針對事相相繼歷程而見此中的現實與功能,〔註10〕只是傳統思想並未像唯識家一樣,詳細解析「種子」(即事相)的活動,也不似華嚴宗祖師法藏深入地剖析種子與外緣的聯繫,此即唐君毅所言:「在中國傳統思想,則無如許多之思辨。」〔註11〕這是中印哲學發展不同,所以他援引唯識種子學說、華嚴法界觀解釋心靈九境之運作,藉此深入解釋「體與相」、「相與用」之間的問題,甚至以此說明吾人的心靈與德性所以恆存於後世的理據。再者,唐君毅將種子學說判定為「邏輯的、理性的」,能為心靈本具之道德理性所接受,這也是唐君毅著重唯識種子學說的緣由。因此,對於事相本身的性質、事相的流行與互動,均能得見唐君毅援引唯識之處。不過,唐君毅乃是擷取唯識種子學說的表現型態,其內涵仍以中國傳統思想為主,他依據傳統思想的活動概念「乾坤、陰陽、隱顯、幽明」等等定義事相的性質,指出事相之間既存在相反的關係,卻又能彼此和諧互動,〔註12〕他說:

〔註9〕 唐君毅:〈功能序運境——觀因果界、目的手段界(中)〉,《生命存在與心靈境界·上冊》,頁257。

〔註10〕 參見唐君毅:〈功能序運境——觀因果界、目的手段界(中)〉,《生命存在與心靈境界·上冊》,頁262。

〔註11〕 唐君毅:〈功能序運境——觀因果界、目的手段界(中)〉,《生命存在與心靈境界·上冊》,頁260。

〔註12〕 值得一提的是,唐君毅嘗論張載思想善於「合兩義相對」,他說:「大率橫渠之融中庸易傳之言之義,更自立新義,以成其書,多是合兩義相對者,以見一義。所謂兩義相對者,如以誠與明相對、性與命相對、神與化相對、仁與

然吾今之說，則不說一現實能包涵另一現實之潛能，此包涵之本身
乃不能理解者。此乃由於當前一現實存在時，若與後一現實為異類，
則不能包涵；當前一現實已不存在時，即無此能包涵者，亦無所謂
包涵。故此前一現實之存在，對後一現實之存在所以為必須，即只
能純自其具消極意義之排斥功能上說。則一般所謂為原因之前一現
實之存在，對此後一現實存在之果言，皆只為吾上文所謂開導因。
前一現實存在，以其功能，排斥其異類事物之存在，而於竭其自身
之功能，而亦被排斥之處，即開闢出後果之出現之路道，而如導引
出此後果之出現。此中之前因，只為如此之一開導因，而非後果之
生起因。<u>於此，要說後果之生起因，即唯當自生起後果，而為其形
上因之功能處說</u>。此前因之以其功能，排斥其他異類事物之存在，
其自身亦竭其功能，而被異類事物之功能所排斥，以歸於不存在。
此即前因之由顯而隱，由出而入，由伸而屈，由明而幽，由現實存
在之有，而歸於非現實存在之無。此為中國思想中所謂陰道、坤道。
然當此前因由顯而隱，由伸而屈，由現實存在而成為非現實存在時；
同時有生後果之功能之由隱而顯，由屈而伸，由幽而明，由非現實
存在，而生起現實存在。此為中國思想中之陽道、乾道。〔註13〕

唐君毅從事相隱顯、屈伸、幽明的性質而論事相間因果的互動。前一事相必定
包括引起另一事相的潛能，所以前一事相可以視為後一事相的「前導因」，並

義相對、中正與大相對、太虛與氣之實相對、無形與象相對、至靜無感與有
感相對、天與人對。凡於此兩義相對者，橫渠皆欲見其可統於一義。」（唐君
毅：〈張橫渠之以人道合天道之道（上）〉，《中國哲學原論·原教篇》（臺北：
臺灣學生書局，2004 年），頁 79。）有兩兩對立也有兩兩相成的概念，其要
在於說明張載有於兩義而統於一義的中正之道。藉由這個特點以觀張橫渠論
氣之流行，能得見氣「相感通而見一」，唐君毅說：「然尤要者，在對此流行
的存在、或存在的流行，自其散而觀之為多者，亦可於其相聚而相感通處見
一；而於其聚而相感通而見一之後，又可更觀其散而為多。於此相感通處，
即見氣之有清通之神。神之清通，為通兩之一、為絕對、不可見，亦無形無
象。則自氣之散為多處看，便為一之兩，為相對，亦為有象而有形之始。」
（唐君毅：〈張橫渠之以人道合天道之道（下）〉，《中國哲學原論·原教篇》，
頁 93。）此即論在氣相感通作用之際而見清通之「神」，此「神」能會通「兩」
而為一，這個觀點與唐君毅論神聖心體協調相對概念而歸於中道的看法也非
常近似。

〔註13〕 唐君毅：〈功能序運境——觀因果界、目的手段界（中）〉，《生命存在與心靈境
界·上冊》，頁 299。

非後一事相的「生起因」。前導因為了排斥異類事物的存在而耗損自身動能，遂由顯而隱，由明而幽，從現實存在之有轉入非現實存在之無，此是坤道，陰道。但是前因仍然有由幽而明，由隱而顯的動能，這是從非現實存在而轉為現實存在，是乾道、陽道。此即唐君毅所云事相皆有隱顯、幽明等性質，能在現實裡與其他事相互動而呈現，與同類事相能相即相入，與異類事相相泯相奪，在事相流行中表現隱顯幽明的作用，這就表示，乾坤之道正直接作用在吾人的生命存在之中，此處將乾坤、陰陽、隱顯切合因果相生、事相前後相繼，形成事相在心靈境界的活動型態。實際上，唐君毅所云的「生起因」、「形上因」即是吾人本蘊的神聖心體，〔註14〕他認為神聖心體具備將事相「現實化的原則」，此即指事相轉入幽隱之後，能透過心靈感通而重新活躍於吾人的生命存在，此即由隱轉顯，自幽入明。在這轉化過程裡，不僅察見事相前後相繼的歷程遠比吾人所想像的還要漫長，甚至透過深入地觀照自己的生命存在與世界其他物之存在後，更能體見未能得以現實化者比已然現實化者之可能者是「無盡的多」；此外，已現實化者又會續求再現實化，就這兩點看來，都可證明未能現實化者的確是超乎吾人想像的多。〔註15〕既然吾人的心體具備使事相現實化的功能，即可證明神聖心體能作為事相的生起因、形上因，這也契合「執兩用中」調和事相以歸於中道（神聖心體）的原則。唐君毅續言：

〔註14〕唐君毅以儒家解釋「形上因」，此即神聖心體。但是在基督教，形上因即是「上帝」。唐君毅依懷特海的學說指出：「又一切事變之流，交互擴延以創進不已，亦當另有知之而覺攝之者。……於是懷氏又論：此覺攝一切永相之上帝，除亦注其永相於一切世間現實存有中，以現為其境之相，以成就此世間之創進不已之歷程外；亦再覺攝此創進不已歷程中所成之一切世間之存有或事，而攝之為其自境。此一上帝之自身之注其永相於世間之存有之中，亦即為此上帝之擴申延展其自身，以入於世間，而上帝之覺攝一切世間之存有或事，為其自境，亦即世間之存有或事之擴伸延展其自身，以入於上帝。故上帝既先天地萬物而生而先在，亦後天地萬物而後在。」（唐君毅：〈萬物散殊境──觀個體界（上）〉，《生命存在與心靈境界·上冊》，頁74。）上帝作為一切事相的主宰，涵攝、開創一切存有，此亦是上帝自己的延伸。又以佛教而言，形上因即是「空觀」，此非實體義，而是著重事相間的聯繫與生滅，所以「種子」本身就是形上因。（參見唐君毅：〈功能序運境──觀因果界、目的手段界（上）〉，《生命存在與心靈境界·上冊》，頁269。）

〔註15〕參見唐君毅：〈我法二空境──眾生普渡境──觀一一真法界（下）〉，《生命存在與心靈境界·下冊》，頁815～818。這是唐君毅談論道德理性容納佛教三世說的論點，實則此見解乃是從心靈觀照事相流行而來，在第三章還有相關的解說。

> 純陰道、純坤道,全是消極的;純陽道、純乾道,則全是積極的。然
> 此陰陽乾坤之道,乃互為其根。……本此中國思想言乾坤陰陽之義,
> 以觀因果,則因之道為陰道坤道,而果之道方為陽道乾道。因以排斥
> 果之出現之障礙為事,即以反反為用之坤道;而果則依於生果之正面
> 之功能,以得其正位而自正。故曰:「乾道變化,各正性命。」〔註16〕

此即論心靈觀照此事相流行的表現與因果關係,能使吾人深刻體察宇宙法
則,同時達到深化心靈,提升境界的目標。值得注意的是,唐君毅論前因「自
竭其功能」以涵納異類之後果的說法近似華嚴「相即相入」的概念,按法藏
所言:

> 明力用中,自有全力故,所以能攝他。他全無力故,所以能入自。
> 他有力自無力,反上可知。不據自體,故非相即。力用交徹,故成
> 相入。又由二有力、二無力各不俱故,無彼不相入。有力無力、無
> 力有力無二故,是故常相入。〔註17〕

「相入」是就「有力」、「無力」兩個概念代表的型態而言,「有力」就是能起
一種帶領的作用,決定整件緣起事的方向;而「無力」不能提供任何主動或主
導的力量,它只提供輔助的力量。依華嚴,緣起的組成份子必須部分是「有力」,
部分是「無力」,兩者互相交攝作用,就成立整件緣起。然後,「相入」又有「相
攝」的意義,有力的一方對對無力的一方言「攝」;無力的一方對有力的一方
言「入」。所以華嚴所言的「力用」是就事相的關係、態勢而言,考察其中的
相互關係。〔註18〕唐君毅認為法藏言緣起幻有之俗諦與性空之真諦,除了有不
二之相即,還具有相奪以成即相違之義,此是華嚴圓教義理之基礎。〔註19〕但
是他更強調吾人的心體能調和事相之間的「有力、無力」,事相變化的主因不
能歸於事相本身的態勢。總之,吾人的生命存在及一切事相皆可視為持續活
動、前後相繼的種子,事相的「前後相繼」、因果轉易,構成乾坤陰陽之道。
如此一來,事相本身即兼有「隱顯、幽明」等等的功能,又能與其他事相構成

〔註16〕唐君毅:〈功能序運境——觀因果界、目的手段界(上)〉,《生命存在與心靈境
界·上冊》,頁299~300。
〔註17〕〔唐〕釋法藏:《華嚴一乘教義分齊章》,《大正藏》第45冊,頁499a。
〔註18〕參見吳汝鈞:〈華嚴宗的法界緣起觀〉,《中國佛學的現代詮釋》(臺北:文津出
版社,1995年),頁108~109。
〔註19〕這部分的解說,可參見唐君毅:〈華嚴宗之判教之道及其法界觀(上)〉,《中國
哲學原論·原道篇(三)》,頁285~291。

「隱顯、幽明」的型態，此即是事相之「兩端」，吾人心體作為形上因，能發揮引導事相呈顯、收斂，損有餘而補不足之作用，乃至於將一切事相調攝為中道之用，此皆是執兩用中之道。

（二）心靈與天道

唐君毅以「乾坤之道」論心靈與天道之間的聯繫，天道屬「乾」，心靈承載並回應，屬「坤」，乾坤交融形成中道，此是執兩用中之作用。其實，心靈「感」受外境，此是坤道；心靈「應」物，此亦是乾道，所以「心靈感通」本身就蘊含「乾坤並建」的要義，吾人不斷順承天命，順天道而行，亦是盡性立命，唐君毅說：

> 此靈覺的生或生的靈覺，若見此天命自外境而來，自氣質體質而出。此中之外境與氣質體質，即若皆能發命令、發聲音，以對我有所呼召者。此呼召，自客觀而說，皆如天或上帝之對我發聲，而對我呼召，與我交談，而此時吾人即可真感一活的上帝，活的天，而我於此靈覺的生、或生的靈覺，只是奉承之。此奉承之為知命、俟命、安命，<u>為坤道</u>。自後一義之天命說，則其呈現既內在於性命，人之順其自命而行，即順此天命而行，人與天之交談，奉天之呼召，皆只是與自己之深心交談，受自己之深心所呼召，以自順此天人不二之命，而自立此命、凝此命、正此命，<u>是為乾道</u>。依坤道，則天命為先，人之自命為後，此「後天而奉天時」也。依乾道，則自命為先，而天命即存乎其中，此「先天而天弗違」也。奉天命而自命，以立命，亦即盡其性之所命者，故立命即盡性也。〔註20〕

吾人心靈感通於外境，則能體見天命聯繫於吾人性命，針對此聯繫，吾人能盡性立命以回應，使天命與吾人而具體地在心靈互動，化用於心境之間，此是吾人知命、安命的舉措，亦是心靈以坤道上承乾道。其積極之處在於，吾人藉由順承天人不二之命以挺立生命存在，作為心靈運作的動力，落實於心靈感通之中，不僅是「順觀」心靈活動自身的往來活動，深化內在；同時也是「橫觀」，將天命、心體內蘊之德性向外延伸，兼有「縱觀」心靈升進、超越的作用。如此，內在地順從天命，導正心靈感通之動向，深化生命存在之價值意義，即是人積極地「正命」，亦是乾道。天命可稱為外命，性命可稱為內命，心體持續

〔註20〕唐君毅：〈天德流行境──盡性立命境──觀性命界（中）〉，《生命存在與心靈境界·下冊》，頁880。

感通內命外命而表現，此即吾人心靈切合乾坤之道而運作：「此我之靈覺之不斷依坤道，以奉承此已成之我之所命，而有其自命，以行於乾道，即此人之靈覺不斷的自己覺悟，以自己生長之歷程，亦即此靈覺之自學歷程。」〔註21〕如此，吾人承接天命、道德自我之自命自令，同時也積極地順由天命以行事，俾使內心與天命無二無別。像這樣，以吾人的心體為體證天道的中樞，凝攝、開顯乾坤之道，此即形成「執兩用中」的型態。

（三）心靈與外境

從心體與境形成執兩用中之道，亦能反映在「當下生活之理性化、性情化」之中，尤其側重於心靈如何在境相裡表現德性、轉化不善，泯除心境不協的部分，唐君毅言：

> 依此執兩用中之道，以言吾人前所論之儒者之言人心與境感通，以盡性立命，而求一生活之理性化，或生活為性情之表現之道，則心與境之相對，是兩，其感即是中。心之「性與境所示之當然之命」，是兩，「盡心之性以應境」之盡，是中，「承境所示之當然之命，而立之」之立，亦是中。凡由此心境之感通而有之盡性立命之事，有所過或不及，皆非中而為偏。矯其過與其不及，皆是中。人之連于生活行為之思想，與本純粹之思想以成之知識，凡只用相對之概念之一者，皆是偏；而補以另一相對，則是中。〔註22〕

這裡提出四個「中道」意義：

一是從心靈與境的關係，論「盡性」是中道。

二是從心靈面對外境之命，論「立命」是中道。

三是從心靈矯治「過與不及」，論轉化不善而歸於至善的工夫是中道。

四是心靈在思想與行為之中，能運用知識以協調相對概念是中道。

第一項與第二項是直就吾人之心靈的活動本身而論中道，第三項是從心靈轉化不善而論中道，第四項則根據吾人之心靈的涵攝而安立一切相論中道。唐君毅解釋「盡性立命」的「盡」、「立」均是心靈感通的方式，是心靈面對外境所應用的方法，吾人的心靈能運用自覺、良知作為判準，並以知識和思想「損

〔註21〕唐君毅：〈天德流行境——盡性立命境——觀性命界（中）〉，《生命存在與心靈境界·下冊》，頁881。

〔註22〕唐君毅：〈論生命存在與心靈之主體——其升降中之理性運用——觀主體之依理成用〉，《生命存在與心靈境界·下冊》，頁1040。

有餘而補不足」,解決吾人的心靈與外境產生的矛盾,此即「生活的理性化」,
唐君毅說:「此當下生活之理性化,即盡性立命之事。故吾人今之論當下生活
之理性化之道,初只是前論盡性立命之引申義,與補充義。」〔註23〕所以執兩
用中之道是盡性立命的延伸,生活理性化的實踐,從中又能引發生活性情化的
效益。從盡性立命而言,心靈必須觀照當前的情境之性向,依性生情,而見此
境如對自己有所命。自我的心靈與外在情境之命相互呼應,構成原始的太和。
境是命,吾人心靈之感通是性;知命而自我心性承載之,是坤道;立命而盡性,
是乾道。〔註24〕於是,在盡性立命的觀照與實踐工夫裡便具備天道乾坤相合互
動之原理,整體的心靈與世界也都是乾坤相合的太極之道,是「天德流行」的
展現,也是生活理性化的首要之義。〔註25〕但是,這首要之義卻也是最難之
處,因為人很難意識到天道即在生活之中,也不知要在生活中開顯內心之善
性,更遑論發揮道德理性與道德意識。但是人為何無法先識取此義?這是因為
當下的情境遷流不止,而人之心靈感通也持續活動,所以兩者不易馬上相即相
合,因此無法立即運用盡性立命之工夫。〔註26〕唐君毅認為生活的理性化之起
始在於人對於外境有所感觸,人可以先選某一個外在境況以觀照自心與外境
之互動,在這觀照中持續自我覺察以把握較高一層的「靈覺」,以深刻地了解
心靈與外境有相互契合的體相,也能察見心靈與外境兩者不合相契之因由。有
此察見,就能思索出彌補融合之道,這正是生活的理性化;有生活的理性化,
方可言成就生命的真實存在之道。〔註27〕

　　綜上所述,可以察見事相本身具有隱顯、陰陽等轉易,亦切合天道運作的

〔註23〕唐君毅:〈專觀盡性立命境之通達餘境義──當下生活之理性化──超越的信
　　　　仰──精神的空間、具體的理性、與性情之表現為餘情〉,《生命存在與心靈境
　　　　界·下冊》,頁958。

〔註24〕參見唐君毅:〈專觀盡性立命境之通達餘境義──當下生活之理性化──超越
　　　　的信仰──精神的空間、具體的理性、與性情之表現為餘情〉,《生命存在與心
　　　　靈境界·下冊》,頁958。

〔註25〕參見唐君毅:〈專觀盡性立命境之通達餘境義──當下生活之理性化──超越
　　　　的信仰──精神的空間、具體的理性、與性情之表現為餘情〉,《生命存在與心
　　　　靈境界·下冊》,頁958。

〔註26〕參見唐君毅:〈專觀盡性立命境之通達餘境義──當下生活之理性化──超越
　　　　的信仰──精神的空間、具體的理性、與性情之表現為餘情〉,《生命存在與心
　　　　靈境界·下冊》,頁959。

〔註27〕參見唐君毅:〈專觀盡性立命境之通達餘境義──當下生活之理性化──超越
　　　　的信仰──精神的空間、具體的理性、與性情之表現為餘情〉,《生命存在與心
　　　　靈境界·下冊》,頁960。

形式，所以唐君毅更論吾人的心靈能順承天命，並將天命及性命之德向外推擴，更以此作為道德實踐的動力，因此心靈與天道能形成「乾坤之道」。在此之下，吾人即能將此力量切合心靈感通，用於協調心境、調和事相、運用知識概念及轉化不善，這既是盡性立命的實踐，也是執兩用中之發揮，其目的在於成就「當下生活之理性化、性情化」的生命存在本有之神聖心體，而這也正是「中道」所在。

三、「執兩用中」的體用論

上　節談論事相流行、心與天道及心境之間，皆存有「兩端」的關係，而吾人的神聖心體能藉由心靈感通以調和、涵攝事相，使之歸於中道——神聖心體。本節再從心體發揮執兩用中的層面進行探討，並從「體、相、用」和「理氣不二」的角度察見神聖心體在心靈九境的體用特點。

首先，唐君毅雖有取於華嚴理事觀，但他更以「理氣不二」作為儒家體用的特色。他認為儒家直就「隱顯、幽明、始終、往來、乾坤」的事相流行而論，佛教則是關切「有無」的辯證關係。「有、無」本就是相斥的概念，所以佛教還要再以「非有非無」排除「有、無」的矛盾；但儒家以「隱、顯」觀「有、無」就沒有互斥的意涵，因為隱者成顯，是隱中之「有」成就「顯」。隱中之「有」是由外向內，隱中之「無」是由內向外，只是狀態的改變，沒有互斥矛盾的問題。因此，體證的重點不在於破除事相，而在於轉化自心的妄執。人們總是拘執於顯者應常顯，隱者應常隱，不知事相本身兼有兩種性質，具有轉換型態的活動，此是一種妄執。若如實而觀，隱顯是一體的且互為其根，[註28]此即上節提到的，事相本身就兼有雙重的性質，所以事相的隱顯之理不需要從邏輯推論而來，應直接從事相上說明，唐君毅說：「一切事相之流行之自身，其呈於人之感覺、記憶、想像、意志、行為之前者，皆是此隱彼顯，此顯彼隱，而互為其根。」[註29]這就把事相的變化扣合吾人的心靈而述。唐君毅亦言事相之流行即是氣之流行，此流行配合天地生化是中國傳統思想之要義：

> 此陰陽乾坤之理，為中國先哲言一切事相之流行之有隱顯幽明，而無所謂有無生滅，所統會而成之大理。於一切事相之流行，如統而

〔註28〕 參見唐君毅：〈理事一如、與理行於事之大事因緣——觀生命存在之事用中之理〉，《生命存在與心靈境界·下冊》，頁1083。

〔註29〕 唐君毅：〈理事一如、與理行於事之大事因緣——觀生命存在之事用中之理〉，《生命存在與心靈境界·下冊》，頁1088。

　　觀其隱顯之互為其根，而泯此事相之分別以觀，則中國先哲或稱之
　　為大化之行，或一氣之流行。〔註30〕

如上所言，神聖心體本就具有陰陽乾坤之理，所以事相依隱顯幽明的型態而流
行，且能統會成「大理」，此理亦即生命存在之神聖心體。唐君毅指出，事相
隱顯是氣之流行，氣之有陰陽即事之隱顯往來，〔註31〕心體亦能主導之。所
以，他將神聖心體的運作分為「消極」與「積極」，說：「如任一經驗活動之屈
退而隱，便是此主體之一積極活動之用之屈退而隱。此屈退而隱，則可稱為其
消極之用，或消極之活動。」〔註32〕縱使吾人尚未全然昭顯神聖心體，亦能透
過觀照事相隱顯屈伸的變化以感知神聖心體的作用，進而觀照心體在事相之
間前後相繼、隱顯屈伸、前後進退等活動，由此而把握神聖心體的超越意義，
此亦是唐君毅再三強調的「不可離用而說體」。〔註33〕再者，唐君毅認為佛教
的修持重於觀境，但佛教未必能保存一切境中之理，因為佛教恐生執著耽溺，
所以重視遮撥之論。而儒者則肯定事相之理有其意義，故能保存一切境中之
理，較小之理可以採取「隱而不顯」的方法保存，視各種境況而隨機施用即可，
所以事相之理不會造成生命存在的阻滯。藉由此義，唐君毅就能將萬物散殊
境、依類成化境等其他境界之理以隱顯的方式收攝於此心靈之中，天德流行境
以前之境界所存之理一切俱可留存，一切均能潤澤生命心靈。〔註34〕那麼，吾
人的心體藉由心靈感通而發揮隱顯屈伸、前後進退等作用，在通貫九境的歷程
裡自在地運用九境的智慧以平衡、協調兩端的力用，此是「損有餘而補不足」，
即執兩用中的體現。

　　那麼心體何以能持續發揮作用？可以從「自命之理」與「性命之理」闡述：

　　此性命之理，初唯由隱而顯於一自命中；此自命，是依性而有之自
　　命，亦是所對境對我之命。當此理此性之顯於此自命，與所對境之

─────────────

〔註30〕 唐君毅：〈理事一如、與理行於事之大事因緣——觀生命存在之事用中之理〉，
　　　　《生命存在與心靈境界・下冊》，頁1089。

〔註31〕 參見唐君毅：〈理事一如、與理行於事之大事因緣——觀生命存在之事用中之
　　　　理〉，《生命存在與心靈境界・下冊》，頁1089。

〔註32〕 唐君毅：〈論生命存在與心靈之主體——其升降中之理性運用——觀主體之依
　　　　理成用〉，《生命存在與心靈境界・下冊》，頁1008。

〔註33〕 參見唐君毅：〈論生命存在與心靈之主體——其升降中之理性運用——觀主體
　　　　之依理成用〉，《生命存在與心靈境界・下冊》，頁1007。

〔註34〕 參見唐君毅：〈理事一如、與理行於事之大事因緣——觀生命存在之事用中之
　　　　理〉，《生命存在與心靈境界・下冊》，頁1096～1097。

命我時，此理初只為一當然之理，而如在平昔之我，與今所對境之
上一層面；只能由上觀而見，不能由對觀而見。此理以初未見於事
與氣，則唯見於心之靈，而此理之妙，即初唯見於心之靈而不昧，
與其神運無方，以為吾人之「成其事，而行其心之氣、身體生命存
在之氣，以及於物之氣之變化」之所本，同時為其「此心此理，由
對他人為隱，更由隱而顯」之所本。〔註35〕

唐君毅認為吾人之性本就有「自命之理」，此指生命存在必然要對外境有所回
應，而吾人之性持續與外境互動，性命之理也就在其中。由此看來，自命之理
與性命之理都是生命存在自然而有，也是極自然的反應。從神聖心體來說，自
命之理與性命之理都內蘊其中。吾人持續自命，即神聖心體持續作用；心體作
用於事相，又即是性命之理潛於事相之中。如此一來，則神聖心體的動能即在
於生命存在自然而然地與外境相應，能將潛隱的性命透過自命而呈顯在事相
流行之中，發揮神聖心體之「理」。而這樣的見解又能呼應唐君毅「從事相流
行把握神聖心體」的主張，同時契合儒家盡性立命的實踐方法。唐君毅亦指出，
人之本性一開始就具備超越執著的能力，此超越執著之理就是吾人之本性，而
性之隱顯運作即是自命之事。〔註36〕所以，唐君毅強調吾人之心性作為「理」，
本身就具有涵攝、觀照、破執等心靈活動，此即說明神聖心體並非靜態地作為
實踐中樞，其與事相的關係有如佛教所言「隨緣常不變，不變常隨緣」。

由上述來看，神聖心體本身能夠發揮隱顯、陰陽的作用以調和事相，吾人
必須在事相流行與心靈的互動——即盡性立命、執兩用中以實現心靈的提升
與超越、生命存在的聯繫與互動，最後開顯神聖心體。而全部的體用論又能從
「體、相、用」及「理事不二」進行剖析，察見心體「執兩用中」的特點。

（一）切合「體、相、用」的執兩用中之道

如上文所述，執兩用中即是心靈觀照、涵攝事相以歸於心體的作用，此作
用不僅能協調事相與心境關係，亦說明吾人心靈從各方面感通，均能透過執兩
用中以拓展生命存在的範疇，以此成就心靈境界。在這模式理，顯見心靈感通
不僅是心體之延伸，更因為此中有吾人之靈覺，故能觀照、判斷與調攝兩端，

〔註35〕 唐君毅：〈理事一如、與理行於事之大事因緣——觀生命存在之事用中之理〉，
《生命存在與心靈境界·下冊》，頁1093。
〔註36〕 唐君毅：〈理事一如、與理行於事之大事因緣——觀生命存在之事用中之理〉，
《生命存在與心靈境界·下冊》，頁1095。

歸於中道。依照這個原則檢視唐君毅於《生命存在與心靈境界》的導論處提到
的「順觀、橫觀、縱觀」：

> 由生命心靈活動之往來於前後向之次序，即有其進退屈伸。進退即
> 屈伸。屈伸自體質說，進退自動用說。由此進退屈伸，首見生命心
> 靈活動自身之往來之韻律節奏，以為其內在的順觀之境。……故於
> 此如謂生命心靈活動自身為內，其所出入開闔之境即為外。內外相
> 對，即如有門戶在其間。出則開戶，入則闔戶。在內者對在外者可
> 視為異類而相斥。凡異類相斥者，亦皆互為內外。凡異內外者，即
> 已是異類。又外境之種種先入於心靈者為內，後入者即外，亦互為
> 異類。凡此有內外有異類者，皆人可橫觀之境也，生命心靈活動之
> 往來於上下向中之上向，即其超越於其當前之內外境，而另創生一
> 較此境更廣大高明之心境，其下向即其墮入此當前之內外境所由以
> 生、而狹小卑礙於此境之舊境。此上向，即生命心靈活動之升而進
> 於高層位。下向，即其降而退而落於低層位。此層位之高低，乃人
> 可縱觀之境。〔註37〕

觀生命心靈自身的活動，即是觀心靈與境之兩端，此為順觀；觀一切相內外、
前後之差異、對立、矛盾或相融，此亦是兩端，乃是橫觀；觀心靈在境界中的
升進或下墮，此是縱觀，所以是心靈的觀照本就依「執兩用中」而綜攝、融貫
九境而存在神聖心體。可見，「執兩用中」亦兼有「順觀、橫觀、縱觀」之觀
照，而調和、涵攝一切相又兼有心靈本有之道德理性、良知和自覺之運用。接
著，唐君毅又論「順觀、橫觀、縱觀」亦契合「體、相、用」：

> 大率人之生命心靈活動正由前而後以進時，則覺其主體最重要，而
> 亦最大。其由內而外，以接客境時，則見種種客相，而覺相大。其
> 由下而上，以知其目的理想更可用以變化其先之境時，則見其用之
> 大。〔註38〕

如此一來，吾人可透過「順觀、橫觀、縱觀」的觀照方向而把握心體的「體、
相、用」之架構。心體「執兩用中」亦切合「順觀、橫觀、縱觀」以運作心靈
感通，首先把握心靈之前後次序活動，此是順觀，覺「主體」之重要。心靈歷
一切境相時，能深刻觀照一切相之性質、活動，並以調和、涵攝而轉化一切相

〔註37〕 唐君毅：〈導論〉，《生命存在與心靈境界‧上冊》，頁32。
〔註38〕 唐君毅：〈導論〉，《生命存在與心靈境界‧上冊》，頁34。

以契入心靈主體,此是橫觀,能覺察「相大」。吾人能夠順觀心靈活動及橫觀心靈涵攝諸相,達到通貫心靈九境,神聖心體自在作用於各境界之中,此即縱觀,亦即心體「用大」。所以吾人依神聖心體以執兩用中的體用關係,乃是切合「體、相、用」及「順觀、橫觀、縱觀」而運作。唐君毅更將「體、相、用」比配陰陽,論神聖心體乃是統攝陰陽的「太極」:

> 在體相用三者中,相恒為定相,而其義為靜;用恒無常,而其義為動。用為乾、為陽,相為坤、為陰。以相用說體,而體統相用,體如為統陰陽之太極。〔註39〕

唐君毅認為體、相、用亦具備乾坤陰陽的性質,「體統相用」即是執兩用中。從神聖心體及執兩用中的運作模式來看,證明生命存在實是活潑不已,能自盡性立命的實踐而開闢天德流行之境界,此即唐君毅所言:「此能用中之人之生活行為與思想,即恒為一進退屈伸自如之活潑潑地心靈之表現,亦為一活潑潑地生命存在之表現。」〔註40〕

　　從儒者教化的角度而言,唐君毅也指出執兩用中者能妙用「顯、密、權、實」的言說與默而識之等方法開導他人,〔註41〕而最高境界乃是不言之教,此是儒道釋之共法:

> 此能居此言之流行轉易之中樞,而不言者,則是吾人之生命存在與心靈之自體。唯自體之為不言之默,方能持一切流行轉易之言之前後之兩端,而使之分進或俱進,分退或俱退,使言進退自如,而亦通此言默之兩端,以成其或以言教,或以默教。默則言隱而行自在,而其行即是言。則其默而成之之盡性立命之德行生活,性情生活,亦即是言,皆此執兩用中之道之表現,亦其具體的理性、性情之表現之所在矣。〔註42〕

「自體」即是神聖心體,此即將孔子「言默之際,最能執其兩端而用其中,未嘗陷於一偏」的教化詮釋為吾人心體的智慧與體證境界。從教化的角度來說,

---

〔註39〕唐君毅:〈導論〉,《生命存在與心靈境界・上冊》,頁36。
〔註40〕唐君毅:〈論生命存在與心靈之主體——其升降之理性運用——觀主體之依理成用〉,《生命存在與心靈境界・下冊》,頁1040。
〔註41〕參見唐君毅:〈論生命存在與心靈之主體——其升降之理性運用——觀主體之依理成用〉,《生命存在與心靈境界・下冊》,頁1041。
〔註42〕唐君毅:〈論生命存在與心靈之主體——其升降之理性運用——觀主體之依理成用〉,《生命存在與心靈境界・下冊》,頁1042。

此即表示儒家中道乃是因材施教、因應事相之相狀而給予合宜的調適，使心靈在境界之間能以進退、隱顯等方式調適，使吾人之性情歸於至善至誠。從體證的角度而言，吾人藉出心靈感通而發揮靈覺，運用在事相流行、上承天道與因應外境的層面，使整體生活轉化為「當下理性化、性情化」，達到在當下生命存在裡成就真實神聖心體之目的。不過，按佛教之說，從佛法智慧觀照未嘗沒有調攝一切相之矛盾與對立的意義，〔註43〕但唐君毅認為禪宗以自性般若泯除對一切相之執著，天臺與華嚴雖然各自以性起和性具說解釋「真空妙有」，但由於實體義不若儒家真切，對於世間肯認也不足，所以佛教論心性的超越不講求要在當下之生命存在裡完成，在觀照事相方面，破除一切事相比調攝、安立一切相來得重要，此是儒家與佛教看待、轉化事相上的差異之處。

（二）從「理氣不二」論心體運作

　　除了從「體、相、用」理解執兩用中的運作，亦能從「理事」關係論神聖心體的體用關係。唐君毅從執兩用中之道建構以儒家思想為主軸的理事觀，他自事相流行與心境關係呈現的隱顯、幽明、始終、往來、乾坤等等進行詮釋，他說：

> 此儒者之言理與事之關係，亦同於佛家之向於理事之合一。然非向
> 於理事一如，而向在「行於事之流行中，為事所依之以成之理」其
> 說根本之理，亦不先通過有無之概念而說，而是通過隱顯、幽明、
> 始終、往來、乾坤等為說。〔註44〕

〔註43〕例如天臺宗智顗詮釋的三觀三諦說，「從假入空觀」是觀世間事物為「假」名，如幻如化，從而悟「入空」的道理；「從空入假觀」是觀「空」而又不住著空，還「入假」世間，應機化物無窮；「中道第一義觀」是不落入空假兩邊，虛通無礙，證入佛的一切智。（參見廖明活：〈智顗的天台教學〉，廖明活：《中國佛教思想述要》（臺北：臺灣商務印書館，2006年），頁296。）此即論述調和空有以證入第一義諦，有利於修行者從觀照、融貫事相的空有對立。又如在華嚴宗法藏詮釋的十玄門，其論一切法的無礙關係，涉及事相之間的交相互攝、重重無盡，事相的生起、對立而轉為彼此交參，自在無礙，這也可說是轉化矛盾對立的智慧。（參見廖明活：〈法藏的華嚴教學〉，《中國佛教思想述要》，頁419～420。）但在唐君毅看來，佛法調和矛盾與對立的心性並非是「佛性」全然展現下的實踐，而是修行者破空有之後方能顯佛性，這與他主張的「當下運用神聖心體以調和對立，歸於中道」仍然有別。

〔註44〕唐君毅：〈理事一如、與理行於事之大事因緣——觀生命存在之事用中之理〉，《生命存在與心靈境界・下冊》，頁1082。

這裡指出儒佛理事觀的差異，儒家乃是在當下事相流行之間論探究理事的運作與和諧，佛教則側重「理事一如」的境界，前者重實踐，後者重境界。再者，佛教乃是從有無的辯證關係而破除迷妄，以見理事無礙；儒家則根據事相流行及心靈的狀態而探討理事關係，所以儒佛論理事的形式與側重均有不同。唐君毅析論佛教的理事觀，他說：

> 此佛教第一義之理，乃如法而言理，亦如事而言理。如法言理者，則法法不相亂，法法不相知，法如其法，即是理；事亦法，如事言理，則事如其事，即理。所謂事如其事者，個體事物如其個體事物；一類事物如其一類事物，此即第一義之理也。〔註45〕

唐君毅乃是依據華嚴宗而論佛教的理事觀，這個觀點也反映在他對事相流行的體認。「如法言理」，即事相前後相繼出現，皆能如理而行；「如事言理」，事相能充分表現其性質，彼此和諧互動，此即事相能如理而行。唐君毅認為這是佛教第一義之理，反映在心靈境界之中也是如此。根據這個體認，他指出觀照「行於事之流行中，為事所依之以成之理」是首先下手處，但由此談論理事又容易只關注到事相之間的聯繫，所以唐君毅認為必須納入佛教理事一如之觀點，突顯一切事相均具有「自如之理」，他評論佛教：「所說之如是之如是，即理；而依如是之如是，以成一切說，即皆依一理，而有之一切如是說，此一理，只是任何法之自如之理，任何事之自如之理。」〔註46〕此處的敘述較為艱澀，試解析如下：唐君毅所言的「是」即「理」，「如是」，則言一切法本來如理，彼此能互相配合，即吾人由事法界、理法界而進入理事無礙法界。「如是之如是」，可解為一切法不但本來如理，此理亦能使一切法歸於理，所以唐君毅稱此為「自如之理」。一切事相之中存在自如之理，至此方能言「理事一如」，這也強調事相及心靈與外境之互動皆能如理而行：

> 言事之理後，必如佛家之即一一事之自如以為理，方能極成事理之一如。今以氣通事之流行，以氣代事，而言理氣之不二，則理有通義，氣亦有通義。斯乃可於氣之流行見理之流行，而不須如佛家之歸極於事之自如上說理，乃於事之似不自如而或隱或顯，此隱彼顯，彼隱此顯之處，皆可說理。此理之義，則不只與事不二，亦與事之

〔註45〕唐君毅：〈理事一如、與理行於事之大事因緣——觀生命存在之事用中之理〉，《生命存在與心靈境界·下冊》，頁1048。

〔註46〕唐君毅：〈理事一如、與理行於事之大事因緣——觀生命存在之事用中之理〉，《生命存在與心靈境界·下冊》，頁1049。

　　　流行不二，而為行於事中，亦為事所依以成者矣。〔註47〕
唐君毅將「隱顯、陰陽」等等闡述事物本身的性質、事相流行的狀態，實則
「隱顯、陰陽」等可視為事相蘊含之「氣」，所以事相流行即氣之流行，生命
存在及一切事相皆是氣之流行的場域。唐君毅認為，對佛教來說事相流行只
是「事」，「事之自如」才是理，但是儒家乃是直在此生命存在、事相流行以
把握「理」，〔註48〕所以在心境互動、事相流行之間就能論理事不二。根據這
個體認，唐君毅指出佛教第一義的理事關係是：「此一理，只是任何法之自如
之理，任何事之自如之理」，此是指一切事相在事事無礙境界裡，能與理彼此
之間泯除矛盾與對立，彼此圓融且皆能如空理而表現。而唐君毅強調儒家能
於當下的事相裡體見神聖心體的流行不已，此即從事相的運作與型態裡察見
此本來就是理之活動流行，所以他強調儒家所證之理即是神聖心體，此並非
潛藏於事相裡寂然不動，而是隨時在事相裡運行，此即儒家理事一如、理氣
不二，至於佛教必須徹見事相本質方能見理，不若儒家直由事相變化以見理
來得直截。〔註49〕

　　值得注意的是，唐君毅早先對華嚴法界的解釋就很有「執兩用中」的意味：

　　　此一切法皆無實性，同此無性，而其無行為平等、為一味，此即真
　　　諦。此中緣起是一理，無性是一理，二理不雜，則說為二。然此二
　　　理所說者，只是一緣起事，而無二事。在此緣起事上，此二理不二，
　　　而離兩邊，即是中道。此緣起事之全體，應即法藏於他處所言事法
　　　界。一切事法之此「二理之無二」之中道，即理法界。此二理之無
　　　二中道，與此事之不相礙，即事理無礙法界。事事皆有此二理之無
　　　二中道，而互不相礙，即事事無礙法界。〔註50〕

〔註47〕唐君毅：〈理事一如、與理行於事之大事因緣——觀生命存在之事用中之理〉，
　　　　《生命存在與心靈境界·下冊》，頁1090。

〔註48〕此處說的「理」，就是上文提到，吾人能在事相流行之中感知「靈覺」的作用，
　　　　順此靈覺即能察見神聖心體之活動。所謂在事相流行之間把握「理」，即是直
　　　　下肯定生命存在乃是依神聖心體而活動，且能依神聖心體以調攝事相。

〔註49〕吳汝鈞指出，華嚴的相即無礙是從法界緣起的脈絡說的，不是在純然是經驗
　　　　現象的層面說的。法界緣起是理想的、有救贖義的價值世界。（參見吳汝鈞：
　　　　〈純粹力動現象學與超越現象學〉，《純粹力動現象學》，頁590。）唐君毅也
　　　　如是看待華嚴，甚至進一步根據他「當下見體、把握體」的主張認為儒家比華
　　　　嚴更能在現象界體現事事無礙的境界。

〔註50〕唐君毅：〈華嚴宗之判教之道及其法界觀（上）〉，《中國哲學原論·原道篇（三）》，
　　　　頁286。

華嚴學以緣起性空作為中道，整體事相之緣起屬事法界，了解一切事相均以緣起性空而生滅，此是理法界。緣起性空與一切事相互不相礙，屬於事理無礙法界，一切事相均表現緣起性空而一切如如，此是事事無礙法界。基於這個體認，唐君毅論神聖心體及其作用亦有四法界的型態。〔註51〕神聖心體作用於事相，

〔註51〕按張云江的見解，他認為心靈九境論有運用四法界、六相圓融和十玄門的概念，他說：「唐君毅由建構一種心境自他交攝、相即相成的自他矛盾關係，次第展開其『心靈三向三類九境』的龐大哲學體系，由此來觀無量事相與境界，這一點的確有融合華嚴六相義思維方式之處。」（張云江：〈唐君毅「心靈境界」哲學體系對佛教思想的吸收與融合〉，《唐君毅佛教哲學思想研究》，頁315。）然後，張云江認為心靈九境論主要是運用十玄門的「一多相容不同門」、「秘密隱顯具成門」（同前註）。這應該是依循唐君毅所言：「華嚴宗十玄有隱顯俱成門，亦有此互為隱顯之義。然彼唯自法界緣起，佛心之遍攝一切，而能自由隱顯之處說，而初不自世間境說，亦初不自世間境之涵佛說。今則自世間境，直說其當下即是處處有此互為隱顯之理，行於一切生命存在之活動之中；乃可真見此世間境中，當下有此佛境矣。」（唐君毅：〈理事一如、與理行於事之大事因緣——觀生命存在之事用中之理〉，《生命存在與心靈境界・下冊》，頁1092。）此即唐君毅再次強調自己是著重在世間境而論隱顯之理，不似華嚴在緣起性空處論隱顯。不過，這也表示心靈九境論的確有參酌華嚴之處。依筆者所見，心靈九境論應不只具有「一多相容不同門」、「秘密隱顯具成門」的意涵，試說明如下：唐君毅論心體與事相流行共同運作，吾人心靈亦依循心體而感通，此近於「同時具足相應門」。論心體可綜攝相互矛盾的事相，使彼此相即相入，又能呈顯事相的差異，此近於「廣狹自在無礙門」。論心體與九境乃是「一多相即」，且事相之間的力用與心體執兩用中之用不起矛盾，使彼此互為緣起，形成心體與現象之間成為無盡緣起的型態，此近於「一多相容不同門」。論九境之理能以隱顯方式收攝於心體，隨境而應用，故九境之法均不離神聖心體，此近於「諸法相即自在門」。論事相皆有隱顯、幽明等性質，所以在兩種事相之間，前一事相竭其功能而引起後一事相，但前一事相僅是隱沒，而非消逝，此即保留事相完整的性質。心體涵攝事相也是如此，心體非抹滅事相而是安立一切事相，使之前後相繼流行，此近於「微細相容安立門」。如此一來，在神聖心體成就的境界與生活裡，一切事一切法均能重重無盡，各各安立而無礙，此近於「因陀羅網法界門」，而隨一事一法均能全然彰顯神聖心體的至善至德，此近於「託事顯法生解門」。唐君毅又強調吾人的心靈能跨越時空限制以運作，生命存在之德性能透過心靈感通以感召後世，依於神聖心體的協調，能使前後生命存在緊密聯繫，心靈密切互動而不擾亂秩序，此近於「十世隔法異成門」。整體說來，唐君毅認為吾人當下的生命存在隨取一事深入觀照，能見心體之靈覺作用其中，吾人能由此而把握神聖心體。而至最高境界盡性立命界，「當下生活之理性化、性情化」，一切事一切法均具足神聖心體之至善，此以道德為主軸的生活能自在運用宗教、文學、政治、藝術等等作為吾人成德、經營人倫世界的輔助，此近於「主伴圓明具德門」。（關於十玄門的解釋，參見方立天：《法藏》（臺北：東大圖書股份有限公司，1991年），頁139～151。）其差異在十玄門著重一切事法依於空觀而「事事無礙」，而心靈

此是「由隱轉顯」、「自幽轉明」，亦指神聖心體能分殊在各活動裡持續作用，開展出無限境界，這是第一義。再者，一個活動可以遮撥此外一切活動之生起，無盡持續，這是第二義。依此二義，後起之有限活動可以破除前一活動之有限，前後相繼，相破相生，遂成心體之活動流行，存在於前後活動之交際處，更能通觀事相活動。唐君毅以顰笑為喻，人欲從顰笑之中識見心體，但是表現於外的顰笑是有限的；雖然表現於外的顰笑是有限，但又能由此有限而了解心體能無限表現。他續指出，人縱使在此明瞭心體之無限，但還不算是真正證得心體，只能說是識見心體，這是第三義。〔註52〕吾人若了解神聖心體是「無相之相」，察見其究竟之處能與一切相渾融無別，就能把握神聖心體之妙義。整體說來，心體作用於心境之間、事相之前後等「兩端」，最後歸於體用渾合的「無相之相」，此即是執兩用中，而這樣的型態能夠比配華嚴四法界，試析如下：吾人識取事相本身的性質和持續活動，此是事法界。吾人了解事相皆存有理，心體能藉由心靈感通而表現在事相流行，並引導每一事相的互動，此是理法界。依據事法界與理法界對事相的體認，能把握事相前後相繼、隱顯互動的流行，象徵心體無所拘執、生命存在無所執著的活動特質，使吾人更能深切地將心體所蘊含之德性透過心靈感通而分殊、作用在一切活動，使一切如理而行，此是理事無礙法界。至於神聖心體的事事無礙境界表現在「體用渾合」，這是指吾人體見原來一切活動都內在於心體，所以吾人能從一切活動、作用裡都能觀照到心體存在，此時心體與生命存在的本身及活動渾然無別，吾人亦能隨時徹底運用心體以呈現德性，順應外境，此即「體用渾合」。

再從心靈感通九境比配華嚴四法界，以吾人所具之神聖心體作為中樞，以心靈而觀照、感通，能察見一切事相起先是散殊的狀態，此是事法界，也是客觀境。接著，依吾人的良知、智慧而將散殊的事相分類、聯繫，發現一切事相皆存有理在其中，形成吾人主觀的知識系統，此是理法界，也是主觀境。爾後，直至邁向超主客觀境。吾人更能體見一切事相皆存有神聖心體，能與吾人之心

九境論則是在確立神聖心體為運作主軸而論述，因此心靈九境論雖有十玄門的意味，但不同於華嚴十玄門從空觀而述事法的聯繫與互動，而是注重吾人如何秉持心體而運用九境之理以及安立諸法事相以開通境界。在這意義上，可以說唐君毅參酌華嚴學的理論架構，但其主要內涵是以神聖心體、心靈感通及生命存在的超越而申論，因此心靈九境論雖有華嚴四法界、六相和十玄門的形式，但內涵仍有差異。

〔註52〕參見唐君毅：〈論生命存在與心靈之主體──其升降中之理性運用──觀主體之依理成用〉，《生命存在與心靈境界・下冊》，頁 1011～1012。

靈互不相礙、相互融通，此是理事無礙法界。最後，唐君毅強調吾人能由一切
事相之流行裡，當下體見此中蘊含之神聖心體，一切事相之流行皆是吾人德性
之流佈，此是事事無礙法界，亦即盡性立命境。在這歷程中，吾人之心靈均以
執兩用中調和、收攝與開放一切事相，在心境之間發揮協調、化導的作用，使
生命存在能從客觀境趨向超主客觀境。

　　根據上述，在此還能從唐君毅對理學的看法談論神聖心體及執兩用中的
體用活動，〔註53〕例如他對程明道的評述就與心靈九境論頗為相關。他指出，
程明道將人與物交互相感、與物同體稱為「仁」；此中感應變化無方稱為「神」，
人之生命之氣與物之氣之流行不已稱為「易」，而此理、此道、此性所自生之
本稱為「元」。〔註54〕此即按《易傳》與儒家傳統天道觀而論吾人生命與萬物
的創生與流行。又如，唐君毅認為程明道將吾人之性通貫於道、氣、易、元之
觀念構成合內外、徹上下、貫始終之圓教。〔註55〕此處以「圓教」稱許程明
道學說，值得注意。另外，唐君毅指出程明道論生之理、生之性是一方面合
內外之物我，一方面通貫天命與人性，故此性此理是「實為一合內外、徹上
下、而亦貫徹始終」的生生不息之理。唐君毅也注意程明道根據人與物彼此
相應的過程解釋「仁」、「神」、「易」、「元」的意涵，建構「性」的相繼不窮之
系統。〔註56〕唐君毅說：「明道之此即生之理而言性之論，其通道、氣、神、
易、元之觀念，以成一合內外、徹上下、貫始終之圓教，乃意在於發明萬物之

〔註53〕 若將唐君毅《中國哲學原論》系列的論述比對心靈九境學說，可以更深入地探究
　　　　宋明理學對唐君毅的啟發。以《中國哲學原論・原性篇》舉例，程明道與程伊川
　　　　的學說對唐君毅「盡性立命」的理解應有關係（參見唐君毅：〈二程之即生道言
　　　　性與即理言性〉，《中國哲學原論・原性篇》，頁355。）又如朱子的太極學說，
　　　　唐君毅言：「故在天，可以無心之心而成化之『易』，為統攝理氣之概念；在人則
　　　　當以心為統攝理氣之概念。心正為一面具理，而一面能求表現此理於氣者。此內
　　　　具之理，在人在心，即名曰性。此相當於在天所言之道；此理之表現於氣，以應
　　　　萬事萬物，曰情，此相當於天之神，而此心則相當於天之易，亦相當於天之無心
　　　　之心。」（唐君毅：〈朱子之理氣心性論〉，《中國哲學原論・原性篇》，頁397。）
　　　　此從吾人的性情而論人體現天道的表現，亦能反映在唐君毅以乾坤陰陽之道論
　　　　心靈感通的看法。諸如此類，皆可得見唐君毅心靈九境論深受宋明理學之影響。
〔註54〕 參見唐君毅：〈二程之即生道言性與即理言性〉，《中國哲學原論・原性篇》，頁
　　　　360。
〔註55〕 參見唐君毅：〈二程之即生道言性與即理言性〉，《中國哲學原論・原性篇》，頁
　　　　362。
〔註56〕 參見唐君毅：〈二程之即生道言性與即理言性〉，《中國哲學原論・原性篇》，頁
　　　　360～361。

一本之性。」〔註57〕由此可見，程明道將吾人心性與外境相應的過程結合儒家心性論與《易》，這對唐君毅有相當的影響，尤其是他論生命存在具備陰陽、隱顯等「氣」之活動，又由心體以論執兩用中的調攝作用，達到心靈通貫天人、貫攝事相以開通種種境界的運作系統，此能與明道的圓教型態甚為契應。

此外，唐君毅從乾坤、陰陽論儒家中道學說亦有取於王船山「乾坤並建」之論述，他說：

> 船山則承漢以來之說，將乾坤之道隸在陰陽二氣之流行中，以為其道其德，而更重在說此乾坤為不離此氣之理。此二氣之流行，固原依其有此乾坤之德之道之理；然此道此理，亦順此氣而流行。……故此船山以乾坤並建，言天地萬物之日新而富有之要義，乃不僅意在謂此全部之已成之天地萬物必迎來，以有天地萬物之繼續新生與順往；而是來者既來，其道亦新，以使此天地萬物與其道，咸更歸於富有；於是其再迎來者之道，又不同於其所以自來之道。此方足以真說明宇宙之歷史之變。〔註58〕

唐君毅指出王船山之論述不僅將乾坤之道聯繫於陰陽流行，更將此德化之，進而視一切天地生化流行均為吾人與天道之德性流布。再者，王船山藉由乾坤並建而闡明天地萬物之新生與變化，表現宇宙與歷史之日新月異，頗能作為儒家注重文化傳承的理論依據。〔註59〕最後，唐君毅引王船山「乾坤並建」之說而論天地化成之理，亦能反駁佛教視天地化成之理為生滅法的見解。

接著，唐君毅論「理氣不二」的見解亦本於理學而來，〔註60〕例如他談論張橫渠「民胞物與」、「萬物同體」，指出其論性的特點：

> 一方面可就我與天地萬物之同源共本之太和，說其中有「散殊可象之氣，依清通不可象之神，而浮沉、升降、動靜相感之性」，以為其所以生「絪縕相盪，勝負屈伸」之始，而為萬物之所自化生之本。

〔註57〕唐君毅：〈二程之即生道言性與即理言性〉，《中國哲學原論・原性篇》，頁362。

〔註58〕唐君毅：〈王船山以降之即「氣質」、「才」、「習」、「情」、「欲」以言性義〉，《中國哲學原論・原性篇》，頁512。

〔註59〕參見唐君毅：〈王船山以降之即「氣質」、「才」、「習」、「情」、「欲」以言性義〉，《中國哲學原論・原性篇》，頁516。

〔註60〕關於唐君毅對「氣」的見解，可參考鄧秀梅：〈儒家如何詮釋「氣具形而上之涵意」——以唐君毅先生論氣為例〉，《中央大學人文學報》第56期，2013年10月，頁63～106。該篇論文談論唐君毅詮釋張橫渠及劉蕺山論氣的看法。

在另一方面，則亦當由此天道之太和之化生一一個體物，或此一一

個體物之受天命而生成，說其各皆有一依其氣之清通之神，以與其

他萬物相感，而相施受之性。〔註61〕

本於對萬物的肯定，張橫渠認為天地萬物皆有「太和」，故有依「神」而活動
的「氣」，此氣更能與萬物相感互動，因此唐君毅認為張橫渠注重「氣」依「清
通之神」而相感處。從這個看法而言，他論心體乃是「統陰陽之太極」，且心
靈乃是依神聖心體而有感通活動，並從「執兩用中」論心靈與天道、外境及他
人的感通。此外，唐君毅也進一步闡釋心靈感通不僅是「氣」，更能具體地、
實際地作用於吾人的生命與生活之中，可見橫渠思想有助於唐君毅析論心靈
的運作。不過，對於心體本身的體認，唐君毅較近於程明道，他說：

蓋橫渠所謂體物感物之性，初尚是往反溯生物之生之所以然；方見得

乃由於其所以成之氣，有此「能體物感物之以虛涵實」之性。明道之

所謂生之謂性，則初乃直對此生之理、之道，而謂之曰性。〔註62〕

明道直就「此生之理、之道」以言性，其見較為直截，唐君毅論生命存在本就
是充滿動態的看法即與此說相應。唐君毅續指出明道據「此生之理、之道」而
論一切實然之物皆依理而生，亦能從一切物之相繼而說此中有純一的生之性、
生之理所貫徹，而見此此性、此理之為一生生不息之性之理。〔註63〕唐君毅續
言「生之理」是「表現於其具體特殊，而落實地與天地中其他之物相感而有應
之事中。因必有此感應之事，方實有所生也。」〔註64〕如此一來，顯見明道學
說強化心性與外境的聯繫，則吾人心性不只是氣之流行，更需落實在生命存在
及天地之間以運作，方能全然彰顯生之理。可見，橫渠就「氣依清通之神而相
感」而心性之互動；明道則直就性本具之理而論性的生生不已，兩者雖有些差
異，但都強調「心境」之間的感應、互動蘊含的道德性與超越性，這些觀點都
反映在唐君毅直就生命存在而論體用的闡述之中，亦突顯「氣」必須表現於生
命存在及一切事相，方能構成「理氣不二」之境地。

還要注意的是，唐君毅亦指出張橫渠的看法能與華嚴宗相提並論：

剋就由氣之清通，即可與一切其他之氣相感處說，則任一物皆可說

〔註61〕唐君毅：〈由佛再入儒之性論〉，《中國哲學原論·原性篇》，頁344。

〔註62〕唐君毅：〈二程之即生道言性與即理言性〉，《中國哲學原論·原性篇》，頁357。

〔註63〕參見唐君毅：〈二程之即生道言性與即理言性〉，《中國哲學原論·原性篇》，頁
357。

〔註64〕唐君毅：〈二程之即生道言性與即理言性〉，《中國哲學原論·原性篇》，頁358。

有「能與其他一切物相感，而更攝入自己，或以其自己遇之、會之，而體合之」之一性。故橫渠謂「體萬物之謂性」。此體萬物之謂性，乃一物之「一」，攝其他之「萬」之性。此有似華嚴宗所謂一能攝一切之性。在濂溪之系統中，有一太極之誠，立於萬物之各自正命處，然未嘗言萬物之間，皆原有一依其氣之清通，以相體合之一性。此中便只有「一本散為萬殊，而立於萬殊中」之一度向，而無「萬殊間，亦彼此能依其氣之清通，而互體，以使萬物相保合，為一太和」之一度向。此即橫渠言性與天道之進於濂溪者也。〔註65〕

因此，唐君毅論心體藉由心靈感通而使德性遍及一切，以及論心靈與天地及一切生命的往來互動，應有取自橫渠與華嚴之處。依橫渠思想，不僅表明儒佛皆有對眾生成聖成佛之肯定，更突顯儒者運用此肯定而積極論吾人如何把握此心性而與萬物相互交感，開出「一即一切，一切即一」、「一多相即」的意涵。由上可見，神聖心體及執兩用中的運作模式與唐君毅的理學體認息息相關，他不僅只是繼承前人的觀點以申論，更進一步以自身的哲思開創新見，既彰顯心靈九境論有承於傳統思想之處，又具有相當的獨特性。

唐君毅云：「要之，此九境之可始終相轉，如環無端，而由低層之境進至高層之境，或由高層再退至低層，又為進退無恒，上下無常者也。」〔註66〕此指吾人神聖心體能以執兩用中的模式以通觀九境。九境相互遞進，卻又各安其位，也代表圓滿的聖賢心靈在面對不同情境時均有合宜的舉措，「即聖賢之所以異乎常人，亦唯在智慧之所運，恒不以執障自蔽，而能隨境感通，各合乎當然之道。」〔註67〕故聖賢的心靈能夠順應各種情境，施予不同因應之道，恰如菩薩隨眾生根器、因緣而調伏之，此是儒佛共有之義。而唐君毅論心靈在九境裡的感通活動，又將九境活動收歸於吾人當下之一念，此工夫至簡至易卻又高明廣大，既能承接外在天命以成坤道，又能開顯至善以上契天命，此是成就乾道。佛教天臺家論人可在一念無明法性心而圓成佛道，禪宗倡言人可頓成佛果，儒家也能在一念之間盡性立命，以顯至善之德，其境界與論說足可媲美佛教。

〔註65〕唐君毅：〈由佛再入儒之性論〉，《中國哲學原論·原性篇》，頁346。
〔註66〕參見唐君毅：〈通觀九境之開闔〉，《生命存在與心靈境界·下冊》，頁952。
〔註67〕唐君毅：〈通觀九境之開闔〉，《生命存在與心靈境界·下冊》，頁953。

四、「執兩用中」的佛學運用

　　唐君毅除了在事相流行的部分援引唯識種子學說，論證事相皆如種子一般具有作用，也將儒家理氣不二的體證與佛教進行比較，實則在他詮釋的體用論裡化用了不少華嚴學以解釋事相的力用及九境之運作，以下分項敘述。

（一）華嚴宗的「力用」

　　唐君毅詮釋華嚴宗法藏思想時，就相當注意他對「力用」的詮釋，法藏從緣起而論「幻有」、「真空」的關係，說明真如心有「極相順」、「極相違」的作用：

> 由幻有、真空二義，故一極相順，謂冥合一相，舉體全攝。二極相
> 違，謂各互相害，全奪永盡。是……所以爾者，謂諸緣起法未嘗有
> 體，未曾損德，無體無壞，無二無礙，為緣起法。〔註68〕

真如心運用「極相順」、「極相違」以涵攝、調和事相，此與「執兩用中」協調事相力用的型態相近。差異在於真如緣起「未嘗有體」，是隨順因緣而有其表現；而執兩用中乃是以神聖心體為主導，能夠積極介入事相的互動。不論如何，唐君毅認為法藏能於相破相違的力用裡察見其互立相順的作用，將印度空有二宗之教收入圓教，使華嚴圓教落實在中土。〔註69〕唐君毅也關注法藏對唯識宗因緣和合的解說，也析論法藏從因之空有二義、有力無力、待緣與不待緣三個部分重新解釋唯識宗的種子六義，唐君毅認為這是法藏綜合般若宗與唯識宗而做出的解釋，更以此解釋緣起的無礙義。〔註70〕法藏依據中道能融貫真俗二諦，開出緣起幻有義和無性真空義，中道也具有不一不異的性質，能令緣起與性空各各安立，一方不異以相順，而空有二諦得並存；一方又不一以相違，而空奪有、有奪空，此即從不一不異而開出相順相違的作用，達到調和真俗二諦的作用。最後，緣起中道能「不礙空之有，不墮有邊；不礙有之空，不墮空邊」，此即不著有無而契入中道。〔註71〕這部分的解釋有利於吾人理解一切事

〔註68〕〔唐〕法藏述：《華嚴一乘教義分齊章》，《大正藏》第 45 冊，頁 242a。

〔註69〕參見唐君毅：〈華嚴宗之判教之道及其法界觀（上）〉，《中國哲學原論・原道篇（三）》，頁 292。

〔註70〕參見唐君毅：〈華嚴宗之判教之道及其法界觀（中）〉，《中國哲學原論・原道篇（三）》，頁 300〜303。

〔註71〕參見唐君毅：〈華嚴宗之判教之道及其法界觀（上）〉，《中國哲學原論・原道篇（三）》，頁 286〜290。此亦是說明空、有二義能在法體上互為根源，同時包括種子六義「剎那滅、果俱有、待眾緣、性決定、引自果、恆隨轉」的活動，能依其力用相互成為有力或無力而導出法相，形成事事無礙的相即相入。（參見〔日〕龜川教信著，釋印海翻譯：《華嚴學》，頁 215。）

相依因緣而有的運動,相較之下,儒家學說多著重在心體的解釋,在唐君毅看來,如果要探究「心境關係」,仍需詳細地說明事相的性質與活動,以及事相之間的聯繫,〔註72〕那麼法藏以緣起中道而論種子的力用與意涵,能補充儒家學說較少提及之處。

接著,唐君毅將法藏所論的中道稱為「依絕對矛盾而形成之絕對一致」〔註73〕,他說:

> 此絕對矛盾之所以能形成絕對一致者,在此絕對矛盾,即是矛盾兩端之互相破斥,而互相徹入,而此端將彼端所有奪盡,以成為此端;彼端亦將此端所有奪盡,以成為彼端。此即無異彼此異位,而更無可奪,即成其相與而極相順。故由此所顯之中道,不同吉藏、智顗所言之中道,唯是能即此兩端之偏以成不二中道者。此乃是更於此中之兩端之偏,更許其絕對矛盾,以相破斥,而互相徹入,以成不二中道者。〔註74〕

若將這段引文用以解釋唐君毅的執兩用中之道,亦甚為切近,他認為事相皆有隱顯、陰陽等活動性質,而心體作為引導事相的主因,能夠依據事相流行而調和其活動狀態,包括心靈本身與外境接觸時,也能以陰陽、隱顯等性質協調心境關係,這也是「依絕對矛盾而形成之絕對一致」的型態。吾人的神聖心體既然有此作用,即能協調、涵攝事相以歸於中道,促使吾人的心靈能與外境交遍互攝,一切事一切法均能在境界之中和諧互動,各各安立。

(二)華嚴法界觀及「理事不二」

唐君毅論神聖心體作為心靈九境運作之根源,藉由心靈感通以通貫、遍歷

〔註72〕唐君毅的心靈九境學說注重心境關係,進一步說,即是關注心感通於外境、一切心靈彼此之間的感通,乃至於事相之間的聯繫與互動。唐君毅在最起始的萬物散殊境提到:「由此而此萬物散殊境之自身中之哲學問題,即當是以一事體、物體為中心,而觀其如何關聯於性相、作用、時空等之一套哲學問題,而不能將此事體、物體孤立而論者。」(唐君毅:〈導論〉,《生命存在與心靈境界‧上冊》,頁61。)唐君毅認為吾人透過觀照事相之間的聯繫與互動,能由主觀境進入客觀境,所以主觀境「萬物散殊境、依類化成境、功能序運境」、客觀境「感覺互攝境」,這四個境界的名稱甚能突顯心靈透過觀照一切相彼此之間的關係而越見深刻。

〔註73〕唐君毅:〈華嚴宗之判教之道及其法界觀(上)〉,《中國哲學原論‧原道篇(三)》,頁292。

〔註74〕唐君毅:〈華嚴宗之判教之道及其法界觀(上)〉,《中國哲學原論‧原道篇(三)》,頁292。

九境，九境各有其作用、特點，而九境實不出於吾人生命存在。唐君毅論心靈九境的架構與運作與華嚴法界甚為相似，龜川教信解釋「法界緣起」：

> 法界緣起真相，一言以蔽之，一切諸法之事與事上互為無盡主伴，相即相入，圓融無礙。雖然事之本質上是個別獨立，然而不能不與其他之事毫無關係而獨立，置於相互對立而互相矛盾。根據此對立矛盾障礙，依於「空的否定」為媒介而成為無礙，所以認為一切事上是有無盡深廣的關係性。即現象的事物不外是真如自體，這就是法界緣起。〔註75〕

唐君毅論一切事相之間能以隱顯、陰陽的性質呈現而彼此相續而起，相依相涵，一切事相均非獨立而起。而事相之間的彼此圓融無礙，是因為心體能以靈覺觀照事相，更能透過心靈感通以執兩用中，協調事相，使一切歸於中道。如此一來，「法界」即吾人心靈境界、生命存在，此中涵容一切事相差別，又能使一一事相和諧並存。「真如自體」即吾人本有之神聖心體，吾人能在「當下生活的理性化，性情化」全然地昭顯、運用神聖心體，呈現天德流行之境地，與法藏所言「依體起用，名為性起」〔註76〕甚為相近。因此，唐君毅對於神聖心體的性質及其開展的境界論、實踐義，與法藏對自性清淨圓明體（真如自體）的見解甚為契合：

> 顯一體者，謂自性清淨圓明體。然此即是如來藏中法性之體，從本已來性自滿足，處染不垢、修治不淨，故云自性清淨。性體遍照無幽不燭，故曰圓明。又隨流加染而不垢，返流除染而不淨，亦可在聖體而不增，處凡身而不減。雖有隱顯之殊，而無差別之異。煩惱覆之則隱，智慧了之則顯。非生因之所生，唯了因之所了。〔註77〕

法藏認為真如自體乃是「性自滿足，處染不垢、修治不淨」，此即融貫世間與出世間法，與唐君毅強調神聖心體必然能在當下的生命存在裡豁顯，亦能化用於當下的生活，觀點是一致的。唐君毅也認為法藏論真如心既能隨緣也能有所表現，實是其佛學貢獻。再者，華嚴也強調一心即是體，即是法界，一心之外別無法界，融通現象與本體，這也是心靈九境論融貫客觀境、主觀境及超主客觀境的特色也是一樣的。唐君毅的體用論述並非以空性為基礎，

〔註75〕〔日〕龜川教信著，釋印海翻譯：《華嚴學》，頁122。
〔註76〕〔唐〕法藏述：《修華嚴奧旨妄盡還源觀》，《大正藏》第45冊，頁639b。
〔註77〕〔唐〕法藏述：《修華嚴奧旨妄盡還源觀》，《大正藏》第45冊，頁637b。

但他論事相的性質、事相間的聯繫，以及心體運作於九境、呈現在事相流行之間的看法，頗富華嚴宗法界緣起的色彩。再按法藏所云：「真中二義者，一不變義，二隨緣義。」〔註78〕又云：「法身是常，以隨緣時不變自性故，亦是無常。」〔註79〕真如恆常，能隨緣起用，隨緣時不改其自性而與外境相應。所以「法身是常」，是指真如不變的性質而說，此形成體用關係——即「理事」關係。華嚴理事觀的意義在於貫通本體與現象，且強調真如理體不離一心，〔註80〕佛教一開始是將分別體認空理與現象界，吾人在生滅遷流不已的事法界裡體認其存在空理，此是由事法界進入理法界。而理事無礙法界則表示空理與現象界彼此相即相入的圓融，而事事無礙法界則是在「理」與「事」的關係相泯後，隨取一事皆如理的境界。華嚴宗祖師澄觀（737～838）言：「以體即理，以用即事，體用無礙即事理無礙，即一即遍，即事事無礙。」〔註81〕又云：「動即是事，靜即是理。動靜一源，即事理無礙法界也，含眾妙而有餘，事事無礙法界也。」〔註82〕此即言理事之間配合無礙，空性與事相緣起圓融互動，此是理事無礙法界，而真如緣起之義遍一切相，使一切相皆依空性而相即相入，此是事事無礙法界。藉由以上敘述，可以了解到唐君毅何以言佛教的第一義之理是「如法而言理，如事而言理」，因為在第一義事事無礙法界之中，理事已然是彼此圓融，隨取一相皆是如理。因此，佛教所言的第一義之理乃是由理事之間的關係而論，「理」是存在於理事之間相即相入的圓融無礙之關係，而儒家直接肯定吾人的心即是理，兩者對「理」的定義大相逕庭。

唐君毅也察見華嚴宗透過理事學說論事相的相即相入，相依相涵，能泯除事相矛盾，以歸於中道，形成華嚴宗一大特色：

> 但法藏之言一切相對兩邊之義之不二，不只如吉藏之只依一盡偏中或絕待中為之統，亦不如智顗由一但中之即兩偏，見三諦之直下圓融於一心者，皆是直自中偏之無不歸於相統、相即、相與、相順說。法藏之說，乃於此兩偏，除見其可依「中」以相統、相即、相順、相與之外，更見其亦有「絕對相反、而相矛盾、或相違、以更

〔註78〕〔唐〕法藏述：《華嚴一乘教義分齊章》，《大正藏》第45冊，頁499a。
〔註79〕〔唐〕法藏述：《華嚴一乘教義分齊章》，《大正藏》第45冊，頁494b。
〔註80〕〔日〕龜川教信著，釋印海翻譯：《華嚴學》，頁147。
〔註81〕〔唐〕釋澄觀疏：《大方廣佛華嚴經隨疏演義鈔》，《大正藏》第36冊，頁183a。
〔註82〕〔唐〕釋澄觀疏：《大方廣佛華嚴經隨疏演義鈔》，《大正藏》第36冊，頁1a。

相奪」之義。〔註83〕

唐君毅認為天臺宗是直接從中道而見三諦圓融於一心，並由此而見對立、矛盾
的兩偏之活動趨於中道。華嚴宗而是從對立、矛盾的事相裡得見中道存在，更
能由事相而體見中道的統攝義。唐君毅論吾人必須先知有神聖心體，且知道一
切事相裡均存有神聖心體之活動，所以唐君毅稱最高境界為「天德流行」，即
是反映唐君毅主張由當下的事相裡見體，爾後更以踏實的道德與宗教實踐以
體證，此體證模式與華嚴宗非常相應，天臺宗雖標舉出中道圓融，但其體證必
須進入空觀後方能開始體證，所以吾人不易當下起修。唐君毅也說：「天臺、
華嚴自是重在止於介爾一念，以成觀；而華嚴則重在觀無礙法界之大緣起，以
成止。」〔註84〕而他肯認吾人能由一念之善而盡性立命，由此而觀照吾人神聖
心體之精髓和心靈境界之廣大，這樣的見解亦可說是結合天臺與華嚴止觀。

　　依據上述，顯見唐君毅將自己對華嚴的理解化用在心體的詮釋，他以神
聖心體為中樞，對立的事相、心靈與外境形成兩端，心體協調心境關係或調
和事相以如理而行，此形態與佛教三諦說甚為相似，因此他也從佛教解釋「執
兩用中」：

> 自中與兩端之關係而觀，則說中統兩端，以使在兩端之事物，俱有
> 俱立，是一義。以中為彼此兩端相徹而相泯之地，使此相對者自相
> 消相泯，而統之之中，亦消亦泯，又是一義。更以此中，統此相消
> 兩端一切事物之俱有與俱泯，再是一義。此在佛教之天臺宗蓋即依
> 第一義，說一切法之有，說假諦；依第二義，說一切法之空，說空
> 諦；依第三義，說一切法之非有非空，即有即空，說中諦。〔註85〕

唐君毅以「執兩用中」調攝兩端的活動而分出三種型態，證明這三種型態不只
是佛教三諦獨有，執兩用中之道也能闡釋這三種型態：肯定兩端皆有其理，是
佛教之假諦，以心體之德行與智慧泯除兩端之矛盾，是空諦，全然豁顯神聖心
體，「當下生活之理性化，性情化」，能使任一事相歸於心體，此是中諦。唐君
毅認為這種模式不同於天臺家三諦圓融只是一個觀境，也不同於華嚴偏重談

〔註83〕唐君毅：〈華嚴宗之判教之道及其法界觀（下）〉，《中國哲學原論‧原道篇（三）》，
　　　　頁318。

〔註84〕唐君毅：〈華嚴宗之判教之道及其法界觀（下）〉，《中國哲學原論‧原道篇（三）》，
　　　　頁326。

〔註85〕唐君毅：〈論生命存在與心靈之主體──其升降中之理性運用──觀主體之依
　　　　理成用〉，《生命存在與心靈境界‧下冊》，頁1038。

論一多、因果、隱顯之相攝，而不說明諸相互攝是「用中」所成，故華嚴說諸相相攝只是重重無盡的事相彼此映現而已。〔註86〕除了綰合儒佛以申論，唐君毅更以「執兩用中」比較儒佛，他說：

> 此執兩用中，自有其別於天臺之三諦圓融之只為一觀境者，亦別於華嚴之言一多因果隱顯之相攝，而不明說此諸相攝，皆用中所成，而於此相攝之事，只視之為重重無盡之相互反映者。蓋儒者之言用中之要，在使諸相對者之次序相繼，更迭轉運而不窮，乃順說而非橫說，故有相對者之次序之相繼之無盡，而不必有此相對者之平等相反映之無盡。華嚴所謂相對者之平等相反映之無盡，實亦必須初為依次序所成之相反映，而後可為人所理解。蓋唯依人之思想在其次序相繼，而轉運不窮之歷程中，以後觀前，以前觀後，原可說前引後，後涵前，其中原亦有一無盡之互相反映之義，然後人方可更形成一橫說之相對者之平等相反映之無窮，如華嚴宗之所言者也。<u>則此儒者之言用中，以使相對者次序相繼，使相對者自相轉運而不窮，亦正華嚴宗之義所當本者也</u>。〔註87〕

雖然執兩用中的論述有參考佛教之處，但唐君毅認為儒家執兩用中之道乃是直就吾人生命存在之活動以申論，並非如天臺家將生命存在視為觀照的境界而已。即使執兩用中之道能夠接受華嚴相攝的觀點，但華嚴不能說明此一切事相之活動均是神聖心體執兩用中而運作。至於又從一切相之相對而簡別儒家與華嚴，儒家依據執兩用中而使一切相次序相繼，轉運無窮；華嚴則是先論此一切相之相對的平等性與彼此反映的關係，前者是順觀，後者是橫觀。唐君毅認為順觀就能起橫觀的作用，使一切事相前後相繼，互相反映；但橫觀卻不見得能概括順觀的部分。將此觀點考量唐君毅對儒者承載歷史文化的責任之說，則儒家較能建立歷史文化延續不已的脈絡，並注重前人之德性對後人之感召，促使德性相繼相續；而佛教則只能察見事相在時空中互動與相狀。

　　唐君毅依於對佛性的體認，認為佛性乃是潛藏於吾人生命之底層；又按佛教，吾人又可不自覺自心佛性。根據這兩個見解，唐君毅指出華嚴宗不將一切事相之相涵相攝視為吾人心性主宰而成；而儒家直接突顯心性的主宰義，論證

〔註86〕參見唐君毅：〈論生命存在與心靈之主體——其升降中之理性運用——觀主體之依理成用〉，《生命存在與心靈境界·下冊》，頁1039。
〔註87〕唐君毅：〈論生命存在與心靈之主體——其升降中之理性運用——觀主體之依理成用〉，《生命存在與心靈境界·下冊》，頁1039。

在吾人心體做中道主宰的前提下,能夠自覺地、主動地安立、調和一切相,而使一切相均能相繼無盡,轉運無窮,所以儒家更強化吾人心體做為中樞,進行執兩用中之大用。唐君毅這部分的比較仍然突顯儒佛在本體論的差別,依華嚴宗,一切事相均依緣起性空而彼此相依相涵,此中不能說有實體主導所有活動。而唐君毅以執兩用中而擘劃儒家的無盡法界,此是他既取華嚴法界觀之架構,又以儒家心性論進行重新詮釋的創發處。

五、結語

　　唐君毅依神聖心體以論執兩用中之道,其意不只說明吾人心體之大用,更在於說明吾人的心體何以能構成創生不已的生生之道,唐君毅將盡性立命境以神聖心體為中樞,接契萬物散殊境,不僅將九境解釋為循環相生的系統,亦說明神聖心體如何涵攝一切相,並藉由隱顯、幽明等等活動而呈現一切事相,此即避免心體流於呆滯而失其用,更能開出儒家對世間的關懷與荷擔教化的職志。唐君毅從儒家傳統思想而論一切事相之隱顯、始終、往來等等,並以執兩用中之道詮釋。在唐君毅看來,隱顯、始終、往來等等不僅是事相的運動,吾人的心體本身也能以隱顯、始終、往來等等調和、涵攝和安立一切事相,彰顯心體的神聖與大用,此與佛教破一切相以顯佛性的修證也大異其趣。唐君毅論心體的執兩用中之道亦可得見濃厚的華嚴色彩,尤其是理事觀與法界觀,從「體用」的層面來說,神聖心體以執兩用中而存在於一切相,使一切相前後相繼,和諧運作,並具有體用渾合之意涵,此即能比配理法界到事事無礙法界之義。再從心靈九境而言,萬物散殊境等客觀境即是事法界,主觀境是理法界,超主客觀境內,儒家與佛教均能表現事事無礙境界,但儒家講究當下的體證模式是唐君毅最為稱許之處。

　　唐君毅又重視將中國傳統的氣化流行結合心體而論,但又不以「氣」論吾人的生命存在與心靈,而是直就心靈與事相之間的互動而開出境界,則天人合德之境界即與宇宙全幅地展開。如此一來,心靈之至善至德遍布於整體人文世界,確實地貫注於當下的生活與生命,彰顯唐君道德與宗教思想之人文精神。此外,唐君毅詮釋華嚴學時本就注意到緣起性空帶出理事關係,對於佛教各宗派如何調和矛盾事相以歸於中道有深刻的析論與評判。透過評判,唐君毅最為推重華嚴,並對華嚴的理事觀、法界觀以及緣起性空與事相之間的力用有詳實的析論,這些看法都反映在唐君毅論神聖心體和執兩用中之道的論述裡。然而

　　唐君毅不取華嚴以真如緣起的空觀作為中道，也不贊同佛教對現象界肯定不足的見解，因此唐君毅以吾人的心體作為樞紐，其意在於轉化一切相以歸於心體，揭顯一切相本具有至善至德在其中運作，如此即能達到肯定、保存一切相，建構天德流行的人文世界之理想。總觀全文，即可得見唐君毅擘劃九境的體用關係，主要的思想依據來自儒佛思想，他以儒家思想為主幹，佛教思想為輔佐，取佛教的架構而以儒家思想充實之，所以心靈九境之最高境界盡性立命境不宜僅從儒家思想而理解，把握唐君毅運用儒佛的哲思以析論，更能理解唐君毅期望盡性立命境能作為各宗教匯流之處的本懷。

第三章　從「生命存在」相續升進論「以佛輔儒」的詮釋

一、前言

　　唐君毅論生命存在本有神聖心體，並由此心體而論執兩用中之道，構成心靈九境的體用論。他又進一步思考幾個問題：吾人生命存在是否突破時空限制，使德性恆存於世？吾人的生命存在如何能夠聯繫後起之生命存在？諸如此類，此即探討生命存在如何相續升進的議題。

　　唐君毅論「真實之生命存在」，即涵括生命能普遍恆存：

　　　　存在之無不存在之之可能者，方得為真實之存在；而無不存在之可
　　　　能之生命，即所謂永恆悠久而普遍無所不在之無限生命。〔註1〕

那麼，如何達致「永恆悠久而普遍無所不在」？唐君毅指出生命存在與心靈自有次序相續之能，此即吾人之「性」；而心靈所對之境，即「命」，所以吾人能於當下操持盡性立命的道德與宗教實踐。〔註2〕除了肯定心體本具有無限動力之外，唐君毅也注意到唯識宗論種子活動不限於一生之生命之內，由此而知佛教之六度萬行能持續至未來世，因此他肯定此說之必要：

　　　　康德嘗論此求善之全，乃一切人之道德生活上所當然；而於此善之
　　　　全，則必待人有一超此當身之心靈之永存，由不斷之努力以求得之。
　　　　故此心靈之永存，為誠從事道德生活者所必當信云云。<u>若依唯識宗</u>

〔註1〕　唐君毅：〈導論〉，《生命存在與心靈境界・上冊》，頁18。
〔註2〕　參見唐君毅：〈通觀九境之開闔〉，《生命存在與心靈境界・下冊》，頁944。

說，則當謂人之所以求善之全，乃由人之心靈中實有能得此善之全
之善種。此善種非今生所能盡實現，則人亡以後，此種子固當仍在，
以待實現於來生。縱人一生之行，已得善之全，此行所熏成之種子，
亦不當以今生生命之亡而不存。因以一切行業為因，皆同可熏成種
子，其因果皆同必相續不斷也。〔註3〕

唐君毅引佛教學說論述吾人之心靈能夠相續永存，將佛教相續義納入心靈九
境的系統之中，以保證吾人的生命存在與一切德性而持續恆存。從這裡亦可察
見，若是僅從儒家學說以論心靈九境的超越與實踐，忽略唐君毅援引佛教的部
分，就難以深入地了解心靈九境運作的模式。唐君毅乃是取華嚴與唯識的架
構，其內涵轉以成就生命存在為要，種子的因果相續不斷，轉為生命存在之間
彼此聯繫，並有至誠德性蘊含其中，不只是形式上的關聯而已。唐君毅認為「心
靈之永存」是吾人應具有之正見，吾人能透過道德操持以達到此目的，他說：
「故吾亦信一切死者之生命存在，應有他生以成其生命存在之升進，以至一一
成聖而後已。」〔註4〕因此，他援引佛教跨越時空限制的三世說，以及佛教普
度眾生無盡的慈悲心行，認為這都可以作為心靈相續運作、生命存在彼此聯繫
不斷的理據。

　　實際上，在神聖心體「當下性情化」的應用層面，唐君毅已然納入佛教的
宗教情感，此能作為儒者成德之襟懷；在神聖心體「執兩用中」的體用裡，又
化用華嚴學說作為立論之輔翼，可見在唐君毅的體用論裡已然具備「以佛輔
儒」的哲思。而唐君毅在談論生命存在突破時空限制，不僅從生命存在本具有
的隱顯、陰陽性質以解釋，更兼用佛教唯識、華嚴學說，作為生命存在相續運
作、升進的理據。可見，從神聖心體的呈現、執兩用中的作用到整體心靈的普
遍恆存，均能察見他以儒家思想為主軸，佛教思想為輔弼的運用模式。據此，
本章談論唐君毅論生命存在永恆存在、相續運作的超越意義，並藉由他援引佛
教學說以論生命存在相續升進的意涵。

二、生命存在的普遍恆存

　　唐君毅肯定心體能持續作用，維持生命存在的恆存，並注重前後生命存在
如何持續聯繫，以成就交遍互攝、和諧互動的人文世界及真實生命。這並非是

〔註3〕唐君毅：〈我法二空境──眾生普渡境──觀一真法界（中）〉，《生命存在與心
　　　　靈境界·下冊》，頁800。
〔註4〕唐君毅：〈後序〉，《生命存在與心靈境界·下冊》，頁1079。

對於生命或是生活的執著與耽溺，唐君毅認為關注生命存在如何恆存、成就「永恆悠久而普遍無所不在之無限生命」是吾人追求超越必然有的要求：

> 如吾人之生命存在為苦痛為罪惡，吾人固必求超越此不完滿之生命，而另求一福德兼備之生命。縱吾人之生命為幸福與美善，吾人亦必望其能永久，且願將此不幸福與美善，客觀普遍化，以分佈於他人。故吾人生命之有限性與個體性，仍為吾人不能不求超越者。由此求超越之意識，即使吾人便不能不要求一超個體之永恆客觀普遍之精神生命存在。……故人類精神，若不有一在客觀宇宙中之不朽意義，則一切福德，畢竟只歸於空幻。〔註5〕

因此吾人追求生命存在之相續，並非執著於生命或生活，乃是基於圓滿生命的超越要求而期望成就永恆的生命存在、心靈之德性能遍於世界。此外，唐君毅肯認吾人的心靈與生命存在即具有相續之效能，且在前後生命存在的聯繫之間展現各種德性，他說：

> 然若循此佛家之說，而必謂此自然生命存在之有死，唯是依於其生命之本質，只是無明，則吾必以此說為非是；而將承此中國先哲之說，謂此自然生命之自向於命終而有死，正見自然生命之不自覺的具一「由其死以使繼起之生命存在，得其世間之位」之一自然之<u>仁德</u>，與禮讓之德之表現；亦「使其自己之生命存在與其他生命存在，分別得其在時間中之位」之一<u>義德</u>之表現；而其中亦可說有一<u>不自覺地求自超越其生命之執著之一不自覺地智德之表現，而使其後世之生命存在之超升成為可能者也</u>。〔註6〕

這個說法也形成唐君毅獨特的生死觀，他論生命存在轉入隱，即以仁德、禮德引起後起之存在；之前的生命存在與後起的存在各安其位，前人之德啟發後人心靈，此即義德，又能以其德而升進生命存在，此乃智德。可見，在唐君毅的詮釋之下，生命存在綿延三世和德性跨越時空而持續作用的歷程，此中皆能展現各種德性，同時成就生命存在的普遍恆存。反過來說，吾人亦能從心靈能持續成德、生命存在能繼續升進、相續引領後繼的生命存在邁向成德等表現裡察見神聖心體之作用，唐君毅說：

〔註5〕 唐君毅：〈中國之宗教精神與形上信仰——悠久世界〉，《中國文化之精神價值》，頁316。

〔註6〕 唐君毅：〈天德流行境——盡性立命境——觀性命界（上）〉，《生命存在與心靈境界・下冊》，頁849。

哲學之思維之所以能開啟此信心，在人可由哲學的思想以知理想之有一必然趨向於實現之動力。此動力，乃通主觀與客觀世界之一形而上之生命存在與心靈，自求一切合理之理想之實現之動力。此動力，是一能、一用；其如何去除不合此理想者，以有理想之實現，是其相，而由此能此用之相續不斷，即見其有原。此原即名為體。對此體，中國先哲名之為天人合一之本心、本性、本情。其生起一當實現，而必然趨向於實現之理想時，此理想即顯為一呼召、一命令之相。此命令是人之自命，亦天之命。此一天人合一之形而上之動力、實體，或命令之為實有，人可由其道德生活之反省而自證知。〔註7〕

唐君毅不僅從生命存在本有之神聖心體肯認吾人有此動力，更認為此動力所成就之道德能恆存於世。而此動力之源即神聖心體，存在於事相流行之間，存在於吾人自命自令的盡性立命實踐之中。據此，則吾人的心體即能作為相續成德、心靈恆存的本體，此能從心靈持續「盡性立命」而體見，他說：

人之理解此天命之謂性，不須先想一天是如何之物。天只是性之形上根源。此形上根源之為何物，只能由人依其性而有之自命自令為何物以知之。此人之自命自令之事相續有，而人相續依之以行，人之性即相續現；而人即相續自知其性，亦知性之根源之天。故孟子謂盡心即知性知天也，盡心即盡此心之自命自令，而行之，亦即就此心自命自令之時，所視為當然者而行之，此亦即盡此天之所命於我者，而立此命於我之生命存在之內也。〔註8〕

此「自命自令」即「盡性立命」，吾人依心體而有各種活動，相續有，相續而行，可謂是善之流行，而吾人正要從這相續不斷的流行之中識取，方是儒者重實踐、重當下的思想和實踐之特質。唐君毅論宋代理學家程明道最能闡發此義，他說：

凡德之無間斷，是敬；無間斷而真實化此德，為誠；昭明此德，為明。凡德之無間斷而不已，皆是由微之顯，由寂之感，而見其由無聲無臭之心之深密之地而出。其出而不已地出，即是終日乾乾，即

〔註7〕 唐君毅：〈生命存在中之「真理或道」與「存在」之意義──觀生命存在中之「存在之理」之相〉，《生命存在與心靈境界‧下冊》，頁1171。
〔註8〕 唐君毅：〈天德流行境──盡性立命境──觀性命界（中）〉，《生命存在與心靈境界‧下冊》，頁872。

　　是生生之謂易。〔註9〕

　　此德行之無間斷，純亦不已之義，自是明道之所最重。故謂純亦不
　　已為佛家之所不知……此天地之變化，草木之蕃，自無聲無臭之天
　　而降而生，正同於吾之一切德行，自無聲無臭之心之深密之地而出。
　　此亦即見此天之純亦不已中之無聲無臭，同於吾人之此心之德之純
　　一不已中之無聲無臭，而與此心同具深密。因此天之生生不已之易
　　之所在，固即吾心之循其通達於天道、無方不測之神之所運，而不
　　見內外者也。此吾心之神，既運於天，此吾心之道，既通達於天，
　　則此道亦即天道，此神亦即天之神；而此神之變化不測，即天之易；
　　此神之不息，而無間斷之敬，即天之敬；皆不見其為吾一心之所私
　　有，則亦即可不於此言心，而唯言「天地設位，而易行乎其中」，「敬
　　行乎其中也」；更言此天之生生不已之易中之不已，即其忠，其推擴
　　至無窮，即其恕，可矣。〔註10〕

此即論吾人之德相續呈現、持續運作，即是誠敬所在，又在此相續成德的意義
上，而論「生生之謂易」。如同唐君毅論神聖心體是「統合陰陽」之太極，心
體亦是上承天道而持續成德的易之所在；此又是針對吾人之心能通達天道、德
性表現於內外而論。因此，唐君毅認為程明道學說闡述吾人心性切合天道以運
行，又能如同天道以推擴至無窮，此契應儒家盡性立命的實踐，又說明心體能
與天道一樣生生不已，與易一般統合內外、通達天人之道。可見，儒家傳統思
想的確申論心體與天道相續互動和持續作用之義，此是唐君毅闡述心體之「神
聖」、心靈無限感通及生命存在本能表現至善至德之理據。又因心體能「相續」
運作，即象徵一切聖賢皆終於「未濟」：

　　至於此儒者之學，至何而止？則亦至歿而止；其求人文化成而成物
　　應務之事，至何而止？亦至歿而止。至歿自仍不足以盡天下之學，
　　亦不足以盡天下之務。故儒者之成己與成物之事，亦只能終於未濟。
　　釋迦耶穌與一切聖賢忠烈之事，與一切人及一切有情眾生之事，亦
　　無不終於未濟。「未濟」亦一切聖賢共有之必然命運，而亦為其所當

〔註9〕 唐君毅：〈程明道之無內外徹上下之天人不二之道（下）〉，《中國哲學原論・原
　　　　教篇》，頁150。
〔註10〕 唐君毅：〈程明道之無內外徹上下之天人不二之道（下）〉，《中國哲學原論・原
　　　　教篇》，頁150～151。

知之，而奉承之，以之自命自令，而不當更有怨尤者也。〔註11〕
此即說明聖賢的德性、教化事業是無窮無盡，乃至於吾人的生命存在、心靈九境皆歸於未濟，故體證盡性立命境的聖者依然要返歸萬物散殊境，在當下生活的事相流行、心境之間彰顯其全然理性化、性情化之德性。在這意義上，生命存在乃是相續不斷，即使成聖，亦當持續教化事業，呈顯至善至德於人文世界，同時顯示吾人的生命能夠以陰陽、隱顯的形式轉換而相續存在、持續運作以成就「生生不已」的真實生命。唐君毅除了闡釋吾人追求生命存在之相續的超越意義，將生命存在相續運作的動力訴諸於吾人本有的心體之外，他亦關切心靈如何跨越時空以活動、生命存在如何前後聯繫，以使吾人的德性能恆存於世，以及前人之德怎樣感召後人心靈等問題，為了完善地解決這些議題，唐君毅援引佛教三世說作為心靈能夠跨越時空感通的理據，也涵納佛教普渡眾生無盡的宗教情感，這些都有利於吾人肯認生命存在能普遍恆存，心靈能持續成德。

三、援引佛教三世說及普渡眾生說以論生命存在之相續

　　雖然唐君毅認為佛教有所不足，但他仍然肯定佛教能為成德之輔，其開顯的慈悲心行能作為儒者入世教化之襟懷。基於這樣的體認，唐君毅確立心靈九境以神聖心體為根源，以生命存在之超越為道德與宗教實踐之核心後，也援引佛教作為論述輔助，特別是論心靈相續運作、生命存在前後聯繫的部分。誠如上章所言，唐君毅將生命存在及事相均視為具備隱顯、幽隱等功能的種子，實則這樣的詮釋已然定義生命存在及事相能夠相續活動。唐君毅闡述吾人的理性能夠涵納佛教三世說、種子說、普渡眾生無盡說，這些教說均有利於說明心靈恆常活動以及每個生命存在能相續聯繫。再者，唐君毅也把握神聖心體「當下性情化」的層面進行申論，以此說明吾人的道德與宗教情感必定能肯認生命存在及心靈不受時空所囿而普遍恆存，並深信儒佛普渡眾生的事業能必定跨越時空限制而相續不盡。

　　佛教三世說，即「過去世、現在世、未來世」的時空觀，為何要納入此說呢？唐君毅認為，心靈與外境不協調、產生矛盾與衝突是痛苦煩惱產生的源頭，人們可能窮盡此生都難以彌補修整心境之間的矛盾與衝突，所以很難在此生即達到成聖賢之事。為了避免人們懈怠或認為成聖之事斷無可能，唐君毅提

〔註11〕唐君毅：〈天德流行境——盡性立命境——觀性命界（中）〉，《生命存在與心靈境界·下冊》，頁 894。

出「來世」的必要性，他說：「人之今生不能成聖，亦可在他生中成聖，乃一超越之信仰，而不能由一生之經驗必然加以證實者。」〔註12〕那麼，三世說如何成立？唐君毅認為此是依於「現實化原則」，不能從邏輯上而推論，而必須從形而上的方面而談論，他說：「此形上學中實能之可能，亦即其自身能成為其現實之原則，而不須賴另一使之成為現實之原則者。此所謂人之心靈生命中之實能，即如吾人之意念行為，能自顯隱升降起伏之實能。」〔註13〕吾人的心靈可以控制自身意念行為的呈現與收束，以維持心靈感通的順適及協調心境關係，此是因應心境關係而展現的「執兩用中」之道。唐君毅更認為具備此現實化原則的不只是吾人自身而已，而是一切事物皆具備此原則：

> 此自身具現實化之原理者，吾人上文雖只以吾人之意念行為為說。然吾人意念行為所對之任何存在之物，吾人亦皆可說其為具此實有之可能或實能，亦自具其現實化之原理而求現實化者。<u>由此而宇宙中一切存在之實有之可能，無不自具此現實化之原理，而求現實化。一切存在之物，亦即存在於其實有之可能之不斷求現實化之歷程之中。</u>由此而可說一存在之物，若非將其實有之可能全部現實化或將其實有之可能中若干可能現實化，而使其外之可能，從根加以超化，使之成為在任何情境下，皆不可能現實化者；則此一存在必繼續求實現其一切可能，而存在於實現此一切可能之歷程中。此一歷程即不能止息，亦無止息之可能者。〔註14〕

誠如上章所言，唐君毅指出一切事相皆具備隱顯、幽明、陰陽等性質，也持續著由隱入顯、自明轉幽的轉換歷程，這種表現狀態的改變即是現實化原理。吾人的生命存在與心靈從意念行為、死亡與新生的隱顯轉換，均是現實化原則的體現。唐君毅肯定生命存在本具有活動不已的實能，也指出事相能持續表現，包括一切生命存在及事相都在求現實化的動態歷程之中。〔註15〕那麼，吾人深

〔註12〕唐君毅：〈盡觀盡性立命境之通達餘境義──當下生活之理性化──超越的信仰──精神的空間、具體的理性、與性情之表現為餘情〉，《生命存在與心靈境界‧下冊》，頁963。

〔註13〕唐君毅：〈我法二空境──眾生普渡境──觀一真法界（下）〉，《生命存在與心靈境界‧下冊》，頁815。

〔註14〕唐君毅：〈我法二空境──眾生普渡境──觀一真法界（下）〉，《生命存在與心靈境界‧下冊》，頁817。

〔註15〕現實化原則涉及事相的隱顯表現，可以把握這個觀點了解唐君毅所云的「性相不二」。唐君毅將性相之隱顯表現比配於「陰陽」，又從現象界的事相表現而

入地觀照自己的心靈及生命存在之世界之後，能夠察見未能表現未能現實化者比已現實化者還要無盡的多，而已現實化者又再求現實化，如此一來，就需要更長久的時間空間以涵納之，必定超出吾人當前的生命心靈之存在，據此則能肯定吾人的心靈及生命存在之系統不限於此生此世而已。此外，唐君毅明確地表明「現實化原則」有援引唯識學之處：

> 上來說吾人之生命心靈與其所對之此世界之存在之物，凡其所實有
> 之可能，皆自具一現實化之原理，而恒在求現實化之歷程中。此實
> 有之可能之全部，即佛家所謂賴耶識中之全部種子之世界。此全部
> 種子，乃自身具備一現實化之原理，以現實化為吾人之生命心靈之
> 存在與世界之物之存在者，故說其為直接變現此生命心靈與世界之
> 一切現實事物或現行者。此種子自身原能現行，此種子之無盡，使
> 此賴耶識如一無盡之識海，而其現行之一部，如海上之波浪。此海
> 上之波浪，如只為一平面，而海底之深則不可測。此海上之波浪，
> 即一齊沉入此海之自身，此海亦可再翻出一有海面之波浪之世界。
> 此喻吾人之現實之生命心靈與其世界，全然毀滅，亦將再有以後之
> 生命心靈與世界之生起。〔註16〕

唐君毅將事相及生命存在皆視為持續表現的種子，每個種子都能夠「現實化」，在當前世界發揮作用。雖然唐君毅由現實化原則而肯認佛教三世之說，但在他看來，生命存在由生命到死亡，是由顯入隱，自陽入陰的歷程轉換，此後亦能由隱入顯，自陰入陽，這是因為生命存在及心靈本身就具備這樣的特質，整體的陰陽幽明的轉換歷程只是生命的一大流行，吾人不應將思慮流於猜想輪迴轉世或往生淨土、天國的玄想，因此，唐君毅主張應「消極使用」三世說，以

論「性相不二」，此即闡釋出儒家式「性相不二」。再者，唐君毅也認為性相有
重複表現之狀態，但他認為心靈之覺知不應糾結於性相的觀念、概念，也不應
馬上形成判斷，而是直觀性相的轉易活動而體認，直接把握蘊含性相之中的
心體，此即唐君毅所言：「此心之知之攝受此相而有表相，更由此知之指向活
動之透過此一表相，更超越之，而轉至彼一表相時，此中之彼表相顯，原來之
此表相即隱，而還為此心所攝受，亦即由相而化為性。」（唐君毅：〈論生命存
在與心靈之主體——其升降中之理性運用——觀主體之依理成用〉，《生命存
在與心靈境界・下冊》，頁1009。）由此說來，吾人的心體能積極認取事相，
攝受、調和事相之隱顯、陰陽、幽明等等變化；而心體體察、攝受、轉化與超
越相之隱顯的歷程即是執兩用中之道。

〔註16〕唐君毅：〈我法二空境——眾生普渡境——觀一真法界（下）〉，《生命存在與心
靈境界・下冊》，頁818。

積極地涵養吾人心性的道德實踐為主，避免人們將成德的目標轉於追求飄渺的天國或淨土，懈怠當下之事，他說：

> 然吾人於來生之觀念，可只作一消極的使用，對來生不形成任何積極的想像，而只以此觀念，消極的破除人之一死無復餘之斷滅見，或今生不成聖，則成聖之希望永絕之斷滅見。能去此斷滅見，即可增人之自信。此斷滅見之破除，其意義純為消極的。人若本無此斷滅見，固亦不須信有來生。故此來生之說，不說亦未嘗不可。如先儒之不說來生是也。然先儒亦有鬼神之義，以去此斷滅見。今世之人，則以種種唯物主義、經驗主義之說，橫塞其心，而斷滅見乃深固而不可拔。故當以此來生之說，破此斷滅見。<u>人欲真成就其道德生活，求生活之理性化者，亦當先有此一超越的信仰，以阻其斷滅見，而保持其學聖之事於不墜</u>。此亦非姑為是說，而是其本身原為一建基於人之理性，而不容不立之一信仰也。〔註17〕

所謂的「消極」之用，是取佛教的「方法」或「形式」，但不能將心靈用於感知佛教較為超現實、神奇玄幻之教說。以「來世」而言，其作用在於鼓勵人們積極實踐，建立人們的信仰，將信仰作為人們成聖的支柱。值得注意的是，唐君毅將三世說作為「成就道德生活、求生活之理性化」必有的知見，他也說：「自一般而言，人之成聖，乃恒為吾人之一生所不能辦者。故來生之生命之肯定與信仰，以使人之成聖為真實可能，亦為人之盡性立命之事中，所不可少者。」〔註18〕吾人心靈具有「現實化」的實能，能一一呈現、協調事相，使吾人心靈開通種種境界，此亦是盡性立命之實踐，而納入三世說以保證盡性立命的實踐必能持續，即是吾人的理性能夠接納之處。

　　唐君毅也引佛教「眾生界不空」與善惡果報之法義作為學說之輔。所謂「眾生界不空」，表示佛渡眾之慈悲與大願無有窮盡，《大智度論》云：「雖釋迦文尼佛有無量神力，能變化作佛，在十方說法、放光明、度眾生，亦不能盡度一切眾生，墮有邊故，則無未來世佛故。然眾生不盡，以是故應更有餘

〔註17〕唐君毅：〈專觀盡性立命境之通達餘境義——當下生活之理性化——超越的信仰——精神的空間、具體的理性、與性情之表現為餘情〉，《生命存在與心靈境界‧下冊》，頁964。

〔註18〕唐君毅：〈專觀盡性立命境之通達餘境義——當下生活之理性化——超越的信仰——精神的空間、具體的理性、與性情之表現為餘情〉，《生命存在與心靈境界‧下冊》，頁961。

佛。」〔註19〕佛力雖廣大無邊，但待渡眾生仍然無窮無盡，故能成佛者無量無邊，佛菩薩渡眾事業亦無有盡時，由此可見，「眾生無盡」、「眾生界不空」不僅代表未來可成佛者有無量數，也象徵佛菩薩持續精進的渡眾悲懷與宗教踐履。唐君毅說：「然此中之有情之無窮，佛聖之功德之無窮，皆非經驗事實可證實者，亦非一般理性所推知，唯依佛聖之願望無窮，事業功德應無窮，而為人所必有之一超越的信仰也。」〔註20〕他取此中「渡眾無窮無盡」之義以說明人當下道德生活之理性化、性情化必須相續不斷；也取佛菩薩持續精進之義，說明人必須要求自我不斷相續道德實踐，這些意涵能納入生命存在相續作用的範疇之中。同樣地，唐君毅對於「眾生無盡」採取消極地使用，即消除人們誤以為成聖之後就結束修證，不必持續超越、教化眾生的謬見；同時也應用「眾生無盡」勉勵人們持續從事道德實踐。〔註21〕總之，唐君毅認為「儒家所以為儒家，自始重在有所真肯定，而不在其有所否定」，這份肯定不僅包括對生命存在、心靈之至善仁性的肯認，亦包含三世輪迴、因果報應和神靈等說，儒家亦不全然否定。〔註22〕所以，相信吾人的心靈及德性能恆存於世，感召後人；相信眾生皆有佛性善性，萬物皆有成聖成佛之日等等，除了依據道德的普遍性而加以肯定之外，也源自於儒者「不忍、不安」的道德情感，所以唐君毅仍是本於「當下理性化、性情化」的「盡性立命」接受佛教學說。

四、運用華嚴學說解釋「生命存在相續聯繫」之意涵

本節從論唐君毅援引華嚴學以論生命存在之德性能持續感召後人，促成生命存在前後相繫，德性恆存的型態。如上文所言，唐君毅同意吾人的心靈與天道皆有生生不已、相續不已的動力，他說：「儒家自始即不許宇宙有斷滅之義甚明。其所以不許宇宙有斷滅之故，則在以生生不已為宇宙之本性，此即天

〔註19〕〔後秦〕鳩羅摩什譯：《大智度論》，《大正藏》第 25 冊，頁 125a。

〔註20〕唐君毅：〈專觀盡性立命境之通達餘境義——當下生活之理性化——超越的信仰——精神的空間、具體的理性、與性情之表現為餘情〉，《生命存在與心靈境界・下冊》，頁 973。

〔註21〕唐君毅：〈專觀盡性立命境之通達餘境義——當下生活之理性化——超越的信仰——精神的空間、具體的理性、與性情之表現為餘情〉，《生命存在與心靈境界・下冊》，頁 974。

〔註22〕參見唐君毅：〈天德流行境——盡性立命境——觀性命界（上）〉，《生命存在與心靈境界・下冊》，頁 835。

道為生生不已，宇宙之誠為生生不已之義。」〔註23〕他又言：

> 然仁善之心必求繼，即必求所以肯定宇宙之生生不已。於是肯定吾
> 心有向善為善之幾，即必須肯定宇宙生生不已之幾。故吾人所以能
> 肯定宇宙生生不已之幾，而肯定宇宙之恆久而真實，<u>其根據即在吾</u>
> <u>人之肯定此心向善、為善之幾之真實，與善之必求繼上</u>。善之必求
> 繼為必然，故宇宙之生生不已、恆久、而真實，亦為必然。〔註24〕

如上文所述，吾人心靈必然具備向善之趨勢、能善之動力與為善之相續不已，
此亦是盡性立命之實踐，昭顯心體的神聖意義。吾人心體展現之仁德即是天
德，所以能由此肯定宇宙之恆久而真實，所以天德之流行不已，其根基仍在於
吾人蘊含之心體。唐君毅這段話看似解釋了吾人心性與宇宙「生生不已」的恆
久相續意義，但他仍然對這個問題存有疑問，他認為直接論述道德主體存有恆
常不變之動能，卻不能夠完善地解釋生命存在如何以另一種型態啟發後人，所
以他再援引佛教與華嚴學說解釋。

　　唐君毅思考吾人的德性、生命、心靈和精神等等如何流傳於後世？既然吾
人能透過盡性立命而擴展生命存在與心靈境界的範疇，那麼吾人的生命心靈
應如何突破時空限制而相續不斷，保證能持續流行？唐君毅在《中國哲學原
論‧原性篇》曾提出這個問題，但是當時他未能提出解決之道：

> 吾人自理上觀，則理既能實現於現有之氣，依生之理亦應有未來之
> 氣之生，則其何以不相續引生未來之無盡之氣，以使任何一物與一
> 切人之生命存在，皆日益擴大超升，咸歸於如聖人之天理純全，萬
> 物皆備，則不可解。<u>此不可解，亦同於無理可說</u>。〔註25〕

既然儒家肯定吾人的心體能接契天道，其德性能化為氣而流行不已，但這「流
行不已」如何能接引未來之氣持續流行？如果只有聖人心性至善方能有此效
用，那就等於否定「人皆性善」的大前提。由此可見，至少在唐君毅撰寫《中
國哲學原論》時就發現僅以儒家學說難以解釋這個問題，無法完備地說明前人
之德性為何能夠啟發後人。但隨著他對心靈九境論的思索越漸深入，在《生命
存在與心靈九境》就綜合儒佛以回應這個難題。首先，唐君毅認為自己的疑問

〔註23〕唐君毅：〈宋明理學家自覺異於佛家之道〉，《中國哲學原論‧原道篇（三）》，
　　　　頁431。
〔註24〕唐君毅：〈宋明理學家自覺異於佛家之道〉，《中國哲學原論‧原道篇（三）》，
　　　　頁438。
〔註25〕唐君毅：〈朱子之理氣心性論〉，《中國哲學原論‧原性篇》，頁381。

前人雖然也討論過，但其說不夠完善：

> 昔有問程伊川者，謂：「堯舜至今幾千年，其心自今在，何謂也。」伊川曰：「此是心之理，今則昭昭在面前。」程明道亦謂：「堯舜事業，何異浮雲過太空。」伊川只說堯舜之心之理在，意在使人直由其心之理，以知堯舜之心。明道說其事業如浮雲，乃意在言事業乃其跡，其心更有超於事業者。此皆可說。然謂其事業如浮雲，其事業即不在，其心已不在，<u>只其理重現於我之心，則非究竟之談也</u>。實則堯舜之心理，即見其事業。其心之理在，其心亦在，其事業亦在，以一有者皆永有故也。謂今不見其事業，此求昔之有於今之言，非就其昔之有，而觀其有之義也。謂其心不在，只理在吾人之心，尤不可說。吾人之心，固有知堯舜之心之事業之理，亦有能知其在即永在之理，則盡此吾人之心之理，亦當說堯舜之心之事業，至今仍在也。若其不在，則後人又焉能於堯舜之心之事業，有所感奮興起乎哉。<u>於此必須通千百世之上下之心之事之理，以謂其皆無所謂不在，方為究竟了義</u>。陸象山能言千百世之聖賢心同理同，而無古無今；然未言此古今之事之有之義，皆一有永有，而亦無古無今。其言皆未至究竟義。〔註26〕

唐君毅撰述《生命存在與心靈境界》，以心靈感通說明吾人與先人之生命心靈能相互交感，也省思到先哲的生命存在之故去只是幽、隱的轉變，在後人不斷的回憶追念裡又能自幽轉明，自隱轉顯，以其德性啟發、感召後來的生命存在相續成德，這樣的詮釋可謂是超越生死及時空的侷限。唐君毅認為程伊川僅論心之理，認為後人要直契堯舜之心方能感得「堯舜其心自今在」，至於明道只重視如何將堯舜之理重現於吾人之心，這也非究竟之談。至於陸象山言千百世之聖賢心同理同，但沒有談論到古人所有舉措皆「一有而永有」〔註27〕、能超

〔註26〕唐君毅：〈理事一如、與理行於事之大事因緣──觀生命存在之事用中之理〉，《生命存在與心靈境界・下冊》，頁1079。

〔註27〕唐君毅所言的「一有而永有」，即是視前人及其德行德性為「種子」，道德人格及德行德性一旦呈現，就能夠持續作用。唐君毅論事相前後相繼的聯繫活動時提到：「由此以論吾人生命存在與心靈之不朽，則初只是吾人生命存在與心靈所歷之一切事，如一顰、一笑、一言、一動之事，皆為一無無常之常，即皆為一有而永有。」（唐君毅：〈理事一如、與理行於事之大事因緣──觀生命存在之事用中之理〉，《生命存在與心靈境界・下冊》，頁1065。）因此，唐君毅是依據事相持續作用的「功能」而說，正因為前人之事有此功能，故

越時空限制，所以這些儒者的看法都不夠究竟，必須引入華嚴事事無礙之意涵，方能理解一切事相相續不斷，能跨越古今而重現於後人的回憶追念裡，持續對後人有所啟發。〔註28〕反過來說，儒家對先聖先賢、父母祖宗等人之回憶追念也能夠矯正佛教輪迴之說的偏失，按輪迴之說，先人故去後便不知輪迴何處，此是唐君毅不忍之處。〔註29〕此不忍心，是出於儒者道德意識，儒者本於此不忍心，不忍世人受苦而積極教化，同時也基於不忍心而不忍先人故去後就此消逝。所以是出於道德的普遍性而不忍以此斷滅見作為回應生死之問題，同

　　　能對後人有所感召，這樣的詮釋是彰顯道德人格及德性德行具有動態、活動義。若認為「一有而永有」是拘執於「德性必定要透過『人身』方能持續表現」，這又與唐君毅所見不合，一是他主張對於輪迴之事應「消極」看待，而取輪迴蘊含的「生命延續」為「積極地用」，所以不應猜測或是拘執於來世必定要獲得人身。二是他說：「則吾人又安能必斷此吾人所視為蟲魚鳥獸之畜生，其生命之底層無類似人之心靈，而亦有無量智慧德行之種子功能存於其中，唯以有積障重重，故不得表現乎？天臺宗之智頭，嘗謂不可以牛羊眼觀眾生心。牛羊眼唯以形色觀物，其視人亦只有形色之物而已。然人則自知其有心靈，此非牛羊眼所能見也。吾人若以牛羊眼觀人，則人亦同畜生，而以牛羊眼觀畜生，亦永是畜生。然吾人若真以大智慧之心，觀畜生之生命之所潛藏涵具者，則畜生固未必是畜生。牛羊之只有牛羊眼者，其生命之底層亦不必只有此眼。」（唐君毅：〈我法二空境——眾生普度境——觀一真法界（下）〉，《生命存在與心靈境界·下冊》，頁826。）由此看來，依據吾人道德心及「與物同體」的前提之下，不論來生是否為人身，皆應肯定德性在其生命底層裡作用。總結上述，唐君毅所言的「一有而有永有」，乃是指道德人格及德性德行能夠不受時空偏限而持續表現，並未言及一定要以「人身」方能「一有而永有」。

〔註28〕值得一提的是華嚴的時間觀，法藏說：「橫遍十方，豎該九世。謂過去過去世、過去現在世、過去未來世。如過去世有此三世，現在未來當知亦爾。總此九世攝為一念，總別合舉名為十世。」（〔唐〕釋法藏：《華嚴經旨歸》，《大正藏》第45冊，頁217。）按華嚴相即相入、交遍互攝的法界觀，則吾人當下一念能收攝三世，此即呈理事無礙的型態。康特說：「藉由緣起法之理事無礙關係，法藏更明確地指出，一念緣起心之交涉脈絡在時間上虛實一體的雙面性。就理事無礙的架構而言，緣起法各個不同虛假事像有分限，而其整個交涉脈絡之真理則無分限；緣起法雖有限而無限之雙面性，就是華嚴宗圓教之圓融無礙及圓滿無盡的思想基礎。」（康特：〈虛假當念之時間構造——以天臺宗及華嚴宗為主〉，《臺大佛學研究》第16期，2008年12月，頁219）此即論三世互為緣起，形成相續不斷的時間脈絡，此能作為唐君毅「一有而永有」的補充。除了論吾人的生命存在如種子，有持續活動的功能，亦能保留於心靈之中，成為三世（又可說是生命存在前後感通）的因緣。

〔註29〕參見唐君毅：〈理事一如、與理行於事之大事因緣——觀生命存在之事用中之理〉，《生命存在與心靈境界·下冊》，頁1080。

時也依於華嚴教說以申論一有而永有之主張。唐君毅說：

> 故吾亦信一切死者之生命存在，應有他生以成其生命存在之升進，
> 以至一一成聖而後已。然只依後義以說輪迴，又與前義相違。吾為
> 此問題，恒塞於心數十年，不能決。終乃悟此二義可並存，乃更見
> 其亦合于華嚴之義。然華嚴之義，尚有未足，以其不知上述之繼志
> 述事，為一大緣起，亦不知鄭重於歷史中人物之遺事遺德也。吾今
> 將華嚴之義引而進之，以觀此人間世，則此一切古今人物，自當有
> 其後生，以升進其生命存在。然其在先之事之心之理，與緣之而有
> 之一切其後之事之心之理，不相為礙，皆一有永有，皆萬劫常存，
> 以資人間世之後世之人之感奮興起。〔註30〕

按華嚴思想，一切事相皆能相即相入，相依相涵，又結合唯識種子說認為吾人之心念與一切德性均能作為功能保留於後世，故能啟發後人相續成德。就生死而言，唐君毅認為佛教將人之死亡歸於輪迴，未免過於飄渺而對現實沒有起積極作用，必須將華嚴事事無礙之義配合儒者繼志述事的文化傳承實踐，方能使「死亡」蘊藏的真理對現實人生有實際的效用。從佛教來說，唯識宗說明任何事物起初都是能顯其有的「種子」，其顯現不限定於時空；而華嚴宗取此義說明一切事一切法原無定在，此「無所不在」即能作為事法之理。吾人依此理以觀一切事法均是交遍互攝、相依相涵而起。〔註31〕這「無所不在」之理即是緣起性空，吾人能依據緣起性空而體認到每個種子必待眾緣而起現行，唐君毅說：「此一思想之歷程，乃由為自之種子，至為他之緣，再至為他之緣，再至為自之種子，更至為他之緣之圓周。歷此圓周，以思想此因緣關係之全體，亦即圓融的理解此因緣關係之真實或真理。」〔註32〕而吾人在此「圓周」持續觀照，能夠化除偏執，且觀照到自因與他緣、空與有等等都互相補足，彼此涵攝，構成相即相入的法界圓融。〔註33〕若以「回憶」來說，在吾人執取當前之時，前人之事是「無」；但隨著吾人回憶，則前人之事又能重現其「有」，所以前人

〔註30〕唐君毅：〈理事一如、與理行於事之大事因緣——觀生命存在之事用中之理〉，《生命存在與心靈境界·下冊》，頁1080。

〔註31〕參見唐君毅：〈理事一如、與理行於事之大事因緣——觀生命存在之事用中之理〉，《生命存在與心靈境界·下》，頁1063。

〔註32〕唐君毅：〈華嚴宗之判教之道及其法界觀（中）〉，《中國哲學原論·原道篇（三）》，頁311。

〔註33〕參見唐君毅：〈華嚴宗之判教之道及其法界觀（中）〉，《中國哲學原論·原道篇（三）》，頁311。

之事是兼「有」、「無」的種子。〔註34〕且前人之事可作為吾人成德之緣，吾人之事亦是種子，又可作為後人成德之緣，於是每個生命存在互為理事關係，相續相生，唐君毅說：

> 此即華嚴宗之依事之「無無，而其有之義不定限於時空」之理，以言事之依此理，以成事與理之無礙，及事與事之生起之相續無礙之思路，或所謂法界緣起說之思路也。於事與事之生起之相續處，見事之自如其事，而事事如如；於其無礙處。見事相之空寂，而無自性性。此皆法界緣起之說所涵之義，為今所不擬多說者也。〔註35〕

依華嚴宗，人在任何一事之中充量觀照，便能體見此中無窮無盡與無所不在之理，例如人能把握一事之自身開始思量前後，持續回憶，人能在這回憶之中不斷重見事物之有相，從現在乃至未來無窮無盡，都可重見其有，〔註36〕所以「回憶」、「感覺」、「想像」都是心靈觀照的方法，使生命存在與心靈能夠跨越時空與空間而不斷延伸，〔註37〕而事相之間是相依相涵，前事能作為後事之緣起，兩者不互相妨礙，這就是「無無，而其有之義不定限於時空」。再論「回憶」以重見事物之有相，這要體察到「回憶」存有空性的「無」，只是一「暫現」而已，但此「暫現」卻具有深遠意義，此是「有」。〔註38〕，唐君毅即是格外突出「有」的意涵切合儒家學說，詮釋吾人追念、回憶先人的超越意義，同時能作為前賢之德性德行能持續感召後人的理據。

唐君毅援引佛教三世說、唯識說及普渡眾生說作為成德事業相續運行的理據，並引華嚴以論生命存在能互為緣起，前後感召，促使生命存在能前後相繫。然而，儒佛之間論相續仍然有別，唐君毅說：

> 此個體之生命心靈之相續不斷，並不意涵一恒常存在之能主宰之我。謂此我為有，乃我執，正佛家之所破。然此中雖無一恒常不變之我，

〔註34〕 參見唐君毅：〈理事一如、與理行於事之大事因緣——觀生命存在之事用中之理〉，《生命存在與心靈境界·下冊》，頁 1059～1060。

〔註35〕 唐君毅：〈理事一如、與理行於事之大事因緣——觀生命存在之事用中之理〉，《生命存在與心靈境界·下》，頁 1064。

〔註36〕 參見唐君毅：〈理事一如、與理行於事之大事因緣——觀生命存在之事用中之理〉，《生命存在與心靈境界·下》，頁 1057。

〔註37〕 參見唐君毅：〈理事一如、與理行於事之大事因緣——觀生命存在之事用中之理〉，《生命存在與心靈境界·下》，頁 1060～1061。

〔註38〕 參見唐君毅：〈理事一如、與理行於事之大事因緣——觀生命存在之事用中之理〉，《生命存在與心靈境界·下》，頁 1060。

> 然自有一心靈生命之現行與種子功能之相續不斷，為吾人即其今世
> 之一生而可知者。此中一一人或一一有情生命，其現行或活動之各
> 為相續不斷之流，雖有種種共同之處，並可交相影響，然一一之流
> 畢竟不同其來去之方向，而不可相混。〔註39〕

佛教是從生命的現行及種子功能而論相續不斷，並非有一恆常的我或是心體做為主導。再者，唐君毅也認為佛教視事相的相續表現為生滅法，不重視此相續性存在的「誠」，而只是見一切法相續相的「生滅」，這就不同於儒者重視吾人如何在事相之間持續表現心靈之善，以及看重心靈彼此感通，達到前後相續不斷的意涵。這個論點在唐君毅《中國哲學原論・原性篇》評論佛教宗派的觀照法時，就有這樣的比較意味，他說：

> 此中之觀，必有所屬之義諦境界，為其心所向。因觀有所向，行乃
> 自繼，以成相續不斷之修。然凡此觀之所對，可為種種心色之法，
> 卻不能有「誠」之一法，為觀之之所對。至其繼觀而起之相續不斷
> 之行中，則雖實有一誠之貫注，然人在觀有所向時，其繼觀而起之
> 相續不斷之行，卻不能當下即成為所觀。當此相續之行，成為所觀
> 之時，仍應依佛家一般之觀法，視為一串念念生滅之法，並當視為
> 亦依眾緣而起，其性本空者。則此中雖可見有此相續不斷之行，而
> <u>儘可不見有一誠之貫注。則誠之為能成就此相續不斷之行之一性，</u>
> <u>即不得而說矣。</u>然此中真問題在：當一切相續不斷，在成為吾人之
> 所觀時，人只見其為一串生滅法，而不見有一誠之貫注；是否即足
> 證明此中實可無一誠之貫注，而只為一串生滅法？〔註40〕

唐君毅批評佛教不能在一切相之間直觀吾人心性之誠，且將吾人之誠與一切相都視為生滅相看待，如此一來，不僅佛教難以在現實生命裡體證，也難以確立吾人心性之大本。按佛教，吾人當運用自性般若藉由觀照一切法緣起緣滅、相續活動存有的空性，此是由假入空；進入空觀後再體證世俗諦的必要性而不起執著煩惱，再由空證入中道。在這歷程中，自性般若與一切相看來是對立的，但佛教又認為一切事相是吾人心識作用而感知，但也是依循空性而產生的世俗諦，而是俗諦又屬中道第一義諦，若依天臺宗性具思想，一切均包括在佛性之中；若按華嚴

〔註39〕唐君毅：〈天德流行境——盡性立命境——觀性命界（下）〉，《生命存在與心靈境界・下冊》，頁807。
〔註40〕唐君毅：〈由佛再入儒之性論〉，《中國哲學原論・原性篇》，頁332。

法界觀，一切事相均是真如緣起，那麼這樣是否就等同於觀照「一誠貫注」？由此可見，問題仍在於儒佛如何看待「誠」，若是將「誠」解釋為「吾人本具之至善至誠，並依據本心之道德理性而作用的良知」，那麼從佛教自性般若也有「誠」意思，自性般若也屬至善，具有簡別善惡、消泯對待矛盾之作用，按唐君毅的解說，等於將佛性與事相做了截然的劃分，但這樣的說法不是很切合天臺止觀、禪觀與華嚴法界觀。此外，唐君毅認為佛教不重視「誠」，但佛教不見得是將至善之性以「誠」做為表述。例如禪宗肯定吾人能把握自性般若而體證，天臺宗主張吾人應由一念無明法性心而證入，華嚴宗論吾人可藉由觀照一切相相涵相攝、相奪相泯的緣起性空而體悟，佛教也認為吾人的佛性屬於空性，那麼空性在一切事相的作用不也等於佛性？那麼「佛教徒觀一切相之佛性」與「儒者觀事相之誠」，不也非常相近？唐君毅雖認為儒家能直就事相的流行而體見吾人之至誠在其中，但對於「誠」如何在事相裡相續作用，發揮簡別善惡、涵攝、消泯矛盾以達到圓融無礙仍有論述不足，這也是為何唐君毅仍需藉由援引華嚴法界觀作為盡性立命的實踐輔助之因，唐君毅雖從儒家本有的隱顯、陰陽和幽明解釋事相的活動方式，但他教人要觀照隱顯、生化和幽明以豁顯神聖心體，這與佛教藉由般若以觀照事相而入空觀和中觀的模式已然非常相近，其根本差異即在於佛教的空性與儒家的實體、儒佛兩家看待生命存在的角度和觀照神聖心體的方式不同。

再以禪宗為例，唐君毅認為禪宗的心性論與修證也存在「相續」，但禪宗卻不重視這部分，而是強調「頓超」、「直下」，唐君毅說：

> 吾人便可試問：此直心去中之「直去」，或頓超之「超」中，是否有一性在？此性畢竟為何？或頓超之「超」中，是否有一性在？此性畢竟為何？由此「直去」與「超」之所達者，可謂只是一真空之自性，此所超、或離之而去者，可說只為塵勞之萬法。然此「超」、此「直去」，則是一「能趨、能向此真空自性」之能之性，而非其所向所趨之自性真空之性。試思，今若無此能「超」，能「直去」不得成就，真空之性亦不得顯。是見此能「超」能「直去」之性，乃一「成此真空之顯」之性。「成此真空之顯」之「成」，固非空而為有；而此「成」，亦即為一人之「能自成其證真空」之性。此「成」之性，即一性德之誠，或誠性也。〔註41〕

〔註41〕唐君毅：〈華嚴宗之判教之道及其法界觀（中）〉，《中國哲學原論・原性篇》，頁331。

這是唐君毅針對佛教心性論而提出的看法，但是禪宗並非不注意心的活動，禪宗藉由觀照心的活動以破執去妄，這也是正視吾人之心能趨向至善佛性，故能開顯佛性，因此禪宗並非不重視心的「直去」、「超」或是「能趨、能向」的活動，唐君毅的看法不見得全然皆是。細究唐君毅所言，他的批評之處仍在於佛教不將此心性視為精神實體，對於吾人現前的心性肯定不足，致使吾人的心性將淪為禪者解脫的「塵勞之萬法」。尤其是佛教修行者有將此心的「直去」、「超」或是「能趨、能向」的活動視為虛妄，認為此皆是心識作用而滌蕩之；唐君毅認為儒家反是，儒家正是先行肯認心靈的種種活動皆存有誠，並在種種活動裡擴充至誠至善。

綜上所述，第一章論神聖心體，第二章論執兩用中之道，以及本章論生命存在相續升進，心靈之德性普遍恆存，均能察見唐君毅援引佛教作為儒家思想之輔助的詮釋方法，形成他「以佛輔儒」的思想特點。唐君毅的運用方法乃是秉持儒家攝受其他宗教的原則：

> 人之成德，要在循序而成，以由今至後，由近而遠，由本之末。……。若知此先後本末之序，則知世間之宗教思想，無論如何玄遠幽深，高明廣大，皆正見其當居後從而不居於先導，當居陰位而非居於陽位；其以信望與悲願濟人之窮，則當居於末位而非居於本位。吾人亦必先知此先後陰陽本末之後，而後可見此世間宗教信仰、宗教思想，皆可攝於此儒者之成始成終，由本之末之大教中，以為其一端，而與人之其他之藝術、倫理、政治、經濟、教育，其他學術文化之事，同扶此始本之教，以至於本末俱榮，而皆不自越於其位者也。〔註42〕

唐君毅強調儒家體證的觀照方向乃是「順吾人生命存在之次序進行，與當前之世界之次第展現於前，依由先至後，由始至終，由本至末之順觀」，那麼，不論是宗教或道德，成德事業均應從吾人當前生命存在與現有之心靈著手，在這歷程中，當能發現宗教、倫理、政治等等皆可為吾人成德的輔助。所謂「先後陰陽本末」，則吾人生命存在乃是陽位，亦是本；宗教思想居於陰位，乃是末。當吾人在生活中面臨突如而來的衝擊，心靈惶惶不安，不知如何感通方能解決與外境的矛盾時，外在之信仰即從周圍往生命的核心前進，發揮輔助之效。〔註43〕

〔註42〕唐君毅：〈天德流行境——盡性立命境——觀性命界（上）〉，《生命存在與心靈境界·下冊》，頁836～837。

〔註43〕參見唐君毅：〈專觀盡性立命境之通達餘境義——當下生活之理性化——超越

此乃是協調道德與宗教之兩端，而歸於生命存在及心靈之中道所在的「執兩用中」，切合唐君毅以宗教信仰護持生命心靈之中樞的主張：

> 此類超越的信仰，皆唯是本吾人當下之道德生活，道德心靈，所原具之涵義，所推擴而出之信仰，亦只是此生活心靈所放出之一縱攝三世、橫照三千大千世界之一智慧之光。此光輝之中樞，則只在此當下之道德生活、道德心靈之自身。則吾人之所當真正從事者，亦只在如何使此當下之生活與心靈，與其所面對之境，處處求真實感通，而不在只緣此心靈所放射出之超越的信仰，以作想像思辨之玄想，而忽此當下之境對吾人所命之義所當為，而失其當下與境感通之德。則此諸信仰，即亦可只視為位在於此當下之心靈生活之中樞之周圍為人之所默存之，以護持此中樞之轉運，以使此當下生活心靈之進行，直接成為天德流行之境。〔註44〕

唐君毅將吾人本有的神聖心體作為心靈境界與理性化生活的中樞，而信仰是為了成就道德而存在，宗教信仰的內容必然要根植於當前生活與吾人心靈之中。吾人之道德實踐的首要目的，在於完善當下的心靈，當吾人之神聖心體全然豁顯之際，也就同時達到宗教圓善之境地；在這意義上，道德實踐也就等同於宗教踐履。可見，傳統儒家對於鬼神信仰採取存而不論的態度，唐君毅則將此「存而不論」視為將宗教信仰作消極使用的態度，避免人之心靈僅圍繞在宗教玄思之上，並將佛教作為信仰的主要內容，並將佛法化為輔助成德之力量。可見，將「以佛輔儒」概括唐君毅運用儒佛思想的原則，甚能突顯他思想的特點，亦切合在心靈九境的架構裡，宗教信仰作為護持心靈中樞的主次安排。

五、結語

　　唐君毅援引華嚴學說作為儒家道德實踐的輔助，這並非是對於心性肯定不足。而是除了從主觀上肯定吾人必定有相續成德的動力之外，還要從客觀建立理據證明吾人之德性能相續不斷。依唯識宗與華嚴論事相的功能與相續不斷之意涵，此即有利於解釋體、相、用能突破時空限制以持續作用。而華嚴從

的信仰——精神的空間、具體的理性、與性情之表現為餘情〉，《生命存在與心靈境界·下冊》，頁 979～980。

〔註44〕唐君毅：〈專觀盡性立命境之通達餘境義——當下生活之理性化——超越的信仰——精神的空間、具體的理性、與性情之表現為餘情〉，《生命存在與心靈境界·下冊》，頁 977。

唯識種子說、因果觀和法界緣起而論事相相續而起的意義,這部分的論述精密而不流於虛妄空幻,符合唐君毅運用宗教思想的原則。再者,唐君毅論吾人的心靈、成德的實踐與獲致的德行均能以種子的姿態持續作用,不為時空所限制,此亦能視為儒家突破生死的途徑。藉由這個意義論唐君毅重視的三祭,則吾人敬承天地、緬懷先人先賢之際,天地之德即流行在吾人念念之中,先人先賢亦能重新活躍於吾人心靈之中,這部分在下文也會申論,而在此章的討論裡即能察見唐君毅論述的「相續義」對於心靈九境、生死觀和三祭觀均有重要的意義。

依照吾人的道德意識而論,必然期望人皆可成聖,更願此心此德能相續不斷,與天德共同挺立於天地之間,唐君毅云:

> 然人除以此宗教性之大信,而不畏死亡毀滅,以「不畏」自命之外,仍更當求此人類生命存在之相續。此是依於人在以此現存之人類生命為所對境之時,人依其與此人類生命存在之感通之仁,即當直接生起一求其相續之心,而亦當依智以求其相續之道,依勇,以行此道;而後其仁智勇,乃不止於成宗教上之大信,亦成一對此人類相續之可能之一大信;更依此大信以自命,以立人道於天地間,而盡其仁智勇之性,而即以見天命之所在也。〔註45〕

唐君毅認為求「相續」並非吾人之執著,而是依於仁心而求吾人之生命心靈能夠永恒昭著,真正使此人文世界充滿天德流行。而心體之德能相續,亦切合唐君毅論儒家乃是觀照一切事相之前後相繼之順觀。有此順觀,則前人之德能感召後人之德,並使前人之德與後人之德成平等之相對,成就橫觀,這是心靈執兩用中的中道體現,亦是使一切生命存在能永恆相續運作之哲理。從唐君毅的論述來看,他將成德的實踐動力訴諸於心靈本身,而取唯識宗的種子學說與華嚴教說的架構,說明生命存在彼此聯繫的型態,以及心靈之德性感召後世,促使生命存在持續升進。唐君毅取種子表現性相的型態,但在事相之間的聯繫以及生命存在的活動歷程,改以隱顯、陰陽的氣化流行而詮釋。為了避免氣化流於虛蕩,又專以生命存在及心靈作為引導事相呈顯的本體。再者,唐君毅所取的佛教三世說,亦擷取其對時間空間無限延伸的形式;普渡眾生無盡說,亦取其渡眾精神,作為儒者道德及情感的一部分。整體說來,唐君毅訂定「先後本

〔註45〕唐君毅:〈生命存在中之「真理或道」與「存在」之意義——觀生命存在中之「存在之理」之相〉,《生命存在與心靈境界・下冊》,頁1133。

末之序」，道德實踐為先，宗教信仰為後；生命存在為主，超越的形而上為輔。在神聖心體的部分，佛教對於執著煩惱的體認，有利於「當下生活的理性化」，其三世說、種子說亦能為吾人的理性所接受。再者，唐君毅推崇佛教對眾生的悲憫與渡眾精神，此亦能納入「當下生活的性情化」。在執兩用中的部分，生命存在及事相的性質及活動，包括心體以心靈感通（靈覺）調和事相，均有參酌華嚴教說之處，論生命存在相續升進的部分也是如此，但在心靈九境的整體運作上，仍是以盡性立命為實踐方式，成就真實的生命存在依然是首要目的。因此，唐君毅運用佛教的目的，在於「護持此中樞之轉運，以使此當下生活心靈之進行，直接成為天德流行之境」，如此一來，即形成他「以佛輔儒」的儒佛運用型態。

第四章 「善」與「不善」的闡釋——兼從「生命存在」詮釋「無明」

一、前言

　　吾人能以「善」而持續超越，但也不能否認生命存在著諸多「不善」。以心靈感通而言，感通活動固然呈顯心體之善，但也有感通阻滯、心境不諧致使產生矛盾、衝突的問題，可見「善」與「不善」不僅是吾人必定遭遇之事，亦是道德與宗教共同關注的議題。吾人的心靈是否為「善」？如何表現「善」？為何心靈會有「不善」產生？唐君毅主要依循孟子學說，認為四端之心乃吾人自然之善，而這四端之心即能呈現各種德性。依據這個看法，唐君毅反對佛教將「無明」與佛性置於同一層次，他除了把握生命存在的活動以評判佛教「無明」之說，更進一步秉持生命存在「生生不已」的特質試圖解決「無明」的問題。

　　本文以「不善」概括與「善」對立的負面價值，唐君毅認為儒家與佛教雖然對「善」與「不善」的詮釋有些不同，但都肯認吾人能由一念之善而轉染為淨、棄惡向善，恰如「善」與「不善」僅有一字之別。〔註1〕尤其是唐君毅認為人生遭遇的諸多不善並非全然是負面，他說：「人心超越於上帝之處，在其能感受苦痛與罪惡，而又能超越苦痛與罪惡。」〔註2〕吾人心性能知其「何以不善」是改過向善、邁向超越的起始，面對、因應和轉化不善的歷程亦是自我

〔註1〕此即唐君毅所言：「齊天之大德，敵不過一矜字之罪惡。反之，彌天的大罪，亦可由一悔字全部挽回。」（唐君毅：〈我們的精神病痛〉，《中國人文精神之發展》，頁258。）

〔註2〕唐君毅：〈我對於哲學與宗教之抉擇〉，《人文精神之重建》，頁592。

提升的過程，所以「善」與「不善」並非絕對矛盾。〔註3〕

　　如上所述，前三章談論生命存在與心靈運作方面的問題，本章則由生命存在的性質、心靈感通的歷程，析論唐君毅論「善」與「不善」的看法。再者，唐君毅認為吾人的生命存在是天德流行不已的循環，他也本於這個看法回應佛教「無明」問題，不僅有比較儒佛的意味，同時也試圖解決這個難題。

二、從道德意識論「善」之呈現

　　關於唐君毅論心靈之「善」，集中在〈文化意識與道德理性‧道德意識通釋〉，以道德自我之「道德意識」的表現而論「善」與「不善」的表現，他說：「人類一切文化活動，均統屬於一道德自我或精神自我，而為其分殊之表現。」〔註4〕他認為一切的文化活動皆潛伏有內在的道德活動，而這道德活動是不自覺或超自覺，〔註5〕此內在的道德活動就是道德意識。道德意識與其他意識有根本不同，其他文化價值存於人格之外的事物關係，而道德上善之價值唯存於人格內部，而且皆表現於自己對自己支配，改造或主宰上。〔註6〕從道德意識論善的產生，他認為道德意識即是「良知」，〔註7〕並以建立「道德自我」為目標。道德意識評斷善惡，豁顯道德自我之歷程，則呈顯「道德理性」。唐君毅指出，道德意識的最初呈現在於對吾人之活動的慊足或不安之情，人若把握此不安之情持續覺察則能建立善與不善的觀念。〔註8〕因此，唐君毅認為道德意識能呈現「仁義禮智」之善德，〔註9〕而最根本的德性即是「仁」，他說：

　　　原始之仁愛，正為人我各為獨立個體人格之觀念未覺顯出時，而首

〔註3〕這樣的觀點在天臺宗的性惡學說表現最為特出，例如「若觀此一念無明之心，非空非假，一切諸法亦非空假，而能知心空假，即照一切法空假。」（〔隋〕釋智顗：《維摩經玄疏》，《大正藏》第 38 冊，頁 525a。）此即認為吾人當前的心性雖然無明障覆，但仍然能以無明法性心而圓融一心三觀。

〔註4〕唐君毅：〈自序二：明本書宗趣〉，《文化意識與道德理性》，頁 5。

〔註5〕參見唐君毅：〈道德意識通釋〉，《文化意識與道德理性》，頁 517。

〔註6〕參見唐君毅：〈道德意識通釋〉，《文化意識與道德理性》，頁 518。

〔註7〕唐君毅：〈道德意識通釋〉，《文化意識與道德理性》，頁 531。

〔註8〕此見解乃依於孟子而提出，孟子云：「行有不慊於心，則餒矣。」（〔宋〕朱熹：《四書章句集註》，頁 232。）又如朱熹嘗言：「實理者，實見得是，實見得非。凡實理得之於心自別。若耳聞口道者，心實不見。若見得，必不肯安於所不安。」（朱傑人、嚴佐之、劉永翔主編：《朱子全書‧第 13 冊》（上海：上海古籍出版社，2002 年），頁 237。）此亦說明心性若能善於簡別，則能察覺所遭遇的「不安」。

〔註9〕唐君毅：〈道德意識通釋〉，《文化意識與道德理性》，頁 537。

先顯出之德性。故人之根本德性為仁愛。原始之仁愛非佛家之慈悲，亦非基督教之愛人如己。慈悲乃以上憐下。愛人如己之愛，雖是仁愛，但尚非最初之仁愛之表現。人之最初之仁愛表現，唯中國儒家認識最真。中國儒家言仁愛，恆只言仁不用愛字，其義最深。依儒家義，人最初對人之仁，可不表現為有所事之積極之愛，而只表現為渾然與人無間隔之溫純樸厚，或惻隱不忍之心情。〔註10〕

唐君毅以「仁」作為人之根源德性，並以此作為儒家不同於其他宗教之精神所在。他認為宗教常有「上對下」施予之愛，其平等程度不若儒家。〔註11〕又「仁」與「愛」不同，吾人善之萌念，便是「仁」，這個萌念雖然只是一點不忍、溫厚，卻是吾人仁善的呈現。至於「愛」是積極地表現於外，或是要表現出自己喜樂的情感，還不能指涉吾人善之萌念，「仁」更代表自然而然的道德表現，此亦切合「當下生活的理性化、性情化」的理想境界。唐君毅續言：「吾人之原始道德意識為仁」〔註12〕，吾人更能由「仁」推擴出「義、禮、智」德性，並將此比配四端之心，此是依於孟子之說而論，孟子說：

惻隱之心，仁之端也；羞惡之心，義之端也；辭讓之心，禮之端也；
是非之心，智之端也。人之有是四端也，猶其有四體也。〔註13〕

唐君毅將「仁、義、禮、智」視為道德意識，並分別從四端之心而論其表現，他認為仁的意識表現為「渾然與人無間隔之溫純樸厚之心情」，也是「對人之惻隱不忍之心」。〔註14〕他認為此「渾然與人無間隔之溫純樸厚之心情」是平等尊重的表現，也是自我與他人互相涵攝的體現，唐君毅稱此是根本道德之仁的最初表現，也是道德自我之呈現。〔註15〕此外，唐君毅認為在仁的意識之

〔註10〕 唐君毅：〈道德意識通釋〉，《文化意識與道德理性》，頁538。

〔註11〕 吳汝鈞嘗針對這點看法提出評論：「在唐先生來說，宗教最根本的觀念為神，神與人是相對的，因而是有相的、有對象相的。道德則依於同情共感而使當事人與他人融為一體，消除相對相，入於絕對無相。」（吳汝鈞：〈宗教與道德（信仰與理性）〉，《純粹力動現象學》，頁287。）因此，唐君毅主張道德作為宗教意識的根源，而道德意識勝於宗教意識之處在於教化者與被教化者呈平等關係。基於這個觀點，唐君毅論生命存在之間相互尊重、彼此的同情共感是「當下生活的理性化、性情化」的內容，由此也能衍生出「師友之道」，作為人我之間共同成德的方法。

〔註12〕 唐君毅：〈道德意識通釋〉，《文化意識與道德理性》，頁541。

〔註13〕 〔宋〕朱熹：《四書章句集注》，頁238。

〔註14〕 參見唐君毅：〈道德意識通釋〉，《文化意識與道德理性》，頁539。

〔註15〕 參見唐君毅：〈道德意識通釋〉，《文化意識與道德理性》，頁539。

中,「肯定人己差別相伴」之德是「禮義與智」,〔註16〕可見仁的意識具有根源性,能涵括義的意識、禮的意識和智的意識,呼應唐君毅將道德意識別於其他文化意識的理念。

　　義的意識比配「羞惡之心」,唐君毅說:

　　　　此義之原始表現,乃一種自覺而超自覺的承認人我之別,人我之分際分位之意識。人我之分際分位之意識。人之承認人我之別,人我之分際分位,即表現於人無事時皆有之毋欲害人無欲穿窬之一種自然的自制。此種自制乃原於吾人之原始的渾然與人無間隔仁心。〔註17〕

義的表現即是依於仁心而尊重人我之別,並進一步釐清人我之間的分際分位,彼此不相侵害,互相尊重。值得注意的是,唐君毅認為基於對人我有清晰的認識,所以吾人在此刻會產生自尊之感。由於此種自尊,故吾人遭受外侮時會產生羞惡之心。〔註18〕禮的意識比配「辭讓之心」。義的意識使吾人理解人我分際,也由此衍生禮的意識,以利吾人把握人我互動。唐君毅言:

　　　　原始之辭讓,乃一種在接觸他人自我或精神時之一種自他人所賜或人與我可共享之足欲之物超拔,而「以我之自我或精神,托載他人之精神或自我自身」之一種意識。〔註19〕

從唐君談論義的意識和禮的意識的見解看來,他把握「道德意識分殊出文化意識」的理念,解釋吾人從仁的意識而與他人互動之際,接連產生義的意識和禮的意識,此即是心靈感通所呈現的至善至德。唐君毅認為義的意識是承認人我分際、自尊其道德自我之意識;禮的意識「乃是一根本不願自陷於欲望自我,求自當前他人所賜或人我所共享之物超拔,而還以敬意,尊重人之道德自我意識」〔註20〕,這也指出禮的意識能超拔於欲望之上,實是吾人去私除惡之舉措。智的意識比配「是非之心」。吾人因於禮的意識而超拔於欲望,由此而強化省察私欲、是非等自覺。唐君毅說:

　　　　是非之心所進於辭讓之心者,在此中人不僅有自尊其道德自我,尊人之道德自我之意識;且有對於「違於人與我之道德自我之實際行為」之否定,及「順於人與我之道德自我之實際行為」之肯定。故

〔註16〕唐君毅:〈道德意識通釋〉,《文化意識與道德理性》,頁540。
〔註17〕唐君毅:〈道德意識通釋〉,《文化意識與道德理性》,頁540。
〔註18〕參見唐君毅:〈道德意識通釋〉,《文化意識與道德理性》,頁541。
〔註19〕唐君毅:〈道德意識通釋〉,《文化意識與道德理性》,頁542。
〔註20〕唐君毅:〈道德意識通釋〉,《文化意識與道德理性》,頁542。

> 由是非之心，乃見吾人之道德自我為對於吾人之行為，恆欲施主宰
> 之用，恆欲實現其自身，以成就其自身者。故是非之心為求貞定於
> 善之心，亦即為成惻隱羞惡辭讓之心者。〔註21〕

自尊與尊他人之道德自我之意識，是義德；在人我道德自我之感通過程裡知是知非，此是禮德，亦是智德。唐君毅將仁義禮智四德比配四端之心，將「仁」作為根本之德性，而仁義禮智的呈現更是道德意識的全幅展開。

在四德之外，唐君毅再立「信德」，即信之意識，遍攝於仁義禮智之中。他解釋「信」是信自己能知能行，信自己所是所非，並自信自己在未來亦能持續成就，故唐君毅言「自信之意識，即一超越的自覺；現在自我與未來自我之同一。」〔註22〕這點甚能指點出「信德」的特殊性，表示吾人成德的努力能相續不斷。唐君毅說：

> 故人只須有一成就自己之奮發努力處，只須心不陷於一活動，而對
> 未來之活動有遠見預謀處，有清明理性之運用處，能對人表現仁義
> 禮智處；及一切能自作主宰以生起，轉易，準備，反省自己之活動
> 處，吾人皆多多少少直覺前後自我活動之貫通，前後自我之同一，
> 即有一原始之自信表現。〔註23〕

能自肯自得、省察自我並貫通前後之自我道德活動，使之相續成德，即是信之意識的體現。由此更得見唐君毅對「信德」的闡釋較其他德性複雜，信德包括肯認人我之善性、吾人反躬自省、去惡除私的實踐，藉此強調信德存在於仁義禮智四德，並共同成為道德意識之內涵。

應注意的是，唐君毅對道德意識的解說，能夠化用在心靈之「靈覺」。在心靈感通的歷程裡，靈覺能判斷是非、表現合宜的情感，吾人也就在這過程裡呈顯各種德性。因此，唐君毅在《生命存在與心靈境界》論心靈感通以表現德性，其論述應聯繫於《文化意識與道德理性》「道德意識」的闡釋，方能理解心靈感通的道德意義，亦達到以「靈覺」收攝道德意識的效果。唐君毅指出，吾人依於義德而知分際，依禮德而超拔欲望，依智德而知是非，依於信德而知吾人的良知德行能持續發用，此皆是良知之作用。此外，吾人從一念之仁而開展德性，此亦是盡性立命之實踐。不論是論五德或是盡性立命，

〔註21〕唐君毅：〈道德意識通釋〉，《文化意識與道德理性》，頁544。
〔註22〕參見唐君毅：〈道德意識通釋〉，《文化意識與道德理性》，頁554。
〔註23〕唐君毅：〈道德意識通釋〉，《文化意識與道德理性》，頁554。

唐君毅均強調道德意識與道德自我與外境、他人之互動，並解釋此五德乃是儒者「己立立人，推己及人」之道德踐履，五德可運用於宇宙萬物，是「善」的主要內涵。〔註24〕唐君毅也發揮這個意義，表述生命存在彼此的心靈感通即呈現各種德性：

> 當我之生命心靈與他人或他物有同情共感之仁之表現時，而我同時
> 有以其心靈向於其他人之生命心靈，以恭敬奉承其生命心靈之表現，
> 此即為一原始之禮。此中，同時對我已有之生命心靈活動，有一裁
> 制，以使他人之活動，亦得存於我之生命心靈中，以與我之活動有
> 一平等之地位，是為義。人之自覺的超越其已有之活動，使之退屈，
> 而呈現一無分別之清明，以使他人之活動為我所知，而得在我心靈
> 中有一地位，即是智也。此人之有同情共感之仁，恭敬奉承之禮，
> 平等待人我之義，清明能知之智，固亦人之心靈中原有之性情之表
> 現，而可由此以言人心與其原始的性情之善者也。〔註25〕

如此說來，唐君毅認為生命存在的心靈感通，整體即是至善的表現。從自心接受他人之心靈表現到心靈與他人之互動的歷程，都展現仁義禮智之善德，也是順成之教的發用。這不僅是開展吾人之仁心仁性之能，且在心靈感通之過程裡感知天與先聖先賢之德，進一步內化於心靈之中，並使感通向上延伸，貫通天與心性，此亦可視為盡心性以知天的超越工夫。

在此還能從朱子學說比較唐君毅論道德意識的五德，他認為朱子於人之表現之內部的本源處說仁，又依仁者心之德、愛之理與天地生物之德性互相比配，形成一套思想系統。唐君毅言「朱子所謂道心，乃由人之表現其心四德而成，亦即心之天理性理，實際實現或表現於心而成。」〔註26〕朱子根據心性之善而分疏出四者德性，具體地解釋吾人心性能表現的德性，且朱子更進一步以此四德而建構一套系統，唐君毅說：

> 此仁之在人心，又包仁義禮智之四端，其表現為愛恭宜別之四情中，
> 則惻隱之心又無不貫，此亦正如天之生物之心中元之為德，能統元
> 亨利貞之四德；而其表現於四時之氣者，其春生之氣無不通。此即
> 成一通貫天人、情性、本末，而使之亦枝枝相對，葉葉相當，以言

〔註24〕參見唐君毅：〈道德意識通釋〉，《文化意識與道德理性》，頁547～558。

〔註25〕唐君毅：〈天德流行境——盡性立命境——觀性命界（上）〉，《生命存在與心靈境界·下冊》，頁856。

〔註26〕唐君毅：〈朱子之理氣心性〉，唐君毅：《中國哲學原論·原性篇》，頁417。

> 仁之思想系統；而又可綜合昔之儒者以愛言仁，與近賢言仁之旨於
> 其中，其用意之精切，固亦有進於先儒者。〔註27〕

唐君毅接受朱子論吾人心性有仁義禮智之四德，並將朱子的「仁之思想系統」作了改造，朱子將仁義禮智比配於「愛恭宜別」，並統元亨利貞四德；而唐君毅則將仁義禮智比配於四端之心，並增加「信」顯示心性持續成德之意。這樣的詮釋有兩個意義，一是四端之心是吾人心性的至善最原始善的體現，唐君毅僅提到惻隱之心貫通於「愛恭宜別」，而他將四端之心比配仁義禮智，乃是強調吾人之心能自然表現善，此是有承於孟子學說。二是唐君毅闡述人我互動之間能表現四端之心與五種德性，雖然他沒有將五德與元亨利貞之「天德」一同論述，但吾人心性若能充量實現五德，把握四端之心，即能立人極、立人德以貫通天道，因此唐君毅不必格外將五德比配於天地萬物之德性，因為在唐君毅闡述的「善」就涵括人與萬物共同成就的意涵，並肯定根源意義的「仁」是通貫天人之間，而這也正切合孟子「四端之心」和性善論蘊含的宇宙論與本體意義。〔註28〕唐君毅更增加「信德」為五德，強化吾人自肯自得之道德意識，亦肯認吾人依於此自肯自得與至善心性而持續成德，此是朱子未言及之處。因此，唐君毅論善頗有朱子論善的形式，但唐君毅更強調此德性的自然而然與根源意義，視為吾人道德意識自覺或超自覺的體現，其說更切近孟子論四端之心的本懷。

唐君毅說：「仁本身只是此心生幾之周流不息」，〔註29〕他對道德意識各種善德的意涵及呈顯之闡釋，均可作為生命存在的道德意義，誠如他所言：

> 吾人之一念意想一未來或外在事物之將臨，而凝聚精神以待之，吾

〔註27〕 唐君毅：〈第十三章 朱子之理氣心性〉，唐君毅：《中國哲學原論‧原性篇》，頁413。

〔註28〕 趙林說：「孟子的『四端之心』和性善論，把成己成物、天人合一的根據，由外在的天命轉化為內在的人性，將人的意志自由和道德自覺提升到至高無上的地位，確立了修齊治平的人生實踐和內聖外王的社會理想。外在的『天』或『天命』成為被動的存在，它以人心固有的仁義禮智作為參照和根本，與人構成了一種以自我心性修養為前提的『天人感應』關係。人性之『仁』成為萬物之實體、宇宙之本源，外在之『天』則成為實體或本源的表現形式。」（趙林：〈儒家「四端之心」與基督教的「原罪」理論〉，收入劉述先、林月惠主編：《當代儒學與西方文化：宗教篇》（臺北：中央研究院中國文哲研究所，2005年），頁265。）如此看來，唐君毅不僅引孟子學說以闡述善德，更著力於將此善德扣合天道流行而說。

〔註29〕 唐君毅：〈道德意識通釋〉，《文化意識與道德理性》，頁558。

> 人對之已有恭敬奉承之禮敬之德。吾人觀一物之是其所是,而貞定
> 吾人精神以向之,無私欲之萌,理性恆清明在躬,吾人對之即已有
> 智之德。而此時吾人復自知其不失理性之清明,自信自覺此理性清
> 明之能自持,並自覺前後自我之貫通,則吾人對之已有信之德。由
> 是吾人之於任何物,即皆可對之有仁義禮智之德表現。〔註30〕

此處詳細地說明吾人在與外境或他人彼此感通的歷程能表現各種德性之歷程,吾人之心靈觀照外境事相,並與其他生命存在彼此往來溝通均能呈顯德性,突顯「天德流行」的境界在於當下生活。

三、「不善」的產生與型態

　　唐君毅也談到「不善」的性質與產生,他從道德意識解析的諸多「不善」,也從心靈感通的歷程探討可能遭遇的阻滯。按他所見,「不善」能分為以下幾類:

> 道德上之不善,有能善而未善,有氣質上之限制之不能善,有能善
> 而過於此,致他處之不及者有私欲之蔽,有自欺之罪,有以善為手
> 段之偽善,有否認一切善而肆無忌憚以惡為善之大惡。〔註31〕

第一種不善是「能善而未善」,是「由感之環境負責,人不自任咎,常言所謂不知者不為過是也。」〔註32〕這是環境影響吾人不能為善。第二種不善「氣質上之限制之不能善」,這是先天因素,因為每個人的氣質不同,所以不盡然能全然表現「仁義禮智信」,必須透過後天的修養才能改善。〔註33〕唐君毅在此也提到「專就天生而言,吾人不得不承認人之自然表現之德之氣質限制,人各不同。此種限制之多少,與為何種類之限制,乃由人之遺傳決定或前生之業力決定……此種氣質昏蔽所致之不善,可謂屬於我生命自身之不善」〔註34〕,這類「不善」無法合理說明為什麼每個人的氣質能夠障蔽自身,致使仁心無法全然發用。以上兩種「不善」是吾人無法全然掌控,第一種不善是外在環境使然,第二種不善是吾人先天氣性導致。至於第三種「能善而過於此,致他處之不及者有私欲之蔽,有自欺之罪」、第四種「否認一切善而肆無忌憚以惡為善之大

〔註30〕唐君毅:〈道德意識通釋〉,《文化意識與道德理性》,頁 559。
〔註31〕唐君毅:〈道德意識通釋〉,《文化意識與道德理性》頁 560。
〔註32〕唐君毅:〈道德意識通釋〉,《文化意識與道德理性》頁 560。
〔註33〕參見唐君毅:〈道德意識通釋〉,《文化意識與道德理性》頁 560～561。
〔註34〕唐君毅:〈道德意識通釋〉,《文化意識與道德理性》頁 561。

惡」，主要是「過」、「私欲」而促成，此是道德踐履首先下手之處。唐君毅解釋，「過」是指人無法自由將自己的行動或氣控制在恰到好處，致使成「過」，即「過與不及」〔註35〕；「私欲」則是由「過」引起，即是人心深陷於「過」，任意地揮灑自己的氣而不知收斂，形成一大我執，故而不能與其他人或其他文化活動相輔相成，故形成「私欲」。〔註36〕「過」與「私欲」更能形成其他幾種類型不善，〔註37〕形成吾人成德之阻礙。

〔註35〕 將「過與不及」視為私欲與不善之念所引起，程明道有此看法，他認為善惡皆源於「一本」，一切惡也只是「過不及」。（參見唐君毅：〈二程之即生道言性與即理言性〉，《中國哲學原論·原性篇》，頁363。）此見解為劉蕺山所發揮。劉蕺山言「過與不及」是出於一念之偏倚；而此一念之偏倚其義甚微，需賴吾人之「獨知獨覺」以化導之。以上，參見唐君毅：〈陽明學派及東林學派對「至善」及「無善無惡」之重辨，與劉蕺山之言心性之本體工夫義〉，《中國哲學原論·原性篇》，頁496～497。

〔註36〕 唐君毅：〈道德意識通釋〉，《文化意識與道德理性》頁562。

〔註37〕 第三種「有能善而過於此，致他處之不及者有私欲之蔽，有自欺之罪」，這便是人雖欲表現德性，卻不知如何表現得恰到好處，故犯了「過與不及」之過失。例如「求仁而愛人之活動之過為姑息」、「求義而自制制人之過為嚴冷」等等，產生這類不善是因為吾人良知未能發揮其效，致使心性流於外放。第四種「私欲之蔽之不善」是由「過」而來。因為吾人陷於「過」，致使「心」的活動陷溺於單一活動方式，構成「我執」，排斥他人和參與其他活動。唐君毅同意追求聲色權利也是自然本能的內涵，只要取之有道，符合公理，未嘗不是個人之客觀成就。然而，如果負面的自然本能與「過」互相牽引，將導致吾人只顧及自利，心性陷溺而不思超拔之道。除了「過與不及」衍生的不善類型，唐君毅再從「私欲」剖析不善的型態，「自欺形成偽善」以及將滿足私欲建築在他人的痛苦之上，後者又能細分為二：一是雖將自己的快樂建築在他人之上，但只是求滿足自己的私欲；二是不僅於此，還更喜愛觀賞他人之痛苦以襯托自己之樂，且要幸災樂禍，甚至要對他人殘忍以求得自己的快樂，此是人生之大罪惡。唐君毅認為比殘忍還更深刻之罪惡，是陰險。陰險者設計種種機關以陷害他人為樂，殘忍者以明顯的暴行成其殘忍，陰險者卻還要以偽善包裝自己的行為，以陷害他人。在陰險的人格裡，對人毫無敬意，是自覺的否定他人之生命與人格，故陰險可謂是最大之不善。（以上，參見唐君毅：〈道德意識通釋〉，《文化意識與道德理性》，頁561～565，）唐君毅在這部分把握道德意識「理性的我」與「欲望的我」之間的互動而條列出上述諸多不善，其論述甚為透闢，可見其對於人性負面價值的體認相當深刻。從生命存在的角度以審視，唐君毅在《文化意識與道德理性》談論的不善類型，能夠說明生命存在彼此之間可能產生的矛盾與衝突，這是他在《生命存在與心靈境界》較少提到的部分，應當與《文化意識與道德理性》的見解作為補充，較能完整地理解唐君毅對心靈善與不善的看法。再者，這部分提到「自欺形成偽善」，還可聯繫道唐君毅談「毀譽現象」，他說：「即人最有興趣的，是對人做毀譽。」（唐君毅：〈俗情世間中之毀譽及形上世間〉，《人生之體驗·續編》（臺北：臺灣學生書

　　唐君毅除了在《文化意識與道德理性》解釋善與不善，也在《生命存在
與心靈境界》論心靈的正道與魔道，不同於前者以道德意識而申論，此處則
專從心靈感通的部分申論，兩處的說法可相輔相成。按唐君毅所見，心靈活
動時除了真心在作用，妄心也隨之而起。這是因為心靈分別與各境相感通時，
有可能將其他感通之境的事物混入其他感通之境，人不知心靈活動有此之妄，
造成心境不相應或感通發生窒礙。就此心靈感通本身而言，是真；心境不相
應，是妄，故唐君毅認為一切妄相乃是依真而起。〔註38〕此妄心妄可稱為「不
善」，具體表現在吾人的生活之中，則產生諸多不善的行為。不論是從道德意
識或心靈感通而論不善，唐君毅認為不善的產生乃是出於心境不諧，或是未
能充分控制「氣」、意念行為而導致「過」與「私」，這些都是心靈「作用」的
層面，屬第二義；心靈根柢的神聖心體仍然是至仁至善，此是第一義，兩者
不可混漫。

　　還可關注的是唐君毅論「不善」、「私欲」與朱子論「不善之人欲」產生

局，2013 年），頁 13。）又說：「人類好譽惡毀之自然心理，或好名心理，亦
總是要投此社會之所譽，避社會之所毀，不敢加以違抗的。由此而見俗情世間
之毀譽之流行，經常包涵某一種虛偽性。」（同前註，頁 24。）這種「虛偽性」
近於「自欺形成的偽善」，能視為私欲而產生的不善。還可一提的是，唐君毅
又提出「人生三大迷妄」，「人生之第一迷妄，是以為我於世間無所佔有」，實
則人生在世必然會利用社會資源，所以誤以為自己什麼都沒占用，這是一大
謬誤。（參見唐君毅：〈立志之道及我與世界〉，《人生之體驗‧續編》，頁 84。）
這個迷妄即唐君毅所言的「我執」，排斥他人與參與活動。「人生之第二迷妄，
是人自以為能安於其所有，而滿足於其中」，人們的欲望是永不能滿足，即使
當下認為自己富足無缺，過一陣子依然會有所欲求。（參見前註，頁 84。）這
個迷妄和唐君亦指出的私欲和人心陷溺有關。人生之第三迷妄，是指人們能
體察道自己能超越自己，然後能發出脫離一切名利、權力、富貴等等的意志，
甚至發出不需要任何身體之外的物質以及心靈以外之身體之意志，這是宗教
家超世精神的根源。但是，唐君毅認為這類人雖自認為捨棄俗世一切，卻未能
進一步安頓俗世及他人，使之各得其所，那麼此純精神的世界之外，仍然只是
荒蕪與混亂，並非真正地安頓自我。（參見前註，頁 85。）這是一大私欲或是
我執，也是心靈未能橫向感通於他人，只是單純向上延伸而已，並非理想的超
越精神，因此亦可視為不善的表現。至於唐君毅又談論謊言的根源及解決之
道，（參見唐君毅：〈人生之虛妄與真實〉，頁 116～120。）談論人們好利、好
色、好名的顛倒相（參見唐君毅：〈人生之顛倒與復位〉，頁 141～148。）這
幾處皆能以唐君毅所論的「自欺」、「私欲」以理解，因此《文化意識與道德理
性》關於不善的論述，能作為理解唐君毅對於生命存在負面價值之評述的總
綱。

〔註38〕參見唐君毅：〈導論〉，《生命存在與心靈境界‧上冊》，頁 12。

的異同。根據唐君毅對朱子學說的解析，朱子認為只從其形氣之私起念，而
對其他人物之生漠然無感，不僅未能自覺到吾人心性本有創生之能，亦未能
擴充心性之善。這些認知呈現於外在，就是不能尊重其他的生命存在，甚至
將其他一切事為滿足個人私欲的存在，此即滅天理而窮人欲，是無窮罪惡的
產生。〔註39〕而朱子將人心劃分為道心、人心、不善之人欲，當人心為人欲
單獨推動、指揮，就會產生全違道心的不善之人欲。〔註40〕不過，唐君毅對
於朱子之說仍存有疑慮，首先，朱子從「心之虛靈明覺」或源性命之正，而
覺於理為道心；或源於形氣之私，而覺於欲者為人心。〔註41〕唐君毅認為心
若能知覺人欲，那麼人欲也包括在一心之內，且人欲之中存有求生存延續的
知覺運動，這個知覺運動也是依朱子所言的太極之生生之理、生生之道而有，
既然生生之道屬善，那麼知覺運動也並非不善，至少可以將人欲的知覺運動
視為善之流行。〔註42〕因此朱子將人欲和不善之人欲與道心分離，又未能正
視人欲亦源於天道之至善。唐君毅又言，朱子不直下說此具不善之人欲原於
一整個之本心自己之沉陷而致，而於其所謂道心又不說為吾人所本有。朱子
雖言道心不隨心而陷溺，但未能說心拔於陷溺後能全然上符於道。〔註43〕此
是朱子論心性善惡的不確切處之一。再者，唐君毅認為即使將朱子所言之人
欲視為天道至善之流行，但這種模式又不同於人自覺地依於仁義禮智之性而
產生惻隱、羞惡、辭讓、是非之善，〔註44〕唐君毅主張人必定有自覺行善之
動力，天道生生之理也內蘊於吾人之心，由以下引文更能得見唐君毅與朱子
所見之別：

> 然此生生之天理，於此乃內在於心，而為其所自覺的表現於其情之
> 中者。此便不同於吾人之知有飲食男女之欲之心，其所本之生之理
> 或生之道，只為「超自覺的貫於人之生命中，以驅率吾人生命前進，
> 使其自求生而延生於後代之欲之情」之不能自己者。〔註45〕

由此可見，唐君毅認為朱子之說未能揭顯吾人心性之自覺，致使吾人心性流於

〔註39〕 參見唐君毅：〈朱子之理氣心性論〉，《中國哲學原論‧原性篇》，頁424。
〔註40〕 參見唐君毅：〈朱子之理氣心性論〉，《中國哲學原論‧原性篇》，頁424。
〔註41〕 唐君毅：〈朱子之理氣心性論〉，《中國哲學原論‧原性篇》，頁420。
〔註42〕 參見唐君毅：〈朱子之理氣心性論〉，《中國哲學原論‧原性篇》，頁421。
〔註43〕 參見唐君毅：〈象山、慈湖至陽明之即心性工夫，以言心性本體義〉，《中國哲
　　　　學原論‧原性篇》，頁440～441。
〔註44〕 參見唐君毅：〈朱子之理氣心性論〉，《中國哲學原論‧原性篇》，頁422。
〔註45〕 唐君毅：〈朱子之理氣心性論〉，《中國哲學原論‧原性篇》，頁422。

被動，而生生之道也未能與心之虛明靈覺徹底結合，僅是「超自覺」、「超然」的凌駕於吾人心性之上而已；此是朱子論心性善惡的不確切處之二。

　　由唐君毅對朱子學說的解析審視他對善與不善、正道與魔道的解釋，可以清楚地發現唐君毅雖接受朱子論心性能表現各種德性的見解，也認可朱子論私欲的產生與弊病；但也非全然接受朱子學說，他將善與不善均視為心的活動，視一切善德均是吾人心性的本來表現，他的看法較近於陸象山與陽明。陸象山論本心乃是連於道心而說，心之陷溺即全然陷溺，只要人能自覺此心之存在，自覺能升起，就有拯救心於陷溺之能力。〔註46〕再者，唐君毅也將導致「不善」或「魔道」的主因歸咎於吾人未能確切把握良知，而陽明主張良知能知善知惡，又能「自誠其意」，使心性發出的不善意識重新收攝，重新以良知作為主宰。〔註47〕

　　再從心靈感通的歷程裡談論「不善」的產生。唐君毅指出，隨著心靈感通的範圍越大，面對的境相越見繁複就越增加生命心靈存在的負擔，這個負擔會導致生命心靈自身存在之毀滅。那麼，應如何解決這個問題？他以正道與魔道解釋。何謂心靈之正道？唐君毅言：「此一人之有所感，而能將其所感，推出於其所感之外，更外在化之，客觀化之，以成吾人之客觀的知識，乃人之生命心靈之一內在之能。」〔註48〕他認為心靈本應客觀地在一切事相之上，不能陷溺於境相之中，倘若能把握心靈的客觀性以觀照，方能發揮靈覺以轉化心靈所感之境相，此即生命心靈的內在之能。唐君毅更言吾人可依此內在之能而形成一套知識系統，察見吾人之生命心靈能超然於客觀事物之上，此即心靈之正道。唐君毅也指出正道之外亦有「魔道」，所謂的「魔道」近於佛教「我執」、「法執」。當吾人得到普遍的概念後，續將此概念運用在任何事相，這就形成「判斷」，而人之判斷有真有妄，其妄在於自己的判斷和所感通的狀況不一致，甚至產生矛盾，這就導致自身判斷與實際感受的世界有了分裂，進而使心靈出現裂痕。有此裂痕，人遂感自身之心靈不再完善圓滿，甚至否定心靈所存之真理。由此看來，所謂的魔道即存在於形成普遍概念的階段和心靈做出判斷之

〔註46〕唐君毅：〈象山、慈湖至陽明之即心性工夫，以言心性本體義〉，《中國哲學原論・原性篇》，頁440。

〔註47〕參見唐君毅：〈象山、慈湖至陽明之即心性工夫，以言心性本體義〉，《中國哲學原論・原性篇》，頁451。

〔註48〕唐君毅：〈生命存在中之「真理或道」與「存在」之意義——觀生命存在中之「存在之理」之相〉，《生命存在與心靈境界・下冊》，頁1106。

際,可見此魔道是內在於心靈的。〔註49〕所以人在做判斷前必須要運用理性以觀照、理解普遍意義,同時藉由邏輯將合理之事納入心靈,吾人在此歷程裡能感受到心靈活動,深切地感受生命存在,這是心靈免於魔道的方法。除此之外,文學、哲學等活動也有利於吾人直感生命心靈的存在,這也是保住生命存在的方法。〔註50〕

唐君毅還提出魔道另一種型態,以運用邏輯而言,人面對事相前尚未形成判斷,僅是以邏輯而審視,但此審視與思維只限於自身,不對思想以外的世界負責,無形中割裂自身思想與外在世界。所以,人在思維之際若不考慮自身與外界,就造成「逃避的魔道」,此是逃避「生命心靈兼存在兼思想」,〔註51〕這將導致心靈感通限囿於吾人一身而已,喪失心靈「推擴」的效用,致使生命存在流於萎縮。為了解決這個問題,吾人必須正視外在世界的感覺活動,將自己的理性思維結合心靈感通以溝通內外,由此形成對事物之知識與理想,且要更積極地求其實現理想,這就是人的道德理想。在實現道德理想時,也就確立生命與心靈之存在,同時也是生命心靈要求存在之理。〔註52〕

唐君毅續指出,人在追求道德理想時又容易產生魔道。人若是以為道德理想、道德生活形成的道德人格與心靈高於外在的世界,進一步形成道德之尊嚴感,接著又化為一道德上的矜持傲慢感,這種矜持傲慢感就會下降為功利主義之途。有此流於矜持傲慢的道德尊嚴感,人們看到外在世界的不道德或非道德,就會認為自己的道德生活、道德心靈不存在於外在的世界,甚至由此「不存在」而感到空虛寂寞,更甚者會厭棄自身所持的道德,轉求向下降低自身的道德以求配合外在世界。〔註53〕欲解決此魔道,在於將外在世界超升為道德世界,唐君毅說:

　　人之道德生活人格,即必然歸向於求成己兼成物;然後人之心靈生

〔註49〕 參見唐君毅:〈生命存在中之「真理或道」與「存在」之意義——觀生命存在中之「存在之理」之相〉,《生命存在與心靈境界‧下冊》,頁1106～1107。

〔註50〕 參見唐君毅:〈生命存在中之「真理或道」與「存在」之意義——觀生命存在中之「存在之理」之相〉,《生命存在與心靈境界‧下冊》,頁1108。

〔註51〕 參見唐君毅:〈生命存在中之「真理或道」與「存在」之意義——觀生命存在中之「存在之理」之相〉,《生命存在與心靈境界‧下冊》,頁1109～1110。

〔註52〕 參見唐君毅:〈生命存在中之「真理或道」與「存在」之意義——觀生命存在中之「存在之理」之相〉,《生命存在與心靈境界‧下冊》,頁1110。

〔註53〕 參見唐君毅:〈生命存在中之「真理或道」與「存在」之意義——觀生命存在中之「存在之理」之相〉,《生命存在與心靈境界‧下冊》,頁1111。

> 活乃能兼存在於其自身之內與外，而免於上述之空虛之感，以使其
> 心靈生命成一無此空虛之感之充實的真實存在。人在有此兼成己成
> 物之道德理想時，由此理想之繼續生起，而存於其心，更次第實現
> 於其行為，人即可知此理想及實現此理想之能，其表現於其心靈生
> 命之中，有其不竭之泉源。此泉源，為一內在而超越之形上的泉源。
> 人更可本此心之理性，而知其為遍在一切人心，與一切生命存在中
> 之形上的泉源，以使其心靈與生命存在，咸得次第超升者。由此而
> 人之道德生活人格，無論如何崇高，然當其還望此泉源之時，皆可
> 自感其有限，而平抑其傲慢。〔註54〕

也就是說，真正的道德人格是「自利利他」，成己成物的道德理想與道德實踐
能保證心靈持續感通。在持續感通裡，更可得見人之道德理想源源不絕，其效
能也源源不絕。於是，自我將與外在世界一起次第超升，並由此得見原來一切
人皆有此泉源，這個體悟能夠有效地解決道德理想引發的魔道。

　　整體說來，唐君毅論心靈的魔道與正道著重於心靈邁向超越的歷程裡所
引發的問題，心靈的魔道即是「盡性立命」的推擴遭受阻滯。〈道德意識通釋〉
則側重於吾人與外境互動時產生的偏私過惡，例如仁義禮智信五種德性也是
呈現於人我互動之中。再者，唐君毅論心靈的魔道與正道仍是本於心靈的德性
而來，關鍵在於靈覺是否全然發揮，以妥善運用德性，協調心境。從另一個角
度來說，吾人若能覺察心靈存有的諸多不善，亦有利於心靈感通的道德實踐。
唐君毅認為佛教將生命遭逢的逆境視之為無常，更以此判斷世界之生命存在
乃是「苦」，此即未能針對順逆之境有更深入的了解。儒家則是思索此順逆之
事是否存在更深刻之意義、如何啟發自己能夠「義所當為」、對生命有何啟示
等等，此即代表生命心靈活動之方向不耽溺於境相，而是更客觀、全面地觀照
事相，〔註55〕這正是「苦痛」的價值：

> 人可發現「苦痛」之一積極的價值，為吾人之深心之求善意志所願
> 意承擔，而積極加以肯定，以鞭策吾人精神之向上者。由是而苦痛
> 對我遂成為義之所當受，表現宇宙之正義原則者。吾人再將上述對
> 於苦痛之思想態度客觀化，即成為「一切人之苦痛，皆原於其罪惡」

〔註54〕唐君毅：〈生命存在中之「真理或道」與「存在」之意義——觀生命存在中之
　　　　「存在之理」之相〉，《生命存在與心靈境界‧下冊》，頁 1111～1112。
〔註55〕參見唐君毅：〈天德流行境——盡性立命境——觀性命界（中）〉，《生命存在與
　　　　心靈境界‧下冊》，頁 874。

之宗教智慧。人類之現實的苦痛問題,到此即化為一人類道德問題,
即化為一存於人心之內,而不在人心之外之問題。〔註56〕

唐君毅在「苦痛」發現道德與宗教取得一致,兩者同樣求善,同樣期望能夠提
升自身修養,表現一樣的高度智慧。於是,當人們面對人生之罪、苦、痛、惡
等等負面情境時,若能掘發其中的積極價值,則此負面情境皆可轉化為提升自
我的契機,是吾人「盡性立命」的運用之處:

> 「吾人之生命之變化運行到之一境,此一境對吾人義所當然者有所
> 命」之一有價值意義之一活潑潑的命運。然此所遇之一任何命運,
> 亦不只是一事實,而是此命運啟示一價值意義,而對吾人之義所當
> 為者,有所命,而人有之自命自令,自皆有一限定的價值意義,而
> 為限定的命令。〔註57〕

逆境固然是生命的限制,但是人之德性卻必須在此充滿限制的生命歷程裡表
現,方能使德性具體化,在一一境一一相裡展現各種德行。〔註58〕吾人在此境
相中把握本有心體,觀照此心與外境外命相續不斷的互動,積極「盡性立命」,
此即是「天德流行」,亦是契應「天德流行境——盡性立命——觀性命境」的
宗旨。唐君毅說:「此一限制,是否真只為一限制,亦要看吾人之如何觀此限
制。今吾當說:此一限制,正同時有一超越限制之意義。」〔註59〕因此,他認
為「不善」亦賦予吾人邁向超越的契機,所以此「不善」並非絕對之「不善」,
在吾人一念之善之下,均有轉善之可能。

四、儒佛觀照生命存在的差異

唐君毅認為佛教的教說與實踐重心在於破執去妄,觀眾生的苦痛煩惱以
起大慈悲心,進而普渡眾生,不同於儒家先觀眾生心性之善的入路,觀照方向
也不盡相同:

> 佛家思想,則要在由破除吾人之心靈對主觀客觀世界之種種執障,以

〔註56〕 唐君毅:〈中國之宗教精神與形上信仰——悠久世界〉,《中國文化之精神價
　　　　值》,頁312。

〔註57〕 唐君毅:〈天德流行境——盡性立命境——觀性命界(中)〉,《生命存在與心靈
　　　　境界·下冊》,頁875。

〔註58〕 參見唐君毅:〈天德流行境——盡性立命境——觀性命界(中)〉,《生命存在與
　　　　心靈境界·下冊》,頁875。

〔註59〕 唐君毅:〈天德流行境——盡性立命境——觀性命界(中)〉,《生命存在與心靈
　　　　境界·下冊》,頁876。

先開拓此心靈之量，而成其對法界之一切法之橫觀，以使此心靈日進
於廣大；而更自上而下，以澈入於法界中一切有情生命之核心，由其
有所執而生之苦痛煩惱，更與之有一同情共感，而起慈心悲情；再以
智慧照明此有情生命之核心所執者之本性空，而即以此智慧拔除其
苦痛煩惱，以成此有情生命之救度。此則與世間一般歸向一神之宗教
心靈所嚮往之方向，截然不同，而其教亦截然不同者也。〔註60〕

由此可見，佛教乃是先行橫觀一切相，深入觀照眾生的煩惱執障，再由此起同
情共感，悲智雙運以渡眾，不僅要求自身解脫，更要救渡一切眾生。因此，橫
觀一切相，普渡一切眾，對世間的深刻關懷即造就佛教廣大高明之心靈境界。
唐君毅認為佛教最為殊勝之處在於肯定眾生本具佛性，因此眾生必能破除執
障、銷解一切煩惱執著以彰顯佛心佛性。〔註61〕再者，他也察見西方宗教之信
仰不見得能達到排除我執的效果。而佛教較勝一籌，不僅能涵容西方信仰超越
神靈之教義，更能以其智慧而破除我執與法執。佛教將神靈視為我心之外，是
法執；視為我所有，是我執，都須徹底破除，連仰求神明拯救之心意都必須掃
除，這就是將他力之信仰轉為自力之宗教信仰，〔註62〕這種徹底破除一切執著
妄見的修持特色，即是佛教空理的主要作用。唐君毅認為佛教首先著眼於眾生
生命中的苦痛與煩惱，故以各種法門引導眾生破執去妄，達到解脫超越的目
的。但佛教不以個人解脫為究竟，乃是藉由觀照眾生之煩惱與苦痛而起普渡眾
生的慈悲與智慧，因此，唐君毅將「破執去妄、我法兩空」作為佛教思想之要
義，標舉佛教與儒家、一神教的不同之處。

　　在修證方面，儒佛亦有差異，唐君毅指出儒家重視自覺，佛教也由自覺而
說「即心即佛」，其修證與論述也相應儒家天道與人之心性不二的原則，〔註63〕
但唐君毅仍指出佛教不足之處：

唯佛教重各個人之分別禮佛心，而不重在人與人感通關係中，人文
人倫世界中見天心。故恆落入個人主義。吾人所嚮往之宗教精神，

〔註60〕唐君毅：〈我法二空境——眾生普渡境——觀一真法界（上）〉，《生命存在與心
　　　　靈境界·下冊》，頁754。
〔註61〕唐君毅：〈論生命存在與心靈之主體——其升降中之理性運用——觀主體之依
　　　　理成用〉，《生命存在與心靈境界·下冊》，頁1027。
〔註62〕唐君毅：〈論生命存在與心靈之主體——其升降中之理性運用——觀主體之依
　　　　理成用〉，《生命存在與心靈境界·下冊》，頁1026。
〔註63〕參見唐君毅：〈中國未來之文化創造（下）〉，《中國文化之精神價值》，頁394。

則既本於性與天道人心與天心之不二，──知天心即人心之所表
現出者，或人心之客觀化；又知剋就客觀化出之天心，見於「人與
人之精神之貫通」者言，乃超諸個人之上，而為統攝諸個人之心
者。因而此宗教精神不得陷於個人主義，而與吾人之一切社會倫理
文化之意識，可相輔相成。此宗教精神乃直接依吾人注重於「人與
人精神之貫通」中，於人倫人文世界中見天心，而置人間於天上之
宗教精神。故吾人即不能如佛教之教人為崇敬一佛，而忽視人文人
倫矣。〔註64〕

此即認為佛教較重視個體的修證，不重視在人我互動及當前世界裡直見佛性，
〔註65〕但儒家並非如此。誠如上文所言，唐君毅主張吾人應把握生命存在而觀
照事相流行，透過心靈感通以提升境界，同時作為一切文化活動之基石，所以
理想的體證模式應兼及整體人文人倫世界的經營。〔註66〕他也指出注重人與

〔註64〕 唐君毅：〈中國未來之文化創造（下）〉，《中國文化之精神價值》，頁394。
〔註65〕 唐君毅認為佛教雖有普渡眾生之大行，但假使有人隔離於社會而獨自修證，
亦能有所體證，所以社會倫理與人我互動並非佛教修持的必要條件。但是，以
漢傳佛教而言，社會倫理乃是修持範圍，例如《觀無量壽佛經》談「淨業三
福」，就包括「孝養父母，奉事師長，慈心不殺」（〔南朝宋〕畺良耶舍譯：《佛
說觀無量壽佛經》，《大正藏》第12冊，頁341c。）佛陀更稱此是「三世諸佛
淨業正因」（同前註，頁341c。）可見最為簡易的念佛法門亦將社會倫理作為
修持要素。又如方立天指出：「中國漢地流行菩薩戒，十分重視『菩薩行』。四
攝和六度是菩薩行的重要內容，是佛教徒對社會應盡的道德義務。……在四
攝和六度中，最值得注意的是布施和忍辱，這兩項在大乘佛教修持中具有極
為重要的意義，反映出佛教對於人際關係的重視和對世俗社會生活的深切關
懷。」（方立天：〈中國佛教與倫理建設〉，《中華佛學學報》第12期，1999年，
頁419～420。）由此可知，佛教的修證仍不失對人間的關懷，人我互動和社
會倫理已然是漢傳佛教重要的修證範疇。又如陳英善所言：「大乘菩薩道與儒
家倫理之立論基礎，其最大不同，可說在於無自性與自性之差別。大乘菩薩道
之立論基礎，基本上在於『無自性』，……儒家倫理之立論基礎，不論是傾向
主體或客體或主客兼之的立論，其本身皆基於自性而來。無論是大乘菩薩道
或儒家倫理，其皆兼具自利和利他，如大乘菩薩透過慈悲智慧以成佛，儒家透
過內聖外王以成聖。彼此立論基礎雖有所不同，但本無優劣可言。」（陳英善：
〈大乘菩薩道與儒家倫理〉，《中華佛學學報》第12期，1999年，頁336。）
不論如何，從「自利利他」以審視儒佛的修證，都能察見兩者都不離日用倫
常，因此唐君毅認為佛教不重視人我往來，不見得適用於大乘菩薩道。
〔註66〕 這個見解乃是延續《文化意識與道德理性》而來，以道德意識統攝一切文化活
動，包括家庭、經濟、政治及國家、哲學、科學、藝術、宗教、體育等等，唐
君毅列舉的文化意識，幾乎涵括社會生活與精神層面可能接觸的文化活動。
他以道德意識作為文化活動的主導，爾後在《生命存在與心靈境界》直接以生

人之間的感通是中國學術傳統，並非印度原有；因此儒者能在人與人之間的感通之中體察到「仁」在其中，「仁」即吾人之心性，〔註67〕唐君毅說：

> 然禪宗之人，卻又唯以其機鋒相感，<u>為使人各自見其本來具有之真空本性、真如本性之資，而不直下即就此相感，以言其性之仁之流行於其中。</u>於此，人之只直指此相感中之仁為性者，便於世界之染業與苦等，初無一反省的判斷，亦初無自其中出離解脫之意。而彼謂唯其真空本性，方為吾人之真正本性者，則明本於一「求出離一切苦與染業，解脫一切染淨善惡之執障」，而欲頓悟直悟之心。今禪宗唯由人之欲出離解脫之心，以見其真空本性，於此謂之性，而不肯即其師徒間之機鋒相感，以見性之之仁之流行於其中。是則明見其求見性之用心方式，與儒者之言，固有入路上之不同也。〔註68〕

唐君毅認為禪宗雖然注重師徒或徒眾之間彼此問答，但未能深究此中的感通互動之中實存在吾人心性的至善至仁。再者，佛教雖判定吾人與世間存在苦與染業，卻不直接對此省察，而是要人在「欲出離解脫之心」而見性。唐君毅在此處藉由「感通」揭示儒佛之別：首先是儒者重視人與人之間的感通，所以儒者能體察「萬物同體」、「民胞物與」的精神與境界。再者，人與人之間的感通呈現「平等」的型態，聖賢亦採取此型態教化常人，不似宗教採取「上對下」的型態。最後，當下直接的感通代表儒者對心性的肯認，佛教的實踐工夫顯得較為迂迴，而且是由人的出離心或煩惱而著眼，這是與儒家的差異處。

　　承上所述，吾人更可說「感通」是唐君毅簡別儒佛的入路之一，他認為宋代儒者直接肯認人在實踐之中皆有「誠」在其中，更藉由此「誠」進一步肯定人皆有誠，天地萬物皆依此誠性而生，將人道聯繫於天道，這是儒家直就吾人當下心性的誠、善流行而說，但佛教未能對此有所肯定。〔註69〕唐君毅指出，儒家能於吾人為善去惡、學習聖賢的行為之中肯定其至善至誠，佛教卻不重視眾生修道求法的至誠，也不就此至誠而論人與天道的聯繫，唐君毅說：

> 　然佛家之徒，明有一修道求法之誠，而不重此誠之概念已說人性與天地萬物之性者，果又何故？

　　命存在及心靈論述，更突顯出他認為心靈本就是道德的主張，而一切文化活動均以生命存在的升進為核心，均有利於生命存在邁向超越。

〔註67〕參見唐君毅：〈由佛再入儒之性論〉，《中國哲學原論·原性篇》，頁325。

〔註68〕唐君毅：〈由佛再入儒之性論〉，《中國哲學原論·原性篇》，頁325。

〔註69〕唐君毅：〈由佛再入儒之性論〉，《中國哲學原論·原性篇》，頁330。

　　　　吾人今對上所提之問題，若加深思，便知佛家之用思，雖極其
　　　廣大精微，而窮深極遠，然仍有所忽略。此即其終未能剋就其心志
　　　行為在其修道歷程中之有所趨向，而即就此「能趨其所趨，向其所
　　　向之相續」之所以可能上，自見其性之誠是也。〔註70〕

這段話說明兩個重點，一是佛教不就吾人當前的心志行為而體見其善性，而儒家「盡性立命」則切合吾人之生命存在與心靈之至善而操持，此即更顯儒家較佛教有「真肯定」。二是佛教忽略人與人之間的感通，而儒家則以吾人之心性為核心，由此而能在吾人之心性與外境、天道的感通活動裡直接體見至誠至善的流行與活動。基於這些差異，唐君毅進一步指出儒家能直從事相流行不已之中，把握吾人至善心體之所在，佛教卻只是將事相流行作為觀照對象，也不在眾生致力成德的實踐裡肯定佛性已然作用其中。

　　關於唐君毅批評佛教未能從心靈之「能趨其所趨，向其所向之相續」得見心性之誠，這樣的看法不見得確切。所謂「能趨其所趨，向其所向之相續」，即指心靈持續向善之趨勢、為善之動力與行善之相續不已，在佛教能以「信願」、「誓願」作為表述，例如禪宗六祖惠能（638～713）云：「自心眾生無邊誓願度，自心煩惱無邊誓願斷，自性法門無盡誓願學，自性無上佛道誓願成。」〔註71〕六祖將四弘誓願加上「自心」、「自性」即是肯定眾生之清淨心能斷煩惱、渡眾生、學法門、成佛道，此即基於吾人心靈有向善之趨勢、能善之動力與為善之相續不已而提出之觀點。除此之外，「信」和「願」在佛教各宗派裡都有重要意義，象徵眾生依於佛法而破執去妄、解脫煩惱之決心與契機，佛教肯定眾生修持歷程裡的「信願」，即是肯定佛性存在於「能趨其所趨，向其所向之相續」。因此，佛教並非沒有重視心靈趨於善和能趨於善之方向與動力。

　　總而言之，唐君毅認為佛教的不足之處，可以歸納為以下數點：

（一）對於吾人心性之至誠未有確實的肯定，而儒者皆肯定吾人之至善至誠乃根本義，能通貫天道。

（二）佛教將一切事相視為生滅相，無法直就事相的相續流行而肯定其中有吾人之至誠，故難以把握當下的生命與世界而體證。

（三）缺少歷史文化意識和社會責任，但儒家對此有積極的態度，例如從

〔註70〕唐君毅：〈由佛再入儒之性論〉，《中國哲學原論・原性篇》，頁330。
〔註71〕〔元〕釋宗寶編：《六祖大師法寶壇經》，《大正藏》第48冊，頁354a。

朱子心性論可衍生出治國齊家之意識，〔註72〕王船山的思想能解釋
儒者重視歷史文化的特點。〔註73〕

　　可見，唐君毅從生命存在之流行比較儒佛觀點，儒者能於當下體見至善心
體運作在其中，佛教則見生命存在之流行均為無常、生滅的表現，這就表示儒
佛觀照吾人「善」與「不善」的人路有顯者的區別，而唐君毅也藉由此義認為
佛教對於生命存在及所依存的世界肯認不足，因此主張以儒家實踐作為呈顯
至善、轉化不善的方法。

五、從生命存在的流行不已詮釋「無明」

　　關於不善的部分，佛教除了以「苦」概括眾生的苦痛煩惱，其論「無明」
亦是相當有特色的論述，吳汝鈞解釋：

> 沒有理性光明的狀態；沒有方向而是一團渾沌的狀態。這是世界與生
> 命的最原始狀態，為十二因緣的第一支。所謂無明支。人生的生老病
> 死等一切苦痛，都由無明而來。……無明從何處來？它是何時有的，
> 怎樣有的？佛教並沒有解釋，所謂無始無明。倘若這些問題有答案的
> 話，無明已不是無明了。佛教是從現實開始說。現實的人生、世界，
> 都為無明所決定，所驅使。人生就現實面而說，充塞著種種迷妄、執
> 著，這都是無明的表現，因而有無盡的苦痛煩惱。佛教所關心的，是
> 如何對治這現實的無明，使之變為明，而得解脫。〔註74〕

吳汝鈞的解釋有幾個重點，首先是佛教並沒有解釋無明的產生，也沒有確切地
說明為何無明能致使眾生佛性無法充量發揮。再者，無明比「苦」更具根源性，
佛教以「苦」概括眾生的生命歷程，並認為「苦」乃因無明而產生，故「無明」

〔註72〕唐君毅論朱子的學說：「又一方是本吾人所窮得天地萬物之理，而知吾人所以
　　　　裁成輔相之道，以顯為齊家治國平天下之業。是為盡人性、盡物性，成己、成
　　　　物而成聖之實事。此則遠契於中庸大學論孟之聖教。」（唐君毅：〈朱子之理氣
　　　　心性論〉，《中國哲學原論・原性篇》，頁429。）

〔註73〕唐君毅說：「船山以乾坤並建，言天地萬物之日新而富有之要義，乃不僅意在
　　　　謂此全部之已成之天地萬物必迎來，以有天地萬物之繼續新生與順往；而是
　　　　來者既來，其道亦新，以使此天地萬物與其道，咸更歸於富有；於是其再迎來
　　　　者之道，又不同於其所以自來之道。此方足以真說明宇宙之歷史之變」（唐君
　　　　毅：〈王船山以降之即「氣質」、「才」、「習」、「情」、「欲」以言性義〉，《中國
　　　　哲學原論・原性篇》，頁512。）此即從天地萬物的變化與循環相生之道，而
　　　　體見宇宙與歷史之新變，此亦能作為儒者重視歷史文化的象徵。

〔註74〕吳汝鈞：《佛教大辭典》，頁442。

是佛教「不善」的根源義。最後，吳汝鈞提到佛教乃是先解決無明在現實人生引起的苦痛與煩惱，使其轉染成淨，這種先不追究根本原因而全然訴諸於當下實踐的態度，與唐君毅的見解是一致的。

牟宗三注意到佛教「無明」的論述，他認為若能良知而行即可解決「無明」之問題：

> 我們為什麼忽然一念不覺就有無明，這無明風是從何而來……因為
> 我們有感性，由於有感性，所以常為物欲所牽引，因而有無明，有
> 昏沉，這表示人是有限的存在，所以人的意志不是神聖的意志。……
> 我們若順著良知起心動念，而無一念昏沉的無明，亦不會有「平地
> 起土堆」的情形；可是我們有軀殼，我們有感性私欲，所以才有無
> 明昏沉。這種問題只能如此說明，也只能分析至此。假定有人追問：
> 人為什麼有感性、私欲呢？這種問題是不成其為問題的，否則真是
> 「難可了知」了。〔註75〕

牟宗三主張從吾人的良知解決無明引發的負面價值，但沒有多加說明無明的根源，因為從實踐上解決無明的問題比探究無明的根源來得更為迫切。熊十力亦從「惑」的產生以論人生負面價值之產生：

> 然而人之有生，不能無惑。蓋當其成形稟氣之始，而忽然執形氣而
> 昧其本來，是之謂惑。此惑既與形氣俱始，則輾轉滋盛，益以私其
> 形氣而小之，終乃執形氣愈堅，日與物化而莫之禦。〔註76〕

熊十力論「惑」的產生也可說是回應佛教「無明」的問題，他認為人之生而執著於現有的形氣而忘失吾人本來之至善心體，「惑」與外境繁複往來互動而造成更深刻的執著，導致物化。但是，熊十力的解說也不能說明為何人們會「忽然」執形氣，為何至善心體無法提前遏止惑之產生。可見，熊十力雖以「惑」說明吾人「不善」的產生與形成，但仍難以根本地解決佛教「無明」說。

唐君毅對於人為何不能當下全然「致良知」感到疑惑：

> 人何以有良知不充量呈顯，以去人之一切罪過之時？謂良知更無能
> 顯之性，此不能說。此無異否認人有良知。良知有能顯之性，何以
> 又不充量顯示？此則無理由可說。〔註77〕

〔註75〕牟宗三：〈大乘起信論之「一心開二門」〉，《中國哲學十九講》，頁295～296。
〔註76〕熊十力：《新唯識論》，收入蕭萐父主編：《熊十力全集・第二卷》，頁85。
〔註77〕唐君毅：〈論精神上的大赦（下）〉，《中國人文精神之發展》，頁294。

為什麼人秉持良知，卻又無法完全發揮；為什麼良知能顯卻又不能完全顯示？
牟宗三認為人在「順著良知起心動念」的狀態，自然能行善去惡；但唐君毅對
於人何以不能進入這理想狀態感到無從解釋。他認為這不能單就人的氣質、環
境等因素來解釋，若認為這些理由影響人無法發揮良知，實則是否定良知去惡
之大能。〔註78〕所以唐君毅發現人性的確有無法解釋的限制，使得良知無法完
全發揮；那無法解釋的限制，可以說是「無明」不思議之處。《大乘起信論》
云：「是心從本已來自性清淨而有無明，為無明所染，有其染心。雖有染心而
常恒不變，是故此義唯佛能知。所謂心性常無念故名為不變，以不達一法界故
心不相應，忽然念起名為無明。」〔註79〕吾人本來自性清淨，卻有無明存在，
為什麼眾生心性裡有無明卻依然能維持自性清淨？這個問題唯佛能知。接著，
又稱無明是「忽然念起」，為什麼會有這「忽然」也沒有明確的解答。唐君毅
續由佛教而考察無明的問題，他認為第一義的本覺依無明而有動，形成相續的
生滅心，此即眾生意識之中的「不覺之覺」，所以在《大乘起信論》裡最底層
是一個覺心，是能顯於眾生意識之「不覺之覺」者。唐君毅更解釋無明是「此
最底層之心之覺或明」與「意識之念念相續中之不覺之覺，而無明之明」間的
阻隔者，與底層之本覺活動而引發生滅。〔註80〕他也認為，如果說無明存在於
佛性之中，那又不合吾人之理性，應該說此佛心是一大光明藏，而無明只是其
外障。但如此說來，又將導致「大光明藏去外障後，又生障」，此將致使眾生
無法成佛，故為一大謬誤。所以還是要說「無明是無始無終」，但無明無始無
終，就必須強調佛性也無始無終，這就是天臺宗主張佛性與惡相即之論，〔註
81〕然唐君毅仍認為此說有誤：

> 然若佛性與無明，果平等相即，而佛性真有惡，則成矛盾，又成佛
> 應不可能。若謂佛性能破無明而化惡，故成佛可能；則無明與惡，
> 仍非真實之佛性，此則當如華嚴宗人之以佛性有惡，為第二義之說，
> 在第一義之佛性，仍畢竟無惡。然眾生之有此第一義之佛性為性者，

〔註78〕參見唐君毅：〈論精神上的大赦（下）〉，唐君毅：《中國人文精神之發展》，頁
294。

〔註79〕馬鳴菩薩造，〔梁〕真諦譯：《大乘起信論》，《大正藏》第32冊，頁577b。

〔註80〕參見唐君毅：〈大乘起信論之佛學道路〉，《中國哲學原論・原道篇（三）》，頁
263。此亦是智顗說：「眾生心性即無緣慈，無明障隔，不能任運吸取一切。」
（〔隋〕釋智顗：《摩訶止觀》，《大正藏》第46冊，頁81a。）

〔註81〕唐君毅：〈後序〉，《生命存在與心靈境界・下冊》，頁1179。

又何以為無明所覆？無明能覆佛性，使不得顯，則無明仍為第一義
之眾生性，而眾生實未嘗以第一義之佛性為性矣。〔註82〕

唐君毅認為華嚴之說較天臺宗合理，但他仍追問：若是眾生以佛性為第一義，
那麼第二義的無明究竟從何而來？這個問題始終難以解答，唐君毅也認為佛
性與無明之問題實在難以理解，引發的問題也難以回答。

唐君毅言：「此不覺其本覺之不覺，即吾人之無明。」〔註83〕吾人未能覺
察本有佛性，或是不知為什麼清淨佛性為無明所覆，就是無明。他撰述《生命
存在與心靈境界》把握生命存在的活動歷程而回應無明的問題：

依佛家之以自然生命存在之有生老病死，唯是依於一無明之說，則
其謂人與一切自然界之生命存在，所以不知其生之所以生，不知其
生之有前生與後世，亦皆同原自生命存在中之無明。如謂人死後在
「中有」之階段之癡迷，足使其忘前生事是也。又如信上帝者之謂
人之忘其所以生之原在上帝心中之人之模型，在人之「無知」，此「無
知」即為人之罪是也。〔註84〕

唐君毅認為佛教的無明說與一神教的無知論均將人們「不知其生之所以生」或
是「忘其所以生」視為負面或是罪惡，他辯駁「忘其所以生」不能解釋為不善，
而可以說是對舊有生命之超越，因此，他把握吾人生命原無定執的特性及心靈
超越的原則，試圖解決無明的問題，此說值得關注。

唐君毅說：「此忘與不知之亦可說為善，蓋唯在中國先哲之思想中有之。
西方印度之思想，蓋皆唯以知為善，以無知無明為不善也。」〔註85〕他也指出
莊子「坐忘」、「不知而知」即是闡明此義。〔註86〕他說：「生命之所以相續有
其新知，皆賴於其能忘舊日之所知。忘之而能隨時更憶，固為大知而至善。然
忘之而不能更憶，此忘亦所以開新知，雖非大善，亦為一善也。此忘之所以為
善，即在其對舊者有所超越。凡對舊者有所超越，亦必有忘。雖暫忘亦是忘，

〔註82〕唐君毅：〈後序〉，《生命存在與心靈境界·下冊》，頁1179。

〔註83〕唐君毅：〈佛心與眾生之佛性〉，《中國哲學原論·原性篇》，頁251。

〔註84〕唐君毅：〈天德流行境——盡性立命境——觀性命界（上）〉，《生命存在與心靈
境界·下冊》，頁850。

〔註85〕唐君毅：〈天德流行境——盡性立命境——觀性命界（上）〉，《生命存在與心靈
境界·下冊》，頁851。

〔註86〕唐君毅：〈天德流行境——盡性立命境——觀性命界（上）〉，《生命存在與心靈
境界·下冊》，頁851。

亦是一對舊有者有所超越也。」〔註87〕如此看來，吾人對忘記舊有生命，實可說是對舊有生命之超越，是生命日新又新的表徵，不能斷然判定此為不善。唐君毅更言：

> 若吾人對此人與其他生命存在之不自知其來處，不自知其根源，視為其生命之存在對其來處其根源處，有一超越而忘之之故，此超越與此忘，亦表現一善；則吾人即可說此一切人與其他生命存在之生，在根本上，是一創造之歷程，亦是一善之流行。此中若謂其有前生，此前生必先被超忘，而同於不存在。若謂其生，另有超越之形上根源，此根源亦必先被超忘，而其生如離此根源，而為一「破空而出」之赤裸裸的生命，以存於天地之間。則其初不自知有此前生，亦不自知其根源，即皆同為表現其生命之先天的空寂性、純潔性，而為一善之流行者矣。〔註88〕

唐君毅把握生命循環不息的特質及對心靈超越的肯認，詮釋吾人的生命本就是創造歷程，更是至善之流行。正因為吾人的生命原無定執，故能不束縛於「超越之形上根源」；雖不束縛於此，但能依據心靈本具之至善而在一切事相裡把握「超越之形上根源」——依唐君毅所見，此即是吾人本有之神聖心體。根據上述，則唐君毅認為吾人忘記前生、生命根源，並非無明，而是超越的「破空而出」，更可說是生命無定執之表現。從「性」而言，唐君毅反對將罪惡或無明作為性之根源，他說：

> 前所謂吾人生命之生於此世界，初為一破空而出之一赤裸裸之生命，乃表現一先天的空寂性、純潔性，而為一善之流行，為第一義。亦即以自覺的超越忘去此生命之來處，以及其超越的根源，為第一義。〔註89〕

唐君毅認為，生命存在的伊始即忘失前世的生命的歷程，或是不記得生命之根源，此可視為生命對前段生命歷程的超越，表現生命「原無定執」的純粹；這份純粹，即是生命之至善，此應作為生命第一義，即神聖心體的本質。基於這

〔註87〕 唐君毅：〈天德流行境——盡性立命境——觀性命界（上）〉，《生命存在與心靈境界‧下冊》，頁851。

〔註88〕 唐君毅：〈天德流行境——盡性立命境——觀性命界（上）〉，《生命存在與心靈境界‧下冊》，頁851。

〔註89〕 唐君毅：〈天德流行境——盡性立命境——觀性命界（上）〉，《生命存在與心靈境界‧下冊》，頁857。

個體認，他反對佛教將無明與佛性並置的看法，他說：

> 吾人之所爭者，唯在此一切自然生命，雖有種種俱生之我執，然其
> 所以能存在之本質或本性，仍在其內具之超越性，或善性。即其生
> 命存在之對其來處與根源之無明無知，亦有二超忘之善，以此性之
> 善為第一義；即見此自然生命俱生我執之不善，並不能證明其所執
> 之生命存在之自身之本質或本性為不善而已。〔註90〕

唐君毅根據生命存在的歷程與心靈超越之動能而回應佛教無明說，但他也承認「此一切自然生命之存在中，有其執障，乃不能否定者。」〔註91〕他認為自己詮釋之本意，在於肯定生命本質是至善，起始表現也是善，而非我執或無明。生命存在起初並無定執，佛教於一切生命存在之上觀照，視一切生命存在為生滅、幻有，更觀一切生命存在之執著處而論生命是內在之封閉限制或執障罪惡之存在，唐君毅批評這是第二義的認知，忽略生命存在於第一義乃是無執、淨善。他也指出佛教將第二義作為第一根本義，乃是錯亂義理之先後本末。〔註92〕唐君毅更言人必須依於生命存在及心靈而有「真認識」，在此體認之下則見一切罪惡、染業、執障、有限性等等，均是第二義，絕非第一義。〔註93〕此即是儒佛在心性論方面，看待善與不善的主要差異。

再從忘卻生命根源之事來說，唐君毅說：

> 對此根源，可以天、上帝、如來藏心、或法界性起心之名說之。但
> 在此人的生命之生於此世間，以有其生的靈覺之時，此生的靈覺對
> 此超越的形上根源之自身，亦有一超越而忘卻之事。此超越而忘卻
> 之事，不能只說是一與其根源隔離，而墮落，遂不知其根源，而有
> 一生命之原始的無明之事。<u>此超越忘卻其根源之事，亦當說其乃由</u>
> <u>此生的靈覺之「破空而出」之故</u>。如人之自然生命之由母體而生，

〔註90〕 唐君毅：〈天德流行境——盡性立命境——觀性命界（上）〉，《生命存在與心靈境界·下冊》，頁852。

〔註91〕 唐君毅：〈天德流行境——盡性立命境——觀性命界（上）〉，《生命存在與心靈境界·下冊》，頁852。

〔註92〕 唐君毅在此處雖未言明是「佛教」，而以「世之智者」代稱，但他在其他論述裡已表達不贊同佛教視一切生命歷程為生滅，以及將無明作為眾生性之根本。據此，唐君毅在此處的批評即是針對佛教而論。（參見唐君毅：〈天德流行境——盡性立命境——觀性命界（上）〉，《生命存在與心靈境界·下冊》，頁840～841。）

〔註93〕 參見唐君毅：〈天德流行境——盡性立命境——觀性命界（上）〉，《生命存在與心靈境界·下冊》，頁837。

乃一破空而出之事。嬰兒破空而出，故與母體有一隔離，而嬰兒降
世。又如海水之倒注於湖，而湖海相離。故此生的靈覺與其超越之
形上根源之隔離，亦即此生的靈覺之有破空而出之一創生之活動。
而此隔離，亦初是由超越而忘卻其根源，以使其生命具一先天的空
寂性、純潔性，而無所依傍，以為一赤裸裸之生命以降世。不能說
全是隔離、全是墮落、全是無明，只可說一半是隔離、墮落、無明
而已。〔註94〕

宗教家對此生命根源有各種說法，但唐君毅認為將吾人生之靈覺與形上根源
的隔離視為罪惡或墮落，小不允當。唐君毅說：「故一一生命之破空而出，無
無以更成其有，是事，而破空無無之能使有更自成其有，以有生命之創生，亦
是理是道。」〔註95〕如此看來，則吾人的生命本來就是理事一如。又依唐君毅
所見，吾人的生命可說是由隱而顯，此即「無無以更成其有」；生命存在及心
靈持續發用、感通，此是「破空無無之能使有更自成其有」，根據此義，更可
說吾人的生命存在乃是有無不二。在這之中，唐君毅強調生命存在乃是依理而
生，依理而行，此理此道即是儒家所謂的「天」，吾人之生命存在即依循此天
而存有。〔註96〕此即基於「生命存在是中道所在」的見解而論生命歷程乃是隱
顯的轉換，其以「有、無」以詮釋生命「破空而出」、「破無無以更成其有」，
不僅突顯生命本具有破執的能力，更有佛教般若觀的意味。

　　唐君毅也從心靈九境的運作解釋「無明」。他指出吾人未能全然發揮靈覺
亦是「無明」，倘若吾人能運用靈覺，把握心靈活動之方向，且能向上、向外、
向內持續感通，即是豁除無明的歷程。〔註97〕舉例來說，唐君毅在萬物散殊境
的部分指出吾人在此階段尚不能自覺到「超越的我」（即神聖心體）的全貌，
只能感知其存在，也試圖在心靈活動和事相流行之中把握之。唐君毅認為這個
「不自覺」就是「無明」：

　　然亦可說為其自身之隱沒於其自體，而更不活動、不呈用，以歸一

〔註94〕 唐君毅：〈天德流行境——盡性立命境——觀性命界（中）〉，《生命存在與心靈
　　　　境界·下冊》，頁868。

〔註95〕 唐君毅：〈天德流行境——盡性立命境——觀性命界（中）〉，《生命存在與心靈
　　　　境界·下冊》，頁870。

〔註96〕 參見唐君毅：〈天德流行境——盡性立命境——觀性命界（中）〉，《生命存在與
　　　　心靈境界·下冊》，頁871。

〔註97〕 參見唐君毅：〈萬物散殊境——觀個體界（下）〉，《生命存在與心靈境界·上
　　　　冊》，頁135。

> 無明。故吾人又可說吾人之所以唯見一客觀外在之萬物散殊境，其
> 根本即在此超越的我之隱沒於其自體之一大無明。此一大無明之我
> 之為一般之自覺意識之根，正如佛家所謂末那識之為一般自覺意識
> 之根，而有俱生我執者。今能知此客觀外在之萬物散殊境，依此大
> 無明之我或末那識而建立，則為知此無明、明此無明之哲學活動，
> 亦為此超越的我之由體以再呈用之事。

人們若是不能自覺心靈的活動，心靈就會退縮，不能覺察「超越的我」，僅感知到一個客觀的萬物散殊境之存在而已。這種狀況是吾人未能發揮自覺，使自覺歸於心體，未能呈顯，唐君毅稱此為「無明」。須注意的是，這裡並非說心體不作用也不活動，而是吾人未能充分自覺。未能運用自覺已然不妥，吾人之自覺若是僅覺知自身而已，即只在乎個體存在，這即形成一大自私，唐君毅稱此為「無明中之深根」。〔註98〕所以，其解決無明的關鍵仍在於吾人是否能由事相流行之中發現心體發揮出的靈覺，再由此靈覺肯定神聖心體在事相中起用，如此一來，則能察見生命存在的性質，乃至於生命存在與外境的聯繫歷程，均有善德呈顯在其中，此能成為吾人轉化不善之契機，亦切合儒家從良知及道德實踐轉化無明的原則。

雖然當代新儒家學者並未全然贊同佛教的無明論，但佛教論無明、執著、煩惱等等較儒家深刻詳細，也有利於他們從另一個層面考慮「善」的發揮和「不善」的產生，唐君毅也同意人們能夠藉由這部分的論述了解自己的生命與心靈。佛教「悲智雙運」以拔苦，越能拔苦，則越能發揮智慧，即更能超越，所以佛教對於苦的反省與探討甚多，解脫工夫也深入細密。佛教不僅是關切如何解決當下的苦，還思考到如何徹底地從根源解決人生之苦痛，這即是佛教思想的核心。而這拔苦之悲智裡，吾人不會只關切自己的苦痛，還要擴及他人，此處顯示一大悲願，此即唐君毅所言：

> 依吾之同情心之一往充量發展，吾又必冒出一超越的願望，並求此
> 願望之達到，而此即又逐漸生出一求我之究竟的覺悟，及使一切眾
> 生，皆得一究竟的覺悟，而使一切眾生皆入無餘涅槃，皆證大菩提
> 而成佛之願望。然此願望，吾不知其如何能真實達到，亦可為永不
> 能完全達到者。此願望一日不達，則世間之苦，一日不能絕，吾人

〔註98〕參見唐君毅：〈萬物散殊境——觀個體界（下）〉，《生命存在與心靈境界·上冊》，頁 142。

> 之悲，一日不能已。而承擔此願望，即承擔一無盡之悲。此願依悲
> 而起，亦增人之悲。是為悲願。此悲願乃依於我願望一切超越於我
> 個人之外之眾生，咸有一內在的覺悟，以超越其無明其執障，而與
> 世界及其他真相知，而拔除一切生生不已苦厄之根以起。〔註99〕

這段話能作為唐君毅從無明而詮釋出的正面意義，藉山對無明的體察，能激發吾人求取超越的願望與覺悟，甚至能從中啟發對世間與眾生的無盡悲願，而這份悲願與追求智慧的決心，能夠作為破執去妄的動力。如此看來，佛教雖從無明而看待眾生心性，但亦能由此開闢教化眾生之坦途，此亦能作為引領眾生超越之道，這也是唐君毅將佛教與儒家並置於超主客觀境的緣由之一。

六、結語

　　唐君毅依循孟子學說而論善德之呈現，但比較《文化意識與道德理性》和《生命存在與心靈境界》之後，可以發現前者的說明顯然較後者繁瑣，後者全然訴諸於心之靈覺，尤其是藉由執兩用中之道以調適一切相，此作用即能表現各種德性。另外，唐君毅又將孟子四端之說視為心體自然之表現，即主張道德自然內蘊於生命存在之中，以心靈感通而發用，能表現於心靈境界之中。唐君毅對於吾人心靈的肯認或許有些過於樂觀，但要注意的是，唐君毅的「樂觀」不代表他對「不善」缺乏體認。相反地，唐君毅除了把握孟子學說以論吾人的心靈能表現各種善德，更從心靈感通及道德意識而闡述「不善」的類型。正是因為唐君毅對於不善有深入的理解，故更能肯定吾人的心靈亦能由「知不善」而展現超越的能力。再從佛教的無明論說起，唐君毅雖然同意佛教對於眾生的執著、煩惱與苦痛等等的理解比儒家深刻，但是他反對佛教將無明與佛性置於同一層次論述。再者，唐君毅也從無明而省察吾人的良知何以不能充分豁顯，但他更認為此非儒家道德與宗教論述探討的重心，其重心在於實踐的方法與過程。依新儒家學者回應看來，他們將無明的解決訴諸於實踐，並首先關注成德之歷程而非關注不善之根源，此是儒家道德與宗教之特點，亦突顯儒家重視實踐的特質。唐君毅評述儒家與佛教看待執著煩惱的差異後，作出論定：

> 然一切有情苦痛之原，則在其不自覺或自覺的定限其生命心靈活動
> 於一方向。此即佛家所謂妄執。生命心靈活動，有其所定限之方向
> 或妄執者，必有苦痛。此妄執與苦痛，固皆為一負面無價值者。然

〔註99〕唐君毅：〈宗教信仰與現代中國文化（上）〉，《中國人文精神之發展》，頁353。

以苦痛對妄執，則有破妄執之用。合而觀之，亦未嘗不表現一正面
之價值。……至於人於其苦痛，能以堅忍心加以承擔，同時直下用
之為破執之資，以成更開通之生命心靈者，則在儒者，乃視為一在
本原上更端正之人生態度。在此態度中，<u>則人必須同時先積極肯定</u>
<u>此一能承擔苦痛之生命心靈之存在之正面的價值</u>。生命受苦，以成
其生命之開通。生命所受之苦，亦不能超於其所能承擔之能量之外。
此即生命之莊嚴偉大，而生命亦非只為可悲憫之存在者也。今體此
莊嚴偉大，即能更轉而尊生、樂生，並肯定此生命之存在即是善，
即是有價值。此即儒者之基本態度。〔註100〕

唐君毅認為儒者是積極地肯定生命心靈能承擔苦痛與妄執，所以能直接肯定
吾人的生命存在即是「善」，且能揭顯煩惱苦痛、執著妄見存在的正面意義，
此是儒家「積極」之處。而「佛教」雖重破執，但因觀照眾生的煩惱執著而論
定生命是「苦」，致使未能從事相流行及吾人當下呈顯的心念以把握佛性，所
以佛教較「消極」。不過，「消極地」體察生命存在帶有的諸多不善，「積極地」
以儒家對生命存在的肯定而當下實踐，兩者仍可並行不悖，依然能有「以佛輔
儒」的效用。〔註101〕

〔註100〕 唐君毅：〈宋明理學家自覺異於佛家之理〉，《中國哲學原論·原道篇（三）》，
頁 420。

〔註101〕 不過，從這部分的論述裡，可以發現唐君毅認為佛教對苦痛煩惱的體認，有
助於儒者對生命存在有更深刻的理解，也能彌補儒家對於生命「不善」層面
的不足。陳振崑有一評論：「筆者認為唐君毅之以儒教為順成之教，單單憑藉
純粹的崇德報恩意識而缺乏現實與其超越之間所顯現出的張力、急迫性、或
超越性，因此其宗教信仰顯得軟弱無力，未能生發自俗世超拔而出之弘願，
以形成高卓神聖之人格。若能借助於對人性的痛苦或罪惡之更深層的領會，
踏實碰觸人性心靈深處的矛盾或執障。也就是因為能體驗到人性與世界的幽
暗面，在不放棄光明面之嚮往的追求下，更能奮力激發出人性光輝的力量。
再者，進一步追溯這力量的最後來源，也是光明的來源，更是愛的根源。因
此所謂逆反之教實有其進於順成之教而有待吾人深思之處。」（陳振崑：〈唐
君毅的宗教融合思想〉，《華梵人文學報》第 7 期，1996 年 7 月，頁 27。）這
段評論的問題在於，唐君毅主張儒者對生命存在及世間有「真肯定」，在這肯
定之下就沒有必要「從俗世超拔」，而是保持心靈能客觀於一切境相，又不離
一切相，這個看法近似於佛教中道不二，但又更強調心靈與世間的聯繫。用
佛教術語表述，唐君毅的儒教觀比較是「隨其心淨，則佛土淨」，在至善心靈
的觀照之下，一切不善皆有轉為善、入中道的契機；神聖心體在每一個境界
均能充分展現。再者，唐君毅是否排除「對人性的痛苦或罪惡之更深層的領
會，踏實碰觸人性心靈深處的矛盾或執障」？此應從唐君毅對「不善」的析

　　綜觀全文，除了關注唐君毅對「善」的論述之外，他詳細解析「不善」的產生與類型也是彌補過去儒家學說較少涉及之處。唐君毅也肯定「不善」具有的道德價值，闡釋吾人不僅能從心體「善」之表現以體證，更能從心體「轉化不善」而體見心體至善至誠之大用。至於他嘗試以生命存在「破空而出」、「破無無以成有」的論述，可說是兼綜儒家性善說、生命存在的隱顯流行及佛教般若觀，藉由這部分的解釋以強調生命存在本來至善，而忘失根源象徵吾人生命邁向新的歷程，心靈遭逢諸多不善均是發揮至善的契機。觀照生命心靈及世間不善，是道德與宗教必有的實踐，有利於吾人深刻領會生命意義；轉化不善也是生命能夠超越的證明，如此一來，世間的種種不善包括與生俱有的無明，在唐君毅看來皆存在正面價值，重點在於吾人是否有「生命存在本來至善」的肯認，順由這份肯定，將無明的問題訴諸於實踐，此既是切合儒家一貫的原則，也能呼應佛教從修持轉化無明的立場。

論、對佛教的評論和「內恕孔悲」理解，對於生命的苦痛煩惱、執著幽暗等等，他認為可以引佛教之說作為輔助，然後把轉不善為至善的力量追溯為吾人本具之心靈，而非將超越的力量溯源為人格化的神祇，這是在《生命存在與心靈境界》裡常可得見的論調。

第五章　從「生命存在」析論儒佛轉化 「不善」的實踐

一、前言

　　上章談論唐君毅對「善」與「不善」的產生與內涵，此章則探討他依循對「善」與「不善」的體認，從「生命存在」省思轉化不善的方法。如上章所述，唐君毅認為生命裡的執著妄見、煩惱苦痛皆有其意義，他嘗言：

> 學必先知有妄，知有妄，即知吾人之知有不如實者。知吾人之知有
> 不如實者，故求如實知。此知吾人之知有不如實之知，即可是實知
> 「其知之不如實」之知。……為學之始與當先務，唯在知吾人之知
> 恒有種種之妄，並知吾人之知何以必有此種種妄。〔註1〕

「知妄」，即知何處不善、何處不如理而行，直下把握心體而觀照吾人心境中存在的真與妄，轉化妄心、煩惱、苦痛等等諸多「不善」是道德實踐的首要之處。唐君毅更指出「改過遷善」是道德生活的實現，也是盡性立命的實踐：

> 弟意人在道德生活中，人皆感一自命，此自命中即見性之有一內在
> 的超越的根源，直與吾生之存在而俱始俱終。故此性所顯之自命，
> 即天命之所存，而人遂可由人性以知天命，而天命之謂性一語，則
> 是逆溯回來的說話。人由遷善改過而自命，即求道德理想與生活現
> 實之合一，即求內外與言行之合一。此合一即人之自成與自誠之事，
> 亦即慎獨與求內省不疚之工夫所在。〔註2〕

〔註1〕唐君毅：〈導論〉，《生命存在與心靈境界·上冊》，頁 11。
〔註2〕唐君毅：〈致徐復觀·廿七〉，《書簡》（臺北：臺灣學生書局，1990 年），頁 103。

依唐君毅所言，吾人心靈本具有「自命之理」，能夠持續「自命自令」，[註3]
不斷上承天命，在心靈感通及事相流行之中推擴本有之德性，而「遷善改過而
自命」即是吾人表現德性之處。所謂「轉化不善」，以儒家而言就是「去私除
惡」、天理人欲的調攝問題；以佛教來說就是「破執去惡」，儒佛二家對「不善」
的體認與解釋不同，體證方式也不一樣，但以吾人的心性作為轉化的中樞是儒
佛共法，誠如牟宗三所言：

> 縱使是善性向亦可有時作惡事然而終可使之全作善事，縱使是惡性
> 向亦可漸轉化之而使之成為善性向以作善事。是故不論善惡性向最
> 終總可轉化之而使之成為完全善的性向，而「轉化之」之超越的根
> 據則在「本心即性」之義理之性自身即是動力，此如孟子以及陸王
> 之所說，以及佛家言如來藏自性清淨心者之所說。[註4]

唐君毅與牟宗三皆肯認吾人之心性具有覺察、辨別善惡的能力，也擁有轉惡為
善之動力，兩位先生也認為儒佛二家都將吾人的心性作為轉化的關鍵，但二家
的轉化、突破的方法各具特點，唐君毅尤重視儒家性善論與陽明的良知教，尤
其是把握當下一念自覺以轉化不善。[註5]本章首先從吾人的良知與道德意識
而論轉化不善的實踐，兼及唐君毅比較陽明與禪的去惡工夫，比較儒佛化除不
善的差異。再者，本章也探討唐君毅議論佛教「破執去惡」的看法，他說：「吾
人今既撇開佛家之修行方法，與所證之果德一方面不論，而專從其對於境方面
之理論，乃重在破執，而稱其所言者為空理。」[註6]、「佛家說空，只是要去
執障。此亦是一活動。直去，而執去之活動亦去。」[註7]此即將「破執」判
為佛教體證的主要特點，並將其所言的「空理」視為破執去惡之理論。唐君毅
將佛教境界作為超主客觀境界之一，並以「我法二空境」命名，所謂「我法二
空」，即破除我執與法執。唐君毅以「我法二空」作為佛教的代表境界，並認

[註3] 參見唐君毅：〈生命存在中之「真理或道」與「存在」之意義──觀生命存在
　　　中之「存在之理」之相〉，《生命存在與心靈境界‧下冊》，頁1093。

[註4] 牟宗三：〈基本的義理〉，《圓善論》，頁79。

[註5] 參見賴賢宗：〈唐君毅對宋明理學三系的內在發展的新解〉，《體用與心性：當
　　　代新儒家哲學新論》，頁84。賴賢宗認為唐君毅在《道德自我之建立》指出儒
　　　家心性學的關鍵在於性善論和陽明良知說。筆者也認為性善論與良知說貫攝
　　　於唐君毅整體的道德與宗教學說，尤其是唐君毅依據吾人之至善心性作為轉
　　　化不善之動力，並以良知結合心靈感通而注重當下一念之反躬自省，此是唐君
　　　毅著墨較多之處。

[註6] 唐君毅：〈原理下：空理、性理與事理〉，《中國哲學原論‧導論篇》，頁63。

[註7] 唐君毅：〈原理下：空理、性理與事理〉，《中國哲學原論‧導論篇》，頁67。

為「破執去妄」為佛教主要實踐。透過本章的探討，察見唐君毅不僅秉持心靈之至善以申論轉化不善之實踐，更從中比較儒佛關於破執去惡的看法，標舉兩家教化與超越方式的差異之處。

二、從「順成之教」論轉化不善的綱領

如上章所言，唐君毅認為佛教先由觀照眾生與世間的苦與無常為起始，儒家則是當下把握心靈之善而開始實踐，因此儒佛兩家的入路不同。再者，唐君毅肯定吾人的心靈不僅具備諸善德，亦能在心境之間展現各種德性，如此一來，順由吾人心靈之善而操持就能作為轉化不善之樞紐，他稱此為「順成之教」。盡性立命即是順成之教，因為唐君毅將「盡性立命」視為最直接事天知天之途徑，吾人一方面順承天命給予的條件與限制，一方面本於自心體證天命，超越命之限制，此是孔孟學說結合涵養心性與敬承天命的道德與宗教精神，他說：

> 此儒家之順成之教，在根本上只是順成人之自然生命，與連於此生命之心靈中之性情，而更率之盡之以至於其極，而成為一皆天德流行之心靈與精神生命。〔註8〕

唐君毅認為生命存在本就是至善所在，吾人能夠把握心靈的德性，並不斷擴充、呈顯於心境與事相流行之間，既能達到豁顯神聖心體的目的，亦能使整體生命存在之德性遍佈於人文世界，此即「天德流行」的心靈境界。像這樣，擴充、呈顯自然生命之德性，即是心靈感通，又即是盡性立命，所以唐君毅論儒家體證「必先由人之盡性立命之途中識得之，其道方為至順」〔註9〕。依循盡性立命的實踐，唐君毅標舉順成之教乃是不同於佛教的破執方法：

> 由此而見儒家所言之性善，乃第一義之本性；佛家所言之有我執之性，乃第二義之本性。此中之本末主從既辨，則佛家之言人當破除我執之論，如種種觀空、觀緣生之論，即皆可為對治此第二義之性之用，而其價值亦至高明至精微，為吾人所當承認。<u>然儒家於此，不重就人之執障已成處、求破之之道，而要在順此人之第一義之性，而率之盡之，以求至於其極，使執障不得生，而自然超化。</u>此則儒

〔註8〕　唐君毅：〈天德流行境——盡性立命境——觀性命界（上）〉，《生命存在與心靈境界‧下冊》，頁858。
〔註9〕　唐君毅：〈天德流行境——盡性立命境——觀性命界（中）〉，《生命存在與心靈境界‧下冊》，頁891。

家之為順成之教，與印度之佛家之拔苦觀空破執之逆反之教殊途，
而未嘗不可同歸者。至於就中國佛教之徒發揮般若、法華、華嚴等
經所成之圓教與禪宗而說，則多以佛性說吾人之第一義之心性為淨
善，而順成此淨善以立教。然此圓教與禪宗，對心性之善，仍未能
直下就人之自然生命與人初生而有之赤子之心處，加以肯定，亦與
儒家直下順此自然之生命，與人之赤子之心性之善，以立教者，為
一徹始徹終之順成教者不同。〔註10〕

儒家將吾人的至善心性作為根源第一義，破除執障的方法是由吾人當下流行
之善性著手擴充，充分豁顯第一義之至善。唐君毅也提到，縱使佛教各宗派論
眾生本有清淨佛性，但皆認為吾人應於自然生命而超越解脫，此不同於儒家肯
定人之自然生命即是善德之真肯定。唐君毅認為吾人生命心靈最原始之善是
孝弟之心，此是一切仁愛慈悲之德本，吾人以此孝弟之心感通於父母兄弟，進
而推及他人，此即將自然生命與心靈的原始之善不斷彰顯，持續升進，〔註11〕
而此擴充善性之工夫即盡性立命。

　　吳汝鈞嘗就唐君毅早年的論著《道德自我之建立》、《人生之體驗》、《文化
意識與道德理性》等等，認為唐君毅提出的順成之教過於樂觀，未能對「無明」、
煩惱等等有深刻的體認，他的批評值得參酌：

倘若淨善的本性是在第一義的層面，順成是可以說的。我們只要緊
扣著這一淨善的本性讓它顯現出來，不為後天的、經驗性格的種種
因素所掩蓋、所薰染，則這淨善本性放光明之時，亦是圓滿得覺悟
而成佛之時。但倘若這淨善的本性存有論的與後天的、經驗性格的
客塵煩惱糾纏再一起，不能分開，而合成一個背反（Antinomie），則
在存有論方面以超越的分解方式以確認一個淨善的本性，便不能
說。……在這種情況，順成便不能說。你要順成甚麼呢？你不能單
單順成法性、菩提一面，因為它們是分別與無明、煩惱結纏在一起
的。你只能夠對法性與無明、菩提與煩惱雙方同時順成。但這是不
行的，就終極義而言，法性、菩提可助成人成覺成佛，但無明與煩

〔註10〕 唐君毅：〈天德流行境——盡性立命境——觀性命界（上）〉，《生命存在與心靈
　　　　境界‧下冊》，頁857。

〔註11〕 參見唐君毅：〈天德流行境——盡性立命境——觀性命界（上）〉，《生命存在與
　　　　心靈境界‧下冊》，頁858～859。

惱則會對這個目標成為障礙。〔註12〕

吳汝鈞對於唐君毅學說還有其他省思，而他對於順成之教的評述最為切要，因為這涉及唐君毅道德與宗教學說的實踐問題。誠如吳汝鈞所言，唐君毅在早年的論著都有較為樂觀的見解，例如他談人是否都能發揮仁心仁性時，說：「我不能忍心你莫有，所以我就肯定你之必有。你現在莫有，將來亦會有。」〔註13〕這對人性充滿正面肯定的態度即是吳汝鈞所質疑之處。不過，筆者認為牟宗三之語頗能解釋唐君毅的正面樂觀心態，他說：

> 西方宗教家看了儒家說人人皆可以為聖人（孟子說為堯舜），便以為儒家是樂觀主義。其實儒家既不是樂觀主義，亦不是悲觀主義，因為道德實踐之事乃是超越了那「可以用悲觀或樂觀字眼去說之」的問題之上者。何以故？因為它是一個「求之在我，求有益於得，而又知其為無窮無盡的問題」。……悲觀者希望達到某種特定目的，或期望解決某種特定的問題，而主觀上卻以為無法達到或解決之謂也。樂觀者則反是，儘管他亦不知如何解決之或達到之，然而他主觀上卻相信總有法可以解決之或達到之。因此，悲觀樂觀乃是對於無辦法的客觀之事之一種主觀的態度，這種態度不能用之於道德實踐之問題。〔註14〕

若藉由此語以審視唐君毅對「善」與「不善」的相關論述，能了解唐君毅的樂觀態度並非忽略人性之不善；相反地，他對人性的諸多不善體認甚深，在上一章的討論裡也發現他從吾人的氣質、生長環境、德性表現的「過與不及」、私欲，乃至於心靈感通可能發生的阻滯，均有詳細的剖析，顯見唐君毅了解到在吾人表現德性的過程裡也有牽引不善發生的狀況；他更理解到人們會因為這些不善而無法全然發揮良知，但是他仍相信人們必有覺察自身不善的一刻，這是基於「人性本善」、「神聖心體必能作用於事相之間」、「心靈必能呈顯各種德性」的認知而有的肯定。

　　唐君毅把握心體至善的原則，肯定吾人必定能秉持順成之教以盡性立命。又如上章所言，唐君毅認為吾人能透過觀照事相的性質、活動、相狀給予合適的回應，此是心靈安立一切相，使一切相而歸於神聖心體，因此「執兩用中」

〔註12〕吳汝鈞：〈當代新儒學的深層反思〉，《當代新儒學的深層反思與對話詮釋》，頁127。

〔註13〕唐君毅：〈論精神上的大赦（下）〉，《中國人文精神之發展》，頁290～291。

〔註14〕牟宗三：〈心、性與天與命〉，《圓善論》，頁156。

的模式即是秉持順成之教的轉化不善之道。此轉化不善的根本動力，在於吾人
的生命本就是無所執著，且自能把握善性以求超越。唐君毅解釋，生命乃是由
隱而顯，由顯而隱的歷程，〔註15〕從這循環不已的歷程而言，可以說吾人的生
命乃是不有不無，原無定執；既然生命原無定執，亦即表示生命有超越有無之
能力。〔註16〕如此一來，所謂的「順成之教」，又即是順由此生命無所執著、
破空而有的特性而進行轉化不善的實踐，唐君毅說：

> 若能如此看，則可知此當下當前吾人之生命存在，與世界中存在之
> 物之生之歷程之本身，即涵具一「無定執而自超越」之原理，或「道」，
> 存乎其中，以為此生之所以為生之本性之善所在；並知此生之所以
> 為生，雖屬於生者之自己，此生者亦在世間；而此原理、此道、此
> 性、此善，同時能使其於自己之內部，超出其自己，而亦在世間中
> 超出已成之世間；則可進而直下肯定此人之自己之生命存在，與其
> 他之生命存在之內在的價值，而更順此肯定，以求實現此理、此道、

〔註15〕唐君毅：〈天德流行境——盡性立命境——觀性命界（上）〉，《生命存在與心靈
境界‧下冊》，頁838。唐君毅以「呼吸」為喻，說明吾人的生命原無定執，他
說：「試觀吾人口鼻之呼吸，脈搏之振動，一切生活之日出而作，日入而息，
以成其生命存在之事，豈是呼則常呼，吸則常吸？豈是升則不降，降則不升？
豈是作則不息，息則不作？然此呼不常呼，則見對呼之無執，吸不常吸，則見
對吸之無執。由呼而吸，則呼自超於呼以成吸；由吸而呼，則吸自超於吸以成
呼。以吸觀呼，呼不常有，即為偶有；以呼觀吸，吸不常有，亦為偶有。當其
呼時，世間有呼而無吸，則吸在世間之外，上天下地，求之不得，則吸尚存於
上帝之密懷，為賴耶識如來藏中之密藏。今謂之為超世間，何為不可？然由呼
而吸，則吸由世間之外，還人世間之內，如天外飛來，而原來之世間所有之呼，
又自超越，而人於杳冥，歸於無形，以人於上帝之密懷、賴耶識如來藏之密藏
矣。此又非世間中自有之超世間而何？口鼻之呼吸如是，脈搏之升降亦然，一
切生物之作息亦然。」（唐君毅：《生命存在與心靈境界‧下冊》，頁840。）簡
要來說，唐君毅認為「呼吸」存在有無超越之道，每一呼每一吸都是由有入無，
由無入有；既非定有，也非常有。深入而言，自己呼氣，則欲吸之氣可謂是存
在於生命的最核心，即在於「上帝之密懷、賴耶識如來藏之密藏」，如此一來，
既可說吾人之生命本來就出入於世間與超世間，亦可言吾人之生命乃是依於
「上帝之密懷、賴耶識如來藏之密藏」，甚至是「神聖心體」。根據此義，唐君
毅認為很多智者（按其語意，尤其是指宗教家）常忽略當下之生命存在，甚至
越過當下的生命存在而判吾人的生命存在內在的封閉限制、執障罪惡；如此一
來，將視吾人生命存在之本質是罪惡或不善不淨。（參見唐君毅：〈天德流行境
——盡性立命境——觀性命界（上）〉，《生命存在與心靈境界‧下冊》，頁841。）
〔註16〕參見唐君毅：〈天德流行境——盡性立命境——觀性命界（上）〉，《生命存在與
心靈境界‧下冊》，頁839。

<u>此善之全幅涵義</u>；並去除其外由對此生之所偶有者之生活上之執著
貪欲等罪惡，以及其他種種由思想分別而起之虛妄之見，以免於此
生之所以生中足導致其死亡之病痛矣。〔註17〕

所以，順成之教除了把握儒家性善的宗旨而立論，唐君毅更由自己對生命存在
的理解與詮釋，而主張吾人應順由生命存在趨於至善的動力而顯揚至善心體、
去除煩惱、執著、妄見等等諸多不善。綜上所述，「順成之教」可作為生命存
在顯揚至善、轉化不善的綱領，而所謂的「順成」，不僅是順由心靈之善而呈
顯各種善德，亦是順由對生命歷程乃是至善的肯定，尋求破執之道。

　　根據上述，還能簡略地比較唐君毅的見解與熊十力、牟宗三的觀點。唐君
毅「順成之教」與牟宗三「逆覺體證」亦有相應之處。牟宗三說：「所謂『覺
悟』者，即在其隨時透露之時警覺其即為吾人之本心而肯認之耳。肯認之即操
存之，不令放失。」〔註18〕，又說：「此種覺悟亦名曰逆覺。逆覺者即逆其汩
沒陷溺之瘤而警覺也。」〔註19〕此即在心念呈現時當下警覺，立即以本體之心
性審查心念，以免陷溺。牟宗三說：

此警覺不是此本心以外之異質的物事，乃即是此本心之提起來而覺
其自己。故即在此「提起來而覺其自己」中醒悟其利欲之私、感性
之雜，總之所謂隨軀殼起念，乃根本是墮落、陷溺、逐物之岐出，
而非其本心、非其真正之自己、真正之原初之心願。此種醒悟亦是
其本心所透示之痛切之感，亦可以說是其本心之驚蟄、震動所振起
之波浪。由其所振起之波浪反而肯認其自己、操存自己，亦即自覺
其自己，使自己歸於正位以呈現其主宰之用，此即是「求其放心」，
使放失之心復位。放失之心一旦復位，則由驚蟄、震動所振起之波
浪即復消融於此本心中而歸於平平，此時即唯是本心之坦然與沛然，
溥博淵泉而時出之。大抵本心之震動與本心之平平時在交融為用中。
其始也，其震動有痛切之感。久之，則歸於輕安，雖震動而無痛感。
有痛感，即所謂懺悔。輕安而無痛感，則震動即轉而為常惺惺。平
平即是常寂寂。最後，寂寂即惺惺，惺惺即寂寂，則即是「不思而

〔註17〕唐君毅：〈天德流行境──盡性立命境──觀性命界（上）〉，《生命存在與心靈
　　　　境界・下冊》，頁839。

〔註18〕牟宗三：〈象山與朱子之爭辯〉，《從陸象山到劉蕺山》（上海：上海古籍出版
　　　　社，2001年），頁116。

〔註19〕牟宗三：〈象山與朱子之爭辯〉，《從陸象山到劉蕺山》，頁118。

得，不勉而中，從容中道，聖人也。」〔註20〕

牟宗三從「致良知」而申論，其言本心震動即是良知隨時呈露之震動，吾人能意識到隨時呈露之良知，並給予肯認或體證，即是「逆覺體證」。〔註21〕按牟宗三所言，良知震動即表示內在感到不安，此見同於唐君毅論吾人由心之不安而感知不善。再者，「人抵本心之震動與本心之平平時在交融為用中。其始也，其震動有痛切之感。」這與唐君毅論心體覺察心境不協的觀點也是相同的。唐君毅說：「無始以來，原是一自本自根之聖體，唯以凡心凡體為障蔽，遂皆不顯耳」。自本自根的神聖心體是超越的，是「超越欲望的我」；凡心凡體是形而下的，是「欲望的我」。不論「欲望的我」如何起造作、引發種種不善，超越的本體皆能以執兩用中之道以轉化之。再由神聖心體的事事無礙境界來說，吾人心體當下即是理事一如，能以良知審度是非、觀照事相活動再給予合理的舉措，使當下皆是合於神聖心體的主宰，表現心體活動不已之德性，亦是牟宗三所言「不思而得，不勉而中，從容中道」的境地。「逆覺體證」和「順成之教」皆是以良知作為轉化不善的契機，前者專從本心而論，後者則亦論及心靈如何在各境界裡表現得宜，關注心體如何導正過與不及之問題。言「逆覺」，言「順成」，實則都以吾人一念自覺而擴顯至善。〔註22〕

唐君毅的看法還能與熊十力「剝極反復」的見解互相參照。熊十力說：「斯乃翕隨闢運，物從心轉，於是還復其本體而無所虧欠，終由剝而復矣。」〔註23〕此即將吾人之心性視為「乾元」所在，吾人之心性作為實踐主體而有翕闢之作用，不得已面對生來之「惑」，但仍能把握心性之善而擴充之、轉惑為善，熊十力說：

> 人生限於形氣，便有無因而至之惑魔，使之自迷其本來。迷故不自在；不自在故，不得不與惑魔鬥。由奮鬥故，乃得於形氣錮弊重陰積暗之中，乘孤陽以擴充，遂有所開發創新，而不為物化。由此還

〔註20〕 牟宗三：〈象山與朱子之爭辯〉，《從陸象山到劉蕺山》，頁111。

〔註21〕 參見牟宗三：〈王學之分化與發展〉，《從陸象山到劉蕺山》，頁162～163。

〔註22〕 關於「自覺」，唐君毅論心靈的活動乃是始於當下之自覺，吾人依據自覺而攝受、感通境相，同時劃分內外、形成概念判斷，進而向上超拔、突破內外，最後發現「自覺」的本身即是能統攝綜合者，此即是「超越的自覺」。（參見唐君毅：〈萬物散殊境──觀個體界（下）〉，《生命存在與心靈境界・上冊》，頁130～131。）實則此能統攝綜合的「超越的自覺」即是神聖心體；正因為有此統攝綜合的能力，方能進在內外之別、諸多概念之中，行執兩用中的調和作用。

〔註23〕 熊十力：《新唯識論》，收入蕭萐父主編：《熊十力全集・第二卷》，頁86。

　　復本來面目，則大明繼盛而反於自在已。〔註24〕

此即說明吾人面對「無因之惑」將難以感到安適，並以此不適、不自在而提起突破此惑之道德實踐，而吾人也能在解決此惑的歷程中煥發主體翕闢之大用，免於被物化的命運。熊十力說：

　　或問：「審如公說，吾人生命力之創新，只是復初而已，二者如之何
　　其反而相成也。」……生命既受戕賊，或僅萌蘖之存焉。倘非依此
　　萌蘖而精進以創之，涵養以新之，則亦惟有戕賊以盡而頹然物化已
　　耳，豈復克紹其初乎？故創新者，乃於戕賊之餘，反求其本有生命
　　力萌蘖僅存者，及本心微露處，如孟氏所謂「夜氣之存」。斯善端之
　　著，在《易》為復卦初爻一陽尚微之象。體認乎此而擴充之，實任
　　之，由此精進而不息，則寖長而充實矣。涵養而常新，則日盛而光
　　輝矣。〔註25〕

此「剝極反復而歸乾元」是熊十力提出化解生命之惑的方法。熊十力將吾人覺察「惑」、想解決「惑」的起因解釋為吾人的「不自在」，這與唐君毅認為吾人能由不安、不忍的道德意識而起轉化不善的看法是相近的。唐君毅指出，吾人的不善在於與「心境」不協調，而吾人對此不協調會感到「不安」，進而尋求協調心境、轉化不善的方法。那麼，即使吾人當下的心靈呈現善與不善互相糾結的狀態，唐君毅仍然認為吾人能由一念之善而獲致轉化不善之契機，此與熊十力把握「一陽尚微」以體認、擴充善性的見解也相當契應。

三、靈覺的轉化意義及「師友之道」

　　心靈的內向及向外觀照，皆是從自身生命存在而省思內外的善與不善，如此的觀照可謂是「反躬自省」，亦是孟子所云：「萬物皆備於我矣。反身而誠，樂莫大焉。強恕而行，求仁莫近焉。」〔註26〕「反躬自省」是儒家重要的道德實踐，唐君毅從「自覺」、「良知」進行說明，而此「自覺」、「良知」又即是心體之「靈覺」，能發揮轉化不善的作用。再者，透過生命存在的彼此聯繫、尊重，又能從外境開出「師友之道」以作為改過的方法。如此一來，靈覺的作用與「師友之道」形成生命存在改過向善的方式，而這兩者均源自於對生命存在的肯定而來，可說是秉持「順成之教」而開出的轉化不善之法門。

〔註24〕熊十力：《新唯識論》，收入蕭萐父主編：《熊十力全集・第二卷》，頁86。
〔註25〕熊十力：《新唯識論》，收入蕭萐父主編：《熊十力全集・第二卷》，頁87。
〔註26〕〔宋〕朱熹：《四書章句集注》，頁350。

（一）心靈感通與「反躬自省」

如上文所云，唐君毅論「靈覺」即包含「良知」、「自覺」此處先行談論唐君毅把握儒家學說以提出的詮釋，「自覺」與「良知」蘊含在心靈感通之中。吾人的心靈從事各種文化活動，乃是以「自覺」維繫理想，貫穿於文化之中，又要判定當前的作為是合符合自己的理想，此是「良知」。此外，「自覺」也代表吾人心性的超越自我，表示吾人從事的文化活動及種種涵養，有助於提升吾人心靈境界與生命精神，唐君毅說：「我們認為情感或才情之發抒，及人日常生活之安排，如真要求合理，而表現人文價值，以助人德性之養成，必須賴於人對人之天性與本心，有切實之覺悟。」〔註27〕人要對自己的心性有深刻的了解與確實的覺悟，才能發揚自身的價值，展現人文精神，這覺悟即是「自覺」。關於唐君毅對「良知」、「自覺」的看法，能由他對王陽明學說的詮釋談起，他說：

> 至於其異於象山者之教者，則唯在象山之發明本心，唯是一心之自體之正面之自明；而陽明之良知，則更重此心之自體之彰其用於「對意念之善惡是非」之明之知，而又好善惡惡，為善去惡，雙管齊下，以反其正而正其正，以致此良知，而貫澈於為善去惡之篤行工夫耳。〔註28〕

從前儒者多從心性之善處而論心之大用，發展至朱子，方能對吾人之私欲過惡作深入探討。〔註29〕王陽明既取朱子戒慎恐懼的工夫，又以「良知」作為知善知惡、為善去惡的實踐。唐君毅主張吾人除了認取心靈呈現之善以把握至善心體，他也主張吾人亦能由「知不善」而把握之，因此陽明的良知學說實是唐君毅為善去惡、順成之教之骨幹。再者，唐君毅認為善惡皆是吾人心性的表現，此見解相近於陽明論良知天理之流行的看法：

> 陽明所謂良知天理之流行，必兼表現為善善惡惡，於善善上見良知

〔註27〕唐君毅：〈中國人文精神之發展〉，《中國人文精神之發展》，頁32。

〔註28〕唐君毅：〈象山、慈湖至陽明之即心性工夫，以言心性本體義〉，《中國哲學原論‧原性篇》，頁453。

〔註29〕唐君毅評述宋代儒者心性論的不足之處，首先是二程，唐君毅認為他們言性之論雖勝於漢儒，但將漢儒所言之性歸於氣質之性，此不足以言第一義之義理之性。朱子申論人之善善惡惡之性，但他未述及以此性即此「本心之體，在其所自呈之善善惡惡之用中」之直接展示。導致朱子所言之心未必能自呈善善惡惡之用。陸象山論從本心之發用裡體見心之理，但又未能直就此本心兼有善善惡惡之用而論此心具有導惡向善之善性。（參見唐君毅：〈象山、慈湖至陽明之即心性工夫，以言心性本體義〉，《中國哲學原論‧原性篇》，頁461。）

> 天理對其自身之肯定，而於惡惡上見對「違此天理者」之否定；則
> 不善之人欲又實不可與天理為相對，而在天理既流行之後，亦必撤
> 銷此天理人欲之相對，以歸於唯有一「即天理之昭明靈覺，即良知」
> 之絕對的心體。〔註30〕

朱子雖議論心之虛靈不昧，然此心之虛靈不昧與人欲二分，未若陽明言良知是心體之昭明靈覺，良知與天理之流行存在著善惡，然良知能直接轉惡為善。陽明之說將善惡與良知俱收攝於心體之活動，而昭明靈覺之顯發即良知之作用，如此一來，吾人心性與天理便無間隔。

　　還要注意到的是，唐君毅在《文化意識與道德理性》與《生命存在與心靈境界》談論覺察不善的方式有些不同。在前著中，唐君毅將吾人一念自覺作為轉化不善的契機，並從道德意識涵括的「仁義禮智信」五類意識（也是五種德性）之外再立「恥之意識」，存在於吾人良知，他說：

> 恥之意識則恆為當吾人之自覺之意志為不善所充塞，吾人之深藏之
> 道德自我，自內湧動，欲從根推翻改變吾人自覺之意志中不善之一
> 種意識。此種意識，乃依於吾人之超自覺之良知，原始之事非好惡，
> 即智之原始表現而起。故恥之意識之出現，乃突然而起，非吾人自
> 覺求合理之理性命令而起。（康德於此等處即不知）。〔註31〕

唐君毅認為，恥之意識即是西方宗教的「懺悔」，覺察並悔悟自身之不善，便能實行超拔於罪惡之踐履，唐君毅指出，恥之意識能恢復良知，使不善者通達於道德自我，「由恥以嚮往道德自我之全部呈現，即中國古人所謂『志』，西方基督教所謂『信望』。」〔註32〕這裡對「志」，是對自己的期望，是相應於五善德之仁德，即是要求自己臻於至善之道德命令，是以恥之意識雖獨立於五善德之外，但卻是返回善德之力量。雖然唐君毅從「恥之意識」解釋改去不善的方法，但就整體道德意識的運作來看，其轉化不善的方法不免流於瑣碎。按唐君毅所言，道德意識包然「仁義禮智信恥」，恥之意識既附於良知以運作，又連於義與智之意識而做判準，如此的解釋流於瑣細，不若直以「良知」代替恥之意識，配合「自覺」以論去私除惡，並將兩者俱以「靈覺」涵括，在心靈感通之中隨時發用。如此一來，整體的心靈感通即是靈覺之作用，心靈觀照事相、

〔註30〕唐君毅：〈象山、慈湖至陽明之即心性工夫，以言心性本體義〉，《中國哲學原論‧原性篇》，頁 465。
〔註31〕唐君毅：〈道德意識通釋〉，《文化意識與道德理性》，頁 566。
〔註32〕唐君毅：〈道德意識通釋〉，《文化意識與道德理性》，頁 566。

涵攝一切事相以歸於神聖心體；而靈覺依循對事相與外境的性質、活動之後而呈現各種德性，亦達到協調心境、去除不善的效果。整體而言，唐君毅在《文化意識與道德理性》論道德意識的部分，採取分殊的方式——說明「仁、義、禮、智、信、恥」的作用與意義，爾後，他在《生命存在與心靈境界》將這些德性皆收攝於心體之中，而依於心體所發出的心靈感通能秉持靈覺，在各種境界裡表現相應的德性，這樣的論述方式較前者簡約，又更強化吾人心靈作為道德與宗教的主宰意義。

再從心靈感通的活動談論如何省察以免於心靈耽溺於境相，此可作為吾人反躬自省時必須注意之處。唐君毅指出，吾人忽略觀照心靈感通活動之前後，致使觀念沉溺於某個境相，導致人之感通持續向特定活動前進，致使心靈趨向有限，走向封閉之境。錯誤的走向與封閉之境，會將心體與心體之用束縛在此境此活動之中，最後導致主體難以升起，形成「真實的降落」。〔註33〕心靈活動若是陷溺於某個境況，此時人之思想在這境況裡持續思慮，容易造成我執與我執，加深人的欲望與執著。〔註34〕但是，人在陷溺之中也可能產生超拔陷溺的思想，唐君毅也舉出三義以論此時的心靈活動：首先，將此時產生的概念、知識、想法等等作消極之用，以此察見自身所處之境與其他境之差別，並用這些概念解除限制，這是第一義。其次，人若是把握知識概念的普遍性以破除執著，願意邁向更寬廣的境界，這是第二義，也較第一義積極。〔註35〕至於第三義，則是直接把握心靈主體破除執著，同時體認到人之思想與概念常存在相對的概念，造成矛盾與衝突，故須泯除此相對之見而趨於無執。〔註36〕在排除相對、比較帶來的執著後，心靈方能免於陷溺，發揮神聖心體超越的力量。唐君毅將心靈之自覺作為返惡向善、超拔陷溺的關鍵，這也是神聖心體之效用。例如，他關切心靈如何調適理事之間的矛盾，其論「執兩用中」即旨在說明圓融的心靈能夠以中道調解一切事相矛盾的兩端。在吾人的生活裡，常發現「不合理」；「不合理」即表示理事不協調，唐君毅說：「此心靈欲維持其統一，

〔註33〕 參見唐君毅：〈論生命存在與心靈之主體——其升降中之理性運用——觀主體之依理成用〉，《生命存在與心靈境界·下冊》，頁 1013。

〔註34〕 參見唐君毅：〈論生命存在與心靈之主體——其升降中之理性運用——觀主體之依理成用〉，《生命存在與心靈境界·下冊》，頁 1016。

〔註35〕 參見唐君毅：〈論生命存在與心靈之主體——其升降中之理性運用——觀主體之依理成用〉，《生命存在與心靈境界·下冊》，頁 1017。

〔註36〕 參見唐君毅：〈論生命存在與心靈之主體——其升降中之理性運用——觀主體之依理成用〉，《生命存在與心靈境界·下冊》，頁 1018。

必求通理與事，而見其合。」〔註37〕而靈覺作為衡量事物之判準，以善的一端調和不善的一端，即是以執兩用中之道返惡向善。

除了自我省察之外，觀照外境也是「反躬自省」，唐君毅說：

> 在吾人有上述之由先感一當然之理想與實然世界之相對，而有好善惡惡之惻怛性情之表現，更順此性情而生之願望，以形成之形上學與宗教信仰之後；則人又必須化除此相對，以歸於見一為一切至善之光明之原之絕對真實，更不見有其他；而此世界之一切不善者，即只為此絕對真實之一時之表現，而其本身為虛幻無實者。此即歸於絕對論。大率人之智慧之上達高明者，而能對世界原始要終以觀者，無不趨向在此絕對論。〔註38〕

唐君毅將「好善惡惡」作為吾人性情最自然的趨向，根據這個趨向，即能作為判定善惡、轉善為惡的關鍵。所謂的「絕對真實」即吾人之神聖心體；在神聖心體的觀照之下，善與不善皆源於心體，尤其是不善的表現僅是心體一時的展現，其根柢仍存有轉為至善的契機。而在吾人當下求善之際，既能感到內心求善的理想與外在世界存在的相對關係，也在此時感到善與不善的存在，但人們必能化除此相對矛盾的關係而歸於神聖心體。此即唐君毅表明善與不善皆是根植於心體，所謂的不善更是心境不諧或吾人心靈未能充分感通所致，不論如何，此不善僅是第二義，終究有向善的一刻，轉化之樞紐即在於吾人的覺察與調和。再者，唐君毅從道德意識與心靈感通而論善惡的產生與性質，即本於吾人之自覺和良知而申論，只要吾人對於過惡、私欲等等有深刻的反躬自省，並正視、尊重他人的生命存在，便是轉不善而向善，轉魔道而入正道。又在這轉換的歷程之中，超越的天道天理不僅是超然於吾人心靈之上，更融貫於道德意識與心靈感通之中，使吾人藉由知善知惡而顯發至善至誠。

最後，唐君毅也從心體「事事無礙」的層面，論吾人如何能夠轉化不善，協調理事，以發揮心體事事無礙之智慧。唐君毅說：「理順序行於事，以成一氣之流行，則見此心此理之主宰乎事，主宰乎氣。」〔註39〕據此，他將「心即理」解釋為理流行於事，且此理此心能夠主導事相變化與氣化流行，此詮釋將

〔註37〕唐君毅：〈理事一如、與理行於事之大事因緣——觀生命存在之事用中之理〉，《生命存在與心靈境界·下冊》，頁1045。

〔註38〕唐君毅：〈後序〉，《生命存在與心靈境界·下冊》，頁1189。

〔註39〕唐君毅：〈理事一如、與理行於事之大事因緣——觀生命存在之事用中之理〉，《生命存在與心靈境界·下冊》，頁1093。

「心即理」的道德實踐說得更具體清晰，同時也將理事關係談論此概念。吾人盡性立命即遵行「心即理」之法則，在此法則之下，吾人之心靈若有見得不合理或是過惡之處，就會要求「合理」，此要求即是出於自命之理，而一切過惡都必將歸於「合理」，此正是性命之理做主宰。唐君毅認為，吾人之心靈遭遇種種不合理都是必經的歷程：

> 人亦唯經此一程，乃真知此心此理，及事與氣之間，有一「上下貫徹，橫通平昔之我與今所對境，以成其次第盡性立命之順行」之一立體之事業，與具體的性情，或具體的理性之真實存在。然後可言高明、博厚、悠久之聖德之成，如吾人前之所論者也。〔註40〕

經過「不合理」到「合理」之歷程，則能體見到如何藉由盡性立命以成就「心即理」的生命秩序，有順適的生命境界方能充分豁顯吾人生命心靈之真實存在，並成就圓滿之德行。唐君毅本於「心即理」再次申明一切事之流行、氣之流行都同於吾人盡性立命時所蘊涵之具體理性，且此具體理性也流行於事、氣。〔註41〕但是，吾人是否能自覺此事，則視各人之涵養；縱使人未能自覺此事，此人也必定具備自覺此事之能力，故終有一日能夠覺察此理。〔註42〕唐君毅說：「凡生命存在或心靈之活動，能自隱自顯處，皆見生命存在與心靈之氣之自能拔執；而一切生命存在，與心靈之活動，固皆能自隱自顯也。」〔註43〕所謂「拔執」，即指一切事相皆如氣一般變化流行，自隱而顯，自幽而明就是跳脫桎梏，拔除滯礙，此即以執兩用中之道，說明吾人之心靈能運用隱顯兩端以化解執著。唐君毅也指出，吾人在運用此理、體現氣之流行時不會自覺到自身心靈與生命存在，因為心靈與生命存在本身就如理，一切都任運自然，故氣化流行均不引起執著。據此，就不能說吾人之生命存在與心靈乃是以妄執為本，因為一開始生命存在與心靈便是以不執之理而活動，故能說吾人之生命存在與心靈能超拔於妄執。〔註44〕他認為妄執只是生命中的病痛，未能成聖者皆

〔註40〕唐君毅：〈理事一如、與理行於事之大事因緣——觀生命存在之事用中之理〉，《生命存在與心靈境界·下冊》，頁1094。

〔註41〕參見唐君毅：〈理事一如、與理行於事之大事因緣——觀生命存在之事用中之理〉，《生命存在與心靈境界·下冊》，頁1094。

〔註42〕參見唐君毅：〈理事一如、與理行於事之大事因緣——觀生命存在之事用中之理〉，《生命存在與心靈境界·下冊》，頁1095。

〔註43〕唐君毅：〈理事一如、與理行於事之大事因緣——觀生命存在之事用中之理〉，《生命存在與心靈境界·下冊》，頁1091。

〔註44〕參見唐君毅：〈理事一如、與理行於事之大事因緣——觀生命存在之事用中之

有此病痛，但有病痛的生命不代表生命本身就等於病痛，而要見得生命中的病痛就要在生命活動的隱顯更易之處觀照，察見妙理（即神聖心體）運行在其中，一切執障都不能遮蔽此理，然後方能以此理而破除執障。因此，要識見真理就必須在隱顯更易——即氣之流行處或事之流行之中察見，不能僅是從一切法之自如中得見。〔註45〕因此，唐君毅乃是把握「神聖心體（理）直接運行於事」的原則，而論吾人能觀照事相流行處體證事事無礙，可見吾人能直下運用生命本無執著、心體理事一如的特質，消泯生命存在的種種不善，此亦是儒佛之別。

　　唐君毅認為心靈感通的靈覺即具有良知、自覺的功能，能切合心靈感通以作用。順由此作用，唐君毅亦探討吾人在反躬自省時可能產生的問題，吾人雖欲以知識與概念以解決遭逢的不善，但若是忽略知識與概念可能產生的法執，甚至因此而使得吾人的思慮停滯於某個境相，形成我執，此皆應把握心體能調和矛盾、釐清知識與概念的超越力量，免於我執與法執的耽溺問題。再者，從唐君毅論心體如何能夠「事事無礙」，亦能得見他把握心體能發揮隱顯、幽明的轉易作用，所以吾人能在事相的轉易活動裡，體察心體運行其中，以及生命原來是無所執著的超越意義，這樣對心靈活動與生命存在本質的體認，既是深刻、兼心境內外的「反躬自省」，亦是心靈破執去妄、轉化不善之道。

（二）師友之道

　　還要提到的是，唐君毅從儒家傳統的教化方式裡提出「師友之道」，不僅藉此闡釋生命存在彼此之間的和諧互動，更說明吾人能藉由師友之道而獲得改過去惡的契機。唐君毅言：

> 因而我們真要開出我們今後之道德生活之道路，必須把我們之傳統的反求諸己的精神，師友策勉之道，加以充實。〔註46〕

此即表明「反求諸己」、「師友之道」是開闢道德生活的方法。吾人心靈感通，即是「反求諸己」，而由此能延伸出師友之道，兩者皆可作為吾人轉化不善的方法，唐君毅說：

理〉，《生命存在與心靈境界・下冊》，頁1091。唐君毅這裡的說明仍是依執兩用中之道而說，按唐君毅對孔子的贊語，孔子最能在言默之際運用執兩用中之道，展現其生命智慧。再依唐君毅對神聖心體的體認，神聖心體本來至善，自然而然，即呼應孔子不執著、一切如如的境界，此即「不執之理」。

〔註45〕參見唐君毅：〈理事一如、與理行於事之大事因緣——觀生命存在之事用中之理〉，《生命存在與心靈境界・下冊》，頁1092。

〔註46〕唐君毅：〈精神上的合內外之道〉，《中國人文精神之發展》，頁300。

> 從儒家此種悲惻所產生之對人之最高的行為活動，既非基督教佛教
> 之擔負人之苦罪，或悲憫人之苦罪，亦非祈禱上帝佛之力量之降臨，
> 而只是喚醒人之良知，或由人之良知之呈顯處，指點其良知之存在，
> 而使人更自覺其良知之存在，而於此自覺中，自己逐漸增加其良知
> 之呈顯。……由是而我與他人之關係，即為一純粹平等的，以師友
> 之道，互相策勉之關係。而此即儒家所啟示的，人與我共謀進德，
> 以共免於罪過之大道。〔註47〕

「師友之道」能作為轉化不善的外緣，同時涵納人我共同成德的相互尊重。牟宗三也說：

> 人在昏沉特重之時，也許永不能自己警覺，而讓其滑過。此時本質之
> 助緣即是師友之指點。指點而醒之，讓其警覺，警覺還是自己。〔註48〕

可見，唐君毅所言的師友之道乃是儒家傳統，他尤重吾人在師友之道裡表現的心意交通，也認為師友之道有利於從外緣喚起良知，因此他對師友之道有深入的解析，集中在 1956 年撰寫的〈論精神上的大赦〉。唐君毅認為即使不善產生的原因無法追溯，無法說明，但儒者的道德實踐依然能使罪惡不存在。〔註49〕那麼，依儒家之教，儒者對他人之罪惡交還給自身之良知解決，「此是一真正的把人與我互相判斷斥責的糾結繫縛，直接加以解開之道。」〔註50〕人我之間不再只是互相批評責難，而是能互相肯定與尊重，肯認對方真能發揮仁心以解決不善。唐君毅指出，這種悲惻之情不同於基督背負人類罪惡或是佛教荷擔眾生的理論，因為基督教先認為人有原罪，佛教先指出眾生皆是苦，儒家則是從正面肯定世人著眼，且儒者深知自己承擔的只是良知之未能全顯與罪惡必然存在之悲惻，無法如宗教家一般擔負他人之罪苦。〔註51〕儒者選擇的是喚醒他人良知，或是從他人呈顯的良知處指點，讓他人能夠自覺其良知的存在，進而在這自覺中增加良知之呈顯。〔註52〕所以儒者解決世間罪苦的方法，是直接訴諸於吾人的仁心，並肯認他人必然有良知呈顯的一日；如此一來，人與人之間就構成師友關係，他人對我的規勸或是我對他人的規勸，都能有助於他人與我

〔註47〕唐君毅：〈論精神上的大赦（下）〉，《中國人文精神之發展》，頁 296。
〔註48〕牟宗三：〈象山與朱子之爭辯〉，《從陸象山到劉蕺山》，頁 116。
〔註49〕參見唐君毅：〈論精神上的大赦（下）〉，《中國人文精神之發展》，頁 291。
〔註50〕唐君毅：〈論精神上的大赦（下）〉，《中國人文精神之發展》，頁 292。
〔註51〕唐君毅：〈論精神上的大赦（下）〉，《中國人文精神之發展》，頁 295。
〔註52〕參見唐君毅：〈論精神上的大赦（下）〉，《中國人文精神之發展》，頁 296。

的提升，唐君毅亦據此師友之道而讚揚：「只有儒家之態度，才能真正肯定人我之皆有其自拔於其罪過之外的良知。」〔註53〕所以儒者發出的內恕孔悲之悲惻、良知自覺之實踐與互相策勉的師友之道均可說是「順成之教」的內容，此既有儒者對生命與生活深刻的體悟，也兼從內外而實踐轉化不善，同時更在師友之道體現出儒者對世人的關心，唐君毅言盡性立命境之聖者還要返歸萬物散殊境以引導他人，即是師友之道之表現。

　　師友之道的產生是出於人我之間情感的交流，這也是唐君毅本於對道德情感的重視而特別說明之處：

> 在此解開之後，又另發現一人與人間之一精神間之聯帶，可永使人耿耿於懷。……然而此聯帶，可使我覺我與人之人格，無論如何彼此獨立，然我永對人之仁心仁性或良知之未能大顯於人，有一種深情。此深情，即對人之一面原恕，而一面悲惻的孔子所謂內恕孔悲的深情。〔註54〕

儒者對於他人的仁心或良知尚未開顯，表現的並非責難，而是一諒解與寬恕，唐君毅稱此為「內恕孔悲的深情」，這情感是「師友之道」之內涵。續由生命存在及心靈感通而言，唐君毅主張必須兼有內外對通、橫通以成就道德倫理，實則此道德倫理亦是吾人性情的呈現，即最基本、最純粹的孝弟之心、師友之道等等，亦是「當下生活之理性化、性情化」，他說：

> 在道德上尊重肯定個體，為對個體之次第表現性相之功能於其未來之前程之肯定尊重。然必依於吾人之能自超越於吾人自己之個體，乃能對其他個體已表現之性相，加以同情的體驗，方有真正之個體知識。又必依於吾人之普遍之理性，方能於肯定尊重我之為個體之前程之外，兼肯定尊重其他個體之前程。此同情的體驗與普遍的理性，皆是緣於我之個體之知之明，次第伸進至其他個體。〔註55〕

唐君毅說「同情的體驗」、「肯定尊重」即是吾人性情的轉化；因為有同情的體驗」、「肯定尊重」，吾人方能從萬物散殊界持續邁向超越，否則將淪為自私自利，難以把握心靈與其他事相的感通與互動。這也就說明，吾人的心靈僅有「理

〔註53〕唐君毅：〈論精神上的大赦（下）〉，《中國人文精神之發展》，頁297。
〔註54〕唐君毅：〈論精神上的大赦（下）〉，《中國人文精神之發展》，頁292。
〔註55〕唐君毅：〈萬物散殊境——觀個體界（下）〉，《生命存在與心靈境界·上冊》，頁137。

性」是不夠的，對他人或其他事相有「同情的體驗」、「肯定尊重」才能使心靈不斷感通，更是心靈持續感通的證明。因此，唐君毅說：「吾人可說，凡愈在互本其道德心靈，以互對他人有道德行為之人與人間或人群社會中，即愈能有互對他人行為心靈人格之實在之肯定，而愈有此一人與人之共同的客觀實在世界之肯定。」〔註56〕吾人之性情乃是自身能真切感受之處，唐君毅藉此而論證，人欲能與他人互動互助，肯定尊重，即越能肯定此世界之真實不虛。「然人之形成其道德生活、道德人格，乃在其接於人、接於物之種種事中形成。人之有愧恥、立志、自信之道德心靈，不能只住於其自身之中，而須與其外之人物相接。」〔註57〕吾人之德性若是不能落實在現實人生之中，心靈不能向外呈顯吾人內蘊之德性，則此德性是否真為德性，即成一大懸空，流於紙上談兵。在吾人的性情或情感中自然而然的呈現，即是將德性遍布於生活之中。唐君毅的解釋頗有取自陽明之意，陽明嘗言：「知是心之本體，心自然會知。見父自然知孝，見兄自然知弟，見孺子入井，自然知惻隱。此便是良知，不假外求。」〔註58〕王陽明此語在「知」之前加上「自然」一詞，即指點出良知之發用乃是不造作、行動與心體之善乃是渾融一體，這也指吾人的性情自然表現出德性。

　　綜上所言，師友之道是出於生命存在彼此間的情感交流，亦出於吾人期望他人能共同成仁的心願，此亦是唐君毅所言「自覺的求仁」。〔註59〕吾人的道德意識發展出「愛人如己」、「推己及人」的具體德行，所以吾人可藉此反溯其源，自覺吾人內具之仁，這階段的「自覺」，便是「自覺地求仁」：

> 吾人既已自覺自己在求仁，自覺自己有能超拔欲望之我，以實現吾人道德自我，復知他人亦有其道德自我，亦能超拔其欲望之我以實現其道德自我而求仁時；吾人復可依一理性之運用，而普遍化吾人此求仁之活動；而望他人之求仁，輔助他人之求仁。……以至凡我所有之德，皆望人有之，則我之仁心，經一更高理性之運用，而有更進一層之表現。……至「成己，成物」之恕，「己欲立而立人，己

〔註56〕唐君毅：〈道德實踐境——觀德行界（中）〉，《生命存在與心靈境界・上冊》，頁639。

〔註57〕唐君毅：〈道德實踐境——觀德行界（中）〉，《生命存在與心靈境界・上冊》，頁648。

〔註58〕〔明〕王陽明撰，鄧艾民註：《傳習錄注疏》（上海：上海古籍出版社，2012年），頁15。

〔註59〕參見唐君毅：〈道德意識通釋〉，《文化意識與道德理性》頁542～545。

欲達而達人」之恕，望「人人成仁人，人人成聖賢，天下歸仁」之
志願，則為更進一層之最高之仁心之表現。〔註60〕

唐君毅不僅論吾人自覺地「求仁」乃是自然而然之事，也認為吾人「求仁」、
化除不善亦是理性的實踐。依道德意識，能察見生命存在的善與不善之處，同
時能體見心體不斷求超越之作用。這樣的體認能擴及其他生命存在，自身的求
仁能擴張為期望他人共同呈顯善德，更願協助他人從事道德實踐。如此一來，
能夠成「成己成物」、「己欲立而立人，己欲達而達人」的儒家忠恕之道。「自
覺地求仁」亦切合「理氣不二」，唐君毅說：

> 理順序行於事，以成一氣之流行，則見此心此理之主宰乎事，主宰
> 乎氣。於此若自外觀之，則此事、此氣，皆依此心此理起，而事如
> 其理。其事之未盡合理，亦有其所以未盡合理之故可知。如佛家所
> 謂執障之未破，或習氣之流行為礙是也。則凡事無不有理，皆事如
> 其理。然此乃外觀事之因果之理之言，非內觀事之合不合當然之理
> 之語。<u>自內而觀，則人於本此心此理，以成事而行氣之時，其有不
> 合當然之理者，必求其合此當然之理</u>；不能以執障未破，為自恕之
> 辭，亦不能用之以為說明其事所以不合理之理。〔註61〕

由於吾人能自覺地求仁，亦能自覺地如理。理（神聖心體）行於事之中，遇有
心境不協或是有不合理之事，必能依理而轉化、矯治之，以求合理。此皆說明
唐君毅肯認「呈顯至善、轉化不善」是心靈自然的趨向，這也正是依據儒家性
善論而闡釋的轉化之道。

四、儒佛「破執去妄」的評述

　　如上文所言，唐君毅認為佛教對於仲生的煩惱執著、妄見苦痛等等有深刻
的體察，更由此體察而開展出佛智與慈悲心，作為普渡眾生的大願大。從轉化
世人不善的角度審視儒家、佛教和一神教的教說，唐君毅認為三種教說均能因
應世人不同的問題而施設：

> <u>唯當人之自我之執深重，而智慧不足，又貢高我慢之人</u>，則又非謂
> 在自我之上另有神靈上帝為大我，不能自克其傲慢，以勉於謙抑。

〔註60〕唐君毅：〈道德意識通釋〉，《文化意識與道德理性》頁546。
〔註61〕唐君毅：〈理事一如、與理行於事之大事因緣——觀生命存在之事用中之理〉，
　　　　《生命存在與心靈境界・下冊》，頁1094。

又當人自覺沉陷於罪業苦難之中，全無力自拔之人，亦宜信一神靈之大我，以為依恃。此一神之教之所以不可廢也。<u>在智慧較高之人，而自知其我執法執深重者</u>，則必先以破除我法諸執，而觀其所執之空，方能自見其深心本心；故宜說此深心本心，為一在纏之如來藏，為無明所覆之真如心、法界性起心。此即佛教之所以不可廢也。<u>故唯有人之執障較淺，我慢不甚，依賴心不強者</u>，然後不必先用其智慧以破執，而用其智慧以直契悟其具先天之純潔性、空寂性之赤裸裸之生命中之靈覺，而直下由此以見其形而上之本心之所存。此則儒者之道，待其人而後行者也。相較言，一神教與佛教之說，對一般執障深重之人，實更能契機。而人果能先信一在上之神靈或在纏之如來藏，亦可進而識得此神靈與如來藏，即人之與天地萬物為一體之本心，則三教同歸矣。〔註62〕

從這段說明裡，甚能體察唐君毅於超主客觀境內並置三教的用心，亦扼要地說明三教如何看待、解決世人的諸多不善。專以儒佛而論，佛教對於覺察生命中的苦痛卻又無力自救者而言，演示種種教法，能作為此類眾生生命之依恃。至於儒家，適用於執障尚淺者虛靜心境，並直下把握心性之德性與心靈感通之方向和動向，持續呈顯德性以求契悟於天道。唐君毅判定執障深重者較能契應佛教與一神教，也是承認有些人在現實上常是脆弱無力，不易馬上把握內心的德性，也不易靠己力而行盡性立命的工夫，所以仰賴神祇而指導心靈仍是必要之教。他再從教化方式簡別儒佛：佛陀直就人之罪苦而設教，儒家則教導執障較輕者就日常生活進行體證，而非以破執為先；佛教等宗教是「非常之處變之教」，儒家是安常處順之教，更是「順以成之的大中至善之教」。〔註63〕按唐君毅此處的判定，也顯示儒家對於吾人生命中的執障與煩惱之體認不如佛教認識深刻，這是因為儒家多從心性之至善的表現處而論體證，較少從心性「知不善」處了解；而佛教多從「知不善」而論解脫，所以唐君毅也同意佛教對執障的體認能彌補儒家的不足。

　　唐君毅論佛教以破我執與法執為修證要旨，更以「我法二空」作為境界所

〔註62〕唐君毅：〈天德流行境——盡性立命境——觀性命界（中）〉，《生命存在與心靈境界・下冊》，頁891。

〔註63〕參見唐君毅：〈天德流行境——盡性立命境——觀性命界（中）〉，《生命存在與心靈境界・下冊》，頁892。

在。那麼佛教如何破我執？他指出，佛教不先立神靈作為破執的依靠，而是以直接面對我執以破之作為方法，這個方法能夠避免信仰神靈致使增益執著的弊病，所以唐君毅認為佛教破執去妄之道較信仰神靈的宗教更為根本。〔註64〕唐君毅分析，佛教乃是破除我執與法執而進入超主客觀，他說：

> 由此而佛家之破我執，即必須兼破主觀之我執，與客觀之我執。此執主觀之我為常、為一、為有主宰之力之我執，稱人我執。而執任何客觀之存在為常、為一、而有主宰之力之執，稱為法我執、或法執。於此，人必兼破此主觀之人我執，與客觀之法我執或法執，乃能自去其我執，以使心靈之光，全幅昭顯，而達於超主觀客觀之境。〔註65〕

唐君毅指出佛教論無明障覆佛性，所以佛性乃是潛藏於心靈的最底層，據此，他認為佛教乃是從心靈的最底層而超越主客觀，轉化我執與法執，豁除無明，彰顯佛性。這樣的解決方向顯然與儒家盡性立命境不同，儒家起先就指點吾人先知曉神聖心體乃是昭臨於主客觀境之上，吾人則藉由心靈感通不斷擴充吾人之性命，發揮靈覺以開顯德性，直至豁顯神聖心體，此即不同於佛教自生命心靈之最底層而破執去妄的入路。唐君毅在佛教破執去妄的實踐裡同樣突顯吾人自覺的重要，他依唯識宗而論吾人因末那識而有不自覺與能自覺到的執著，人們能先從可自覺到的執著配合道德實踐開始轉化，待工夫日深，便能持續破除不自覺的執著與煩惱。〔註66〕在這部分，唐君毅強調自覺與道德實踐在佛教修持的重要性，實際上，佛教本就是重覺悟的宗教，也認同從事各種善行有助於眾生超越解脫，轉煩惱為清淨，但唐君毅突顯佛教由執著而起的覺悟、求解脫的實踐均屬於道德實踐，此即依於他「宗教意識依於道德意識」的見解，亦是出於對眾生自性清淨的肯認，認為眾生之心性絕非全然充滿貪瞋癡，必定能自力開闢一條成佛之道。

　　唐君毅也從心靈九境談論「我執」、「法執」的化解。首先，他評論唯識宗時說道：

> 此一面能轉染捨染，一面取淨依淨之「知」，即只應說為善非惡

〔註64〕唐君毅：〈我法二空境——盡性立命境——觀一真法界（上）〉，《生命存在與心靈境界·下冊》，頁771。

〔註65〕唐君毅：〈我法二空境——盡性立命境——觀一真法界（上）〉，《生命存在與心靈境界·下冊》，頁772。

〔註66〕參見唐君毅：〈我法二空境——盡性立命境——觀一真法界（上）〉，《生命存在與心靈境界·下冊》，頁772～773。

> 者。……然唯識家之意識心中，則無此一事物。簡言之即無此一「能
> 自向其心真如或本性清淨之如來藏，以使之呈現」之一自覺的心之
> 活動存在。更未能言：人之能直下自悟此心為其本心，或此本心之
> 能當下自呈現而自悟矣。〔註67〕

唐君毅認為，吾人能藉由靈覺而呈顯各種德性，並透過靈覺而豁顯吾人本具之至善至誠；但是唯識宗所論的意識並無此意。再者，佛教主張解脫人身而成佛，吾人之心性為無明障覆，又屬於空性而無實體義，所以唐君毅認為縱使禪宗教導學人當下即心即佛，此仍對吾人之自覺仍無深切的肯認。唐君毅從心靈九境而論破執，他指出心靈九境自「萬物散殊」開始，進入「依類化成」、「功能序運」等階段，就是吾人從個別概念而形成整體知識系統的歷程。因此，他認為吾人在破除我執與法執時，首先就會依循各種概念而判別「我」與「非我」，此即邏輯理性的運用。但隨著吾人運用邏輯理性越深，就越能察見世間有許多性相難以利用邏輯理性全然判別劃分，人們至此階段即漸能超拔我執。這是因為，唐君毅認為人們乃是依據實際存在的因緣而判別一切性相「我」與「非我」，在判斷、解析和轉化的過程中，可以察見一切性相所起之因緣能夠由存在而不存在，此即是「無常」；人們能藉此「無常」而悟得「我」與「非我」均不可執，在這點上，人們即能獲得超拔之道。〔註68〕如此看來，吾人能先由現有之邏輯理性而勘察世間之有，並在世間一切事相之運作、性質之中觀見其乃依因緣所生，所以世間之有並非「實有」，乃是「假有」、「妙有」，而吾人在一切事相的空有生起之間體見緣起性空之妙理，即藉假入空，更能持續超拔直至中道不二。唐君毅在這部分將邏輯理性結合緣起性空的觀照而說明佛教破執去妄的工夫，亦強調佛教的體證亦符合心靈九境之客觀境與主觀境之邏輯概念的運用，例如緣起性空涉及的因果關係、空有轉化等等，既是吾人觀照我執法執之判準，就這點而言，唐君毅認為佛教修證就不能單單執取空性而修持，吾人必然要「藉假入空」，不能全然否認世間存在之必要與價值。

唐君毅從心靈通貫九境論我執與法執的轉化，實則也切合他注重觀照當下生命存在與事相流行的見解，他認為吾人能在當下達致「事事無礙境界」，因此吾人能透過體察事相流行以滌蕩執著妄見。唐君毅指出，從般若而言，

〔註67〕唐君毅：〈佛心與眾生之佛性〉，《中國哲學原論・原性篇》，頁265。
〔註68〕參見唐君毅：〈我法二空境——盡性立命境——觀一真法界（上）〉，《生命存在與心靈境界・下冊》，頁774～778。

吾人可以從偏觀以進入兼觀，此即是先把握一個事相以觀之，於此事相持續觀照以破有無之惑見，但是人也可能執此事相以為常有，而將此事相之外的一切都視為空，這仍然是將當前之事相執著為定有，破除的執著並不徹底。唐君毅指出：

> 人於此唯以此當前有之有，消除此外之一切有，使之空，說此當前有之為有之用，亦只在此消除，亦盡於此消除。<u>消除之後，餘有不有，此有亦不有。而唯存此事之自如其事，而顯此事之自如之一真理。則此一當前事之自如，即當下充塞全法界，全法界不外於此當前事之自如</u>，因外此當前事之一切，無不已空，更無於其外限制此當前事者，則此當前事，即有限而亦無限故。依此，人可於一當前事中，直證真如，見一真法界全體在此。此是一由下墜拔起之途。禪宗之消除一切雜想，歸於現前一念，以現前一念中，即有一真法界之全體顯現，一花一葉，即如來法身之所在，而言當下即是，其義蓋正在此。〔註69〕

誠如上文所言，隨著吾人運用知識、概念、邏輯等等以觀照事相，能夠一一汰除妄見與執著；更深入觀照之後，更能得見「我」與「非我」皆非常有，至此境地，則能體見「當前事之自如，即當下充塞全法界，全法界不外於此當前事之自如」，這正是以神聖心體作為根源，「當下生活的理性化、性情化」。在這個境界裡，吾人隨起一念皆出於中道神聖心體，所接觸之相均能契合中道，心靈雖任運感通在當下生活，卻不起執著煩惱，而使一切如理，此即是唐君毅秉持生命存在的活動及事相流行而詮釋的「現前一念，當下即是」，蘊含他獨特的「破執去妄」之觀點。

　　唐君毅談論佛教破執去妄的綱領，在此也能從他評述華嚴、唯識與禪宗看待執障的部分，察見他比較儒佛的見解。以唯識宗而言，唐君毅論唯識宗重視一一個體有情生命之各成一世界，各具一功能，此即萬物散殊境之意涵，而教導吾人以高一層的心靈觀照之，此是觀照凌虛境。而唯識論一切因果關係，觀照一切法之分類與變化，此是功能序運境與依類化成境。再者，唯識宗又論一切色法乃是心之感覺所攝，此是感覺互攝境。至於人們因末那識而執持賴耶識之種子，此即唐君毅論道德實踐境裡，人們不自覺地求生活境界能夠繼續保

〔註69〕唐君毅：〈理事一如、與理行於事之大事因緣——觀生命存在之事用中之理〉，《生命存在與心靈境界・下冊》，頁 1057。

持，因此安於舊習，導致心靈限制封閉。〔註70〕綜上所述，唐君毅認為唯識的理論與實踐能夠配合主觀境與客觀境之內涵，呈現唯識學說的精密、嚴謹與限制。在這之中，唐君毅重視唯識學所論的緣起性空，此是佛法破執去妄的關鍵，他說：

> 人知緣起性空之正理，所以可使人超拔於虛妄之見與貪嗔癡慢等之外者，以人知緣起性空，則首可知其所貪、所嗔、所慢其他之人物，與能貪、能嗔、能慢之我，皆非常有、非實有。此知其非常有、實有之一念，即已為人之自去其執為實有、常有之癡迷之開始。若人更能充此知其非常有實有之知，而知其為可有可無，亦實視之為可有可無，則此慢貪嗔癡之自身，亦自更隨之而無，而人亦更能知此慢貪嗔癡之自身之非常有實有矣。至於人之能知緣起性空，所以更能有種種之善行者；則以人能知其所執者之性空，而空其所執，而無貪、無嗔、無癡、無慢，其本身既已是善，能「信緣起與妄執者之性空」之信，自亦是善。對其昔之貪嗔癡慢，有慚愧心亦是善。無貪能佈施；不嗔、不慢、能忍辱；持不貪不嗔不慢等戒為持戒；持而不舍，即能精進；亦能使其心定於修持以得禪定中之境；以使一切實有常有之執皆空，而照見一切法之無自性，以遍觀一切法，而成般若慧。則六度萬行之德，皆次第而出。此則今所不必一一論者也。〔註71〕

此即將緣起性空切合六度波羅蜜而論，吾人把握緣起性空並配合六度萬行，視一切事相及自身執著均屬空性，由此而見事相、知見乃至於煩惱執著，皆是可有可無，此即轉化貪嗔癡慢為無量清淨之踐履。從這段引文亦能得見，唐君毅注意到佛教不僅注重般若空觀破執去妄的功能，同時也注意由般若空觀轉出六度萬行的菩薩道，但是在他的整體論述裡，他更重視此中蘊含的濟眾精神，如此一來，唐君毅雖能說明佛教能把握空觀以破執去妄，但未能從具體的菩薩道修持而探討此對於眾生轉化不善的意義，也未深入談論六度萬行對於人文世界的實際意義、對吾人當下生活產生的淨化效益。吳汝鈞嘗批評唐君毅論佛教是「我法二空境」，有落於「偏空」的疑慮；將這個觀點審視唐君毅論佛教

〔註70〕參見唐君毅：〈我法二空境——盡性立命境——觀一真法界（中）〉，《生命存在與心靈境界·下冊》，頁791～793。
〔註71〕唐君毅：〈我法二空境——盡性立命境——觀一真法界（中）〉，《生命存在與心靈境界·下冊》，頁797～798。

破執去妄的見解，亦能察見這個問題。

再從華嚴宗而論，唐君毅從華嚴宗的法界觀談論破執去妄的觀點，他說：

> 華嚴宗更重通因果，以言眾生界與佛界之相即而相入，以互為緣起，則皆不出一法界性起心。此實為究極之理之所必至。只順此究極之理而觀，則佛界眾生界，即一如而平等。然此平等理，亦不礙佛界眾生界之事相之差別，不礙一一事相，皆有其所依以起之一一差別之理。就一一事相所依以起之一一差別之理說，則一一事相不壞，其一一差別之理亦不壞。眾生自有執障，此執障自有其所以起之理；如依無明遍計而有執障，即其理也。有執障而當受苦報，當知破之，亦執障之理。一一執障，亦各有一一之破法，為一一之理。事無窮，事之如何成，如何相繼，而轉變，皆有其理。其事其法不壞，其理其法亦不壞。眾生無窮，任一眾生皆能成佛。然眾生界中，則常有眾生，依其所以有執障之理，而有執障，更由知其可破之理，或破之之法，而破之。故眾生界與佛界常在，而皆不能空。佛盡遍知一切善惡染淨之事之理之法，亦不能壞此眾生界也。然佛不能壞之，佛仍自作化度一一眾生之事，眾生仍一一自行于成佛之道上，以一一成佛。〔註72〕

華嚴將法界緣起之心作為究極之理，而順由此理而觀一一事相的性質、相狀、活動、次序等等，把握其理而追究其執障之形成，並能以法界緣起之心一一化除，直至成佛。此外，唐君毅主張以吾人心靈一一觀照散殊的事相，觀照事相之隱顯往來、性相功能，同時兼以心靈在此中發揮調攝、安立一切相的功能，可見華嚴觀照事相以破執去妄的型態也與唐君毅的體用學說甚為相近。

又以禪宗而言，能從唐君毅比較王陽明與禪作為事例。王陽明嘗言「無善無惡心之體」，六祖惠能嘗云「不思善，不思惡」〔註73〕，唐君毅認為這兩者有根本的不同，其不同處即在於禪宗未言吾人之心有好善惡惡、知善之惡之心體，唐君毅說：

> 然禪宗之言中，則不見有此一貫澈一切動起之意念之善惡之中，而好善惡惡、為善去惡，方自證其無善無惡之心體。在禪宗欲人悟其

〔註72〕唐君毅：〈理事一如、與理行於事之大事因緣——觀生命存在之事用中之理〉，《生命存在與心靈境界·下冊》，頁1072～1073。

〔註73〕〔元〕釋宗寶編：《六祖大師法寶壇經》，《大正藏》第48冊，頁349b。

　　無善無惡之本心本性，恆要人在其尚無善惡意念之動起之際下工夫，
　　如壇經所謂「兀兀不修善，騰騰不造惡，寂寂斷見聞，蕩蕩心無著」，
　　「不思善，不思惡」之工夫是也。……故惠能之工夫，最重無住，
　　如吾人前之所論。然人之是否皆只在無善惡之意念之動起處下工夫，
　　或有之而住其不住，即足自見其本心本性，則為禪宗之言是否具足
　　之一關鍵，亦陽明之教與禪宗之教之一分水嶺之所在。〔註74〕

一是心體的問題，唐君毅認為「無住」只是讓心念不執著於惡念之上，不能徹
底解決染惡的問題，尤其他認為佛教與禪宗之心體流於虛蕩，難以發揮轉染為
淨的工夫，這是禪宗與唯識宗面臨的困境。再者，唐君毅主張心體的天理良知
之流行即呈現善與惡，所以良知能夠當下省察改過；禪宗非是，而是要人在無
善惡意念之動處下工夫，這是「悟後起修」，不若儒家來得當下切實。唐君毅
說：「此處言不住之工夫，即斷然不足。人於此蓋當：即此惡與染念已過去，
不為心之所住時，更反顯反省其蹤跡，以實知其為非、為惡，而求根絕之、化
掉之，方見吾人之工夫之切實。」〔註75〕唐君毅這段詮釋是強化吾人之「有
念」，實則《六祖壇經》有〈懺悔品〉，其云：「弟子等，從前念今念及後念，
念念不被憍誑染。從前所有惡業憍誑等罪，悉皆懺悔，願一時銷滅，永不復起。」
〔註76〕諸如此類，禪宗實有教人覺察自身罪業，期望根絕之的實踐，然唐君毅
認為「懺悔」與「反躬自省」仍有差異。從唐君毅的看法與禪宗的懺悔觀來看，
佛教與禪宗未必全然沒有唐君毅所言「知善惡、根絕之」的主張，這點不能成
為儒佛之間根本性的差異，唐君毅批評：「此至善之名則禪宗所無。禪宗亦未
嘗由心體自性之能自視無惡亦無善，以言此心體之兼為一至善之心體也。」〔註
77〕兩家下手處與對心體的認知不同而造成的歧異方才是決定性的差別，王陽
明言「無善無惡心之體」是就良知而言，良知能收攝吾人生命心靈所遭致的私
欲、過惡，使這些不善之念重以至善良知作為主宰，導惡為善；在這部分，亦
是吾人生命心靈真實之挺立，亦可證明唐君毅論覺察「善念」、「導惡為善」之

〔註74〕唐君毅：〈象山、慈湖至陽明之即心性工夫，以言心性本體義〉，《中國哲學原
　　　　論・原性篇》，頁457。
〔註75〕唐君毅：〈象山、慈湖至陽明之即心性工夫，以言心性本體義〉，《中國哲學原
　　　　論・原性篇》，頁458。
〔註76〕〔元〕釋宗寶編：《六祖大師法寶壇經》，《大正藏》第48冊，頁353c。
〔註77〕唐君毅：〈象山、慈湖至陽明之即心性工夫，以言心性本體義〉，《中國哲學原
　　　　論・原性篇》，頁459。

念為成德入路的主張。

唐君毅認為儒家當下就能肯定生命存在本有神聖心體，事相流行與心靈感通的歷程裡，吾人均能秉持心體發出的靈覺以呈現種種善德，通貫各種境界，所以吾人始終都能運用第一義的神聖心體以履行道德和宗教實踐，他說：

> 今則自世間境，直說其當下即是處處有此互為隱顯之理，行於一切生命存在之活動之中；乃可真見此世間境中，當下有此佛境矣。人能隨處於事之流行、氣之流行中，見得此理，即可立於無執障之地，以更修其超一切執障之行，而不須如佛家之先破執障，然後能修其德行；而可直承此超執障之理，知其即生命之性，而順之、率之，以盡性立命，以成其順修矣。此則如盡性立命境所已說，今皆不贅。〔註78〕

華嚴雖有互為隱顯之說以論相即相入，但唐君毅認為這只針對佛之境界而言。他指出，華嚴所論的互為隱顯能表現在當前世間，所以人能當下擇一事相進行觀照，在事相流行之間體見此理，不需像佛教那樣，必須到較高修行層次方能諦見。此外，吾人在觀照之中也就開始破執障，依自己的心靈感通而進行涵養，調和心境關係，這也是心境涵養上的理事一如。同時，唐君毅認為理是純善，善也是既定的法則，依此法則，則一切惡事最終都能連起善行善念，這種連同個體生命進而聯繫整個法界，正是把握盡性立命之實踐結合理事關係以超生死、破執障，此是唐君毅宗教理論與實踐的重要論述，且吾人在此實踐之下盡可把握當下之過惡以內省懺悔，因為吾人之性、整體法界之理均是至善、均是道德普遍流行之境地，故必然導惡為善，且在導惡為善的歷程中提升自我，不必如佛教一定要破除執障後方能挺立生命。

五、結語

順成之教，標舉儒佛轉化不善的差別。儒家順由吾人心性之善以求超越，即是盡性立命。在唐君毅的詮釋裡，盡性立命即是擴充、呈顯心靈之善，此又是藉由心靈感通以延伸心體之德性，隨著善德不斷呈顯，達到轉化不善的效果。唐君毅認為這樣的修證方式有別於佛教首先由生命存在的執著煩惱的方式，佛教藉由觀照世間與眾生的煩惱苦痛，進而察見此中蘊含的空性；接著，

〔註78〕唐君毅：〈理事一如、與理行於事之大事因緣——觀生命存在之事用中之理〉，《生命存在與心靈境界‧下冊》，頁1092。

把握此空性以體見眾生與一切相「無常」的性質，藉此拔除執著妄見，豁顯佛性。可見，唐君毅以盡性立命、心靈感通作為順成之教的具體實踐。在他看來，即使吾人當下的心念與煩惱執著互相糾結，吾人依然能由一念之善而獲得轉化不善的契機；把握此一念之善而運用靈覺，使吾人的良知、自覺能作用於當下生活之中，重新省察自身的知識概念和所處境界，化除產生的執著與妄見。除了從自身的心念作為改過遷善的關鍵，唐君毅亦從生命存在的外部聯繫提出「師友之道」。「師友之道」雖然是他之前提出的觀念，但是從唐君毅強調生命存在彼此互相尊重、共同求仁的論述裡，能察見「師友之道」能作為生命存在和諧互動的象徵。尤其是唐君毅肯認生命存在的往來互動，心靈之間的彼此感通，其歷程與活動皆能表現同情共感、肯定尊重的道德情感，亦能體現各種善德。如此一來，吾人亦能從外在的「師友之道」得到轉化不善的機會，在彼此提點、互相策勵之中，不僅表示神聖心體互相涵攝，亦表示道德能普遍在吾人的生活之中。

再從佛教來說，從唐君毅探討華嚴、唯識與禪的論述裡，了解到他對佛教宗派破執去妄的評述。他雖然不盡然認同佛教所言，但也肯認佛教轉化不善的教化方式仍應保留在超主客觀境，作為引領吾人邁向超越的途徑之一。唐君毅也試圖找出轉化我執與法執的方法，他認為心靈從萬物散殊境開始運用知識、邏輯或其他概念，隨著境界提升，當能發現吾人所擁有的知識概念不見得能全然應用在事相之中，此即是轉化「法執」的省察。再者，隨著心靈解析、轉化與涵攝事相，又能察見事相具有性質轉換的「無常」，從而察見「我」與「非我」也是持續活動，亦不可執著於一相，由此而能把握轉化「我執」的契機。因此，唐君毅認為心靈從客觀境的萬物散殊、依類成化、功能序運三個境界，進入到主觀境和超主客觀境，依循每個境界而調整、省思與運用自己的邏輯、知識、概念，也具有轉化我執與法執的效用，此是值得注意之處。

再者，唐君毅在《文化意識與道德理性》及《生命存在與心靈境界》談論轉化不善的方式不同，前者在心性的「仁義禮智」之外，再論「恥之意識」，這樣議論的方式使得道德意識顯得較為分殊，且「恥之意識」如何與「信之意識」結合？唐君毅雖論信德乃是遍布於各種善德之中，但這部分所言較為疏略。而在《生命存在與心靈境界》，唐君毅簡化為「依神聖心體而有心靈感通」，而心靈面對各種境相皆能發揮良知，並呈現合宜的德行，並集中地、整體地議論神聖心體與執兩用中之道如何觀照、調攝一切相，使之歸於中道，無須分別

論「義之意識」或「智之意識」的體現，因為一切德性皆在神聖心體，心體之靈覺又能蘊藏在心靈感通，依心靈面對的一一境相予以合宜的德性。

　　整體說來，雖然唐君毅肯定佛教「破執去妄」的確具有重要的意義，但他認為儒家直接把握當前的生命存在而轉化，而佛教的方式較為迂迴。此外，唐君毅從盡性立命而論順成之教，此並非對於吾人之心性過於樂觀，相反地，他對於人性之不善體會甚深，即使在「無明」與善性交纏的煩惱苦痛之中，他也認為吾人能由一念之善化導之。這既是把握儒家性善說以立論，亦切合生命存在的活動與事相流行的特質建立轉化不善的踐履。

第六章　從「生命存在」與「心靈感通」論「三祭」的道德與宗教意義

一、前言

　　唐君毅甚為重視祭祀祖先、聖賢忠烈與天地的「三祭」，他也撰寫不少篇章論及「三祭」，〔註1〕從文化、宗教、道德實踐、人文精神、社會倫理等方面談論崇敬天地、先祖先賢的意涵。唐君毅談論「盡性立命境」時將「三祭」視

〔註1〕例如以下幾個篇章，唐君毅：〈中國文化與宗教起源〉，《中國文化之精神價值》（臺北：正中書局，1977年），頁16～27。唐君毅：〈人類宗教意識之本性及其諸形態〉，《文化意識與道德理性》，頁462～517。唐君毅：〈宗教信仰與現代中國文化（下）〉，《中國人文精神之發展》，頁363～391。唐君毅：〈中國人之日常的社會文化生活與人文悠久及人類和平〉，《人文精神之重建》，頁506～521。趙法生指出：「與此相關的就是牟宗三對於儒教組織、儀式和社會教化方面的忽視。在提出人文儒教概念之初，他曾經以儒家的三祭作為儒家具有超越精神的重要憑據，但是，隨著他的心學體系的建立，三祭之類的宗教實踐問題卻很少被提及。」（趙法生：〈牟宗三的儒教觀〉，頁91。）牟宗三的確對三祭有相關看法，但是唐君毅從三祭而把握道德與宗教意識，進而將三祭詮釋為道德與宗教的踐履，形成唐君毅思想的一大主軸。目前關於唐君毅「三祭」說的論述已有相關的研究成果，例如汪中文、施穗鈺〈以敬終始，徹通幽明──論唐君毅「三祭禮」之人文精神〉，該文從唐君毅對三祭的論述探討其文化觀與儒教觀，並進而析論唐君毅的生死觀。（汪中文、施穗鈺：〈以敬終始，徹通幽明──論唐君毅「三祭禮」之人文精神〉，頁21～32。）何仁富〈唐君毅論儒家「三祭」宗教精神的形上意義〉則就唐君毅的見解歸納出三祭的重要意義：不依人的需要而立的返本報本的純粹精神、融創造與保存為一體的天地合德的絕對精神、不信人有原始罪惡的隱惡揚善的超越精神。（何仁富：〈唐君毅論儒家「三祭」宗教精神的形上意義〉，《鵝湖月刊》396期，2008年6月，頁38～45。）

為吾人心靈感通天地、先祖先賢生命之體現，深入地詮釋此中蘊含的道德與宗教之理論與實踐。唐君毅認為，盡性立命的起點在於心靈自然原有的孝弟之心；儒家據此為萬德之本而開展一切德行，經營社會倫理，此是有別於其他宗教的論述。〔註2〕再者，唐君毅主張吾人能於人德之中體見天德，不斷生起崇敬之心，遙相感契，彼此感通，成就吾人高明、博厚、廣大、悠久之心，其德之表現亦遍布於生命存在及心靈。〔註3〕依據這個觀點，那麼儒家尊敬孝子賢妻、忠臣烈士等等，即是對人格人德的推崇。尤其是儒家認為夫妻乃是乾坤之定位，忠臣烈士是天地正氣所在，聖賢具備天地之元氣，可見吾人的人德之中即存在天德。基於對人德的肯認，唐君毅將三祭視為最理想的宗教意識，並從三祭而提出心靈時時默運的「自祭」，肯認吾人的心靈時時以誠敬對天地、先祖先賢，也能提升心靈境界。「自祭」也表示唐君毅對於前後生命存在彼此感通的重視，他說：

> 人之祭祀，則不只為實見此依當祭祀之命令之事，而同時復求與所祭祀者在精神上交相感通，而配之以一定之禮儀者。此中所祭祀者，為一超現實存在，與宗教之對象同。而此禮儀之意義，與一切宗教之禮儀，亦皆同為象徵的，即不發生實際的效用價值者。祭祀時，<u>吾所求者，乃吾之生命精神之伸展，以達於超現實之已逝世之祖宗聖賢，即整個之天地，而順承、尊戴祖宗聖賢及天地之德。</u>則此中明有一求價值之實現與生發之超越的圓滿與悠久之要求之呈現，乃視死者亡而若存，如來格生者，以敬終如始，而致悠久，使天地與人，交感相通，而圓滿天人之關係。則此三祭中，明含有今人所說宗教之意義。〔註4〕

唐君毅特重此義，在《生命存在與心靈境界》深入地探討前後生命存在「精神上交相感通」，這也是儒者甚為注重之處，例如牟宗三曾以感性的筆觸敘述自己在祭祀時，感受到自己與先人的生命沒有隔離、有超越的順適與親切，情感也彷彿感受到「永恆」。〔註5〕可見，唐、牟二先生都注意到祭祀引發的情感交

〔註2〕參見唐君毅：〈天德流行境──盡性立命境──觀性命界（中）〉，《生命存在與心靈境界・下冊》，頁858。

〔註3〕參見唐君毅：〈天德流行境──盡性立命境──觀性命界（上）〉，《生命存在與心靈境界・下冊》，頁863-864。

〔註4〕唐君毅：〈宗教信仰與現代中國文化（下）〉，《中國人文精神之發展》，頁375。

〔註5〕牟宗三說：「清明掃墓，瑩春花趁早先開了，黃的花，綠的長條，叢集在墳墓

流對於生命的意義，更將此作為儒家宗教精神的圓滿所在，唐君毅說：

> 儒家骨髓，實唯是上所謂「融宗教於人文，合天人之道，而知其同
> 為仁道，乃以人承天，而使人知人德可同於天德，人性即天命，而
> 皆至善；於仁之人心與善性，見天心神性之所存。人至誠而皆可成
> 聖如神如帝」之人文宗教也。〔註6〕

「融宗教於人文，合天人之道」即是唐君毅宗教思想的主旨，著重於人德的挺
立，成就真實的生命存在，這也正是唐君毅心靈九境論開宗明義之處。〔註7〕
也因為吾人本性為善，且心性具備超越的能力，故吾人當下盡性立命，揭顯心
性之至誠至善，即兼行道德與宗教之實踐。這也符合唐君毅所言：「人即可以
當下合內外之心境，而通上下之天地，以成其立人極，亦貫天極與地極，而通
三才。」〔註8〕可見，在唐君毅的詮釋之下，「三祭」既涵括盡性立命、執兩用

上。紙灰化作蝴蝶。莫一杯酒在墳前，墳中人的子孫們前後有序地排著在膜拜。
那生命是不隔的，邁著祖宗，通著神明，也通著天地。這不是死亡安葬時的生
離死別。這時沒有嚎哭，沒有啜泣。生離死別那種突然來的情感上的激動，因
著年月的悠久，而進入永恆了，化作一種超越的順適與親和。人在此時似乎是
安息了，因著祖宗的安息而安息；也似乎是永恆了，因著通於祖宗之神明一起
在生命之長流中而永恆。齋明肅穆之中，也有眼前的春光愉悦。那春光是配合
著白楊松柏的肅穆之春光，是通著祖宗神明的春光，是一種聖潔的春光，而不
是那鬱悶懊惱的春光。那愉悦是通著思古幽情的愉悦，想著祖宗如何如何，道
古說今，也有一番閒適恬靜。」（牟宗三：《五十自述》（臺北：聯經出版社，
2003 年），頁 1～2。）這段話很能說明唐君毅敘述心靈感通所流露的情感，他
即是把握心靈感發到的永恆、順適與親和，說明吾人心靈如何藉此而邁向超越
境界。再者，依據唐君毅寫給妹妹的信件，其中提到：「在母像前以花果貢物
祭獻，與如熊先生所說之以靜心默念，都實可以感通神明，這些事之效應很難
說，亦不必在夢中即能證驗，但依理依情而論，幽明之際亦確有感通。」（唐
君毅：〈致二妹至中〉，《書簡》，頁 7。）又云：「不過依真理說，人心之量亦本
可漸達無限，以橫通同時並在之他人，縱通古今百世。此亦即所以通死生幽
明。」（唐君毅：〈致二妹至中、五弟慈幼〉，《書簡》，頁 14。）諸如此類，在
唐君毅的書信或是日記裡可以得見他在喪母之後對於心靈感通有更深刻的體
悟，他也在這時期大量閱讀佛經和相關注疏。

〔註6〕 唐君毅：〈中國哲學之原始精神〉，《中國文化之精神價值》，頁 38。
〔註7〕 《生命存在與心靈境界》篇首即言：「今著此書，為欲明種種世間、出世間之
境界（約有九），皆吾人生命存在與心靈之諸方向（約有三）活動之所感通，
與此感通之種種方式相應；更求如實觀之，如實知之，以起真實行，以使吾人
之生命存在，成真實之存在，以立人極之哲學。」（唐君毅：〈導論〉，《生命存
在與心靈境界・上冊》，頁 1。）
〔註8〕 唐君毅：〈論生命存在與心靈之主體──其升降中之理性運用──觀主體之依
理成用〉；《生命存在與心靈境界・下冊》，頁 1032。

中的心靈活動，兼有生命存在跨越時空限制以彼此聯繫之意涵，亦蘊含念念反觀、師友之道的向善意義，實是理想的道德與宗教實踐。

二、從生命存在與心靈感通論「三祭」的圓滿意義

如上文所言，唐君毅認為三祭及其延伸的自祭，代表吾人心靈感通於天地、先祖先賢，這對於吾人盡性立命的道德實踐有直接的影響，以下分別論之。

（一）「三祭」與盡性立命

唐君毅嘗言：「對天命鬼神之感通，則為絕對的精神之感通」〔註9〕，又根據孔子言「達」而說：「己達，即人之自己生命之有其內在之感通，達人即與人感通。而君子上達之義，固亦可包括人與天命鬼神之感通也。」〔註10〕由此可見，唐君毅認為與天命鬼神感通是吾人精神超越的一部分，也是道德實踐的內容，因此三祭也涵括吾人對天地鬼神之感通，是盡性立命的範疇。據此，也能得見唐君毅發揮橫渠「萬物同體」、明道「與物同體」的觀點，肯認心靈感通於一切生命乃是德之體現：

> 明道以渾然與物同體及疾痛相感之情懷、心境言仁之義。並以唯此明道之言能和於孔子言「仁者靜」、「仁者樂山」、「剛毅木訥近仁」之旨。此渾然與物同體之感，又可說為吾與其他人物有其生命之感通，而有種種愛敬忠恕……之德之原始，亦通於孔子之言法天道之仁，人事天如事親，與「仁於鬼神」之義者。〔註11〕

這也就呼應唐君毅主張心靈感通的整體過程即流露各種德性的看法，亦突顯吾人心靈感通於先聖先賢的道德及宗教精神。唐君毅認為，人在祭祀之中所流露的誠敬和無盡感念，乃是心靈感通於天地、先人之生命心靈，尤其是人的感念之情相續不斷等同於仁心仁性相續不盡，人要觀照心靈「相續不已」，不斷默識之、體悟之，而能感知此心感通於天地，且能跨越時空的限制而感通於先人之德性德行，同時成就吾人之德性，他說：

> 然依儒家之義，一切禮之大者，則為祭祖先、祭聖賢忠烈，及祭天地之禮，吾嘗稱之為三祭。人之敬之大者：對其自己生命所自生之本言，莫大於敬其宗族之共同之祖先；對人之道德生命、文化生命

〔註9〕唐君毅：〈孔子之仁道（上）〉，《中國哲學原論·原道篇（一）》，頁78。
〔註10〕唐君毅：〈孔子之仁道（上）〉，《中國哲學原論·原道篇（一）》，頁79。
〔註11〕唐君毅：〈孔子之仁道（上）〉，《中國哲學原論·卷一》，頁78。

> 之本言，莫大於敬一切聖賢忠烈之人格與德性；對人與萬物之自然
> 生命之本言，莫本於敬天地。<u>敬之大者在是，禮之大者亦在是。此</u>
> <u>敬此禮，皆可以使人之自己超越於其本能習慣之生活，以及一切個</u>
> <u>人生活中所已有者之上，而使其俱生之我執，漸自然消化於無形者</u>
> <u>也</u>。〔註12〕

祭祖先、祭聖賢忠烈及祭天地，是吾人出於對生命存在、人格及生存的環境之尊重，因此三祭的宗教精神及道德意義能直接影響吾人的生活與心靈，吾人能藉此而省察自身及生活，甚至達到轉化執著的效益。唐君毅也不拘於三祭之儀式，而更重視吾人從事三祭時的誠敬、禮敬，因此他提出「自祭」的概念：

> 故人亦必自盡性立命，而後能知天地之德性，而更能以敬誠祭天地。
> 人果能自盡性立命，則人亦皆可由其德性德行之相續不斷，以知天
> 地之德性之即流行於其生命心靈之中，而於其生命心靈之自身中，
> 自達其敬誠，於天地之心、天地之生命，而以此心自祭此呈現於其
> 心中之天地之心、天地之生命。〔註13〕

吾人的生命精神能通達於天地、先人、先賢，即是生命存在的延伸，亦是心靈無限地感通。那麼，憑依吾人的心性以感通於外境（命），使吾人的生命與天地、天地之生命彼此交感，深化吾人的心靈境界，因此時刻「自祭」，以此心的誠敬面對天地與天地之生命，亦即是盡性立命。

唐君毅將「孝弟之心」作為一切德行之本，自祭先祖先人即是發揚此善德：

> 此順成而率性盡性之始點，則在赤子之生命心靈中自然原有之孝弟
> 之心。此孝弟之心，乃至平凡之心，而儒者則視之為一切德行之本
> 始，而視之為涵義無窮者。〔註14〕

唐君毅認為孝弟之心是盡性立命的始點，是吾人最自然的善德，以吾人心性直接面對天地、天地之生命，並時刻以上天之德、先祖先賢之德啟發自心，這即是「自祭」，而盡性立命亦可視為是「自祭」。唐君毅曾評述張橫渠（1020～1077）

〔註12〕　唐君毅：〈天德流行境——盡性立命境——觀性命界（中）〉，《生命存在與心靈境界‧下冊》，頁888。

〔註13〕　唐君毅：〈天德流行境——盡性立命境——觀性命界（中）〉，《生命存在與心靈境界‧下冊》，頁889。

〔註14〕　唐君毅：〈天德流行境——盡性立命境——觀性命界（上）〉，《生命存在與心靈境界‧下冊》，頁858。

學說時言及：「故濂溪之立人極以合太極，希賢希聖以希天；橫渠之言人之仁義、誠明之道，以合天之太和中之神化之道，以為乾坤之孝子，皆是上合。」〔註15〕可見吾人立人極以通貫天地，豁顯生命之德行，其用心可謂之「孝」，吾人對先祖先賢之景仰與追思也是孝弟的表現，吾人能藉此超越、提升自我的根據。進一步說，唐君毅認為這份孝弟之心能夠持續延伸為自己對他人生命精神的關懷，促成吾人廣泛地心靈感通：

> 天地之大，不僅生我之生命精神，亦生他人之生命精神。我父母祖宗之生命精神，亦皆由天地而來。則透過我所接他人之生命精神，由父母祖宗傳至我之生命精神，以觀天地；則天地不特包含一切人生命精神之本原，亦且為一切人生命精神之所充塞瀰淪，則天地即一大宇宙生命宇宙精神也。〔註16〕

可見，唐君毅將此孝弟之心詮釋為人德通達天德之渠道，吾人能在祭祀先人的一念之誠裡體見生命與宇宙的渾融一體，此亦彰顯吾人生命的神聖莊嚴之處。就這個意義說來，唐君毅也認為「自祭」乃是吾人把握生命根源的方法：

> 此人之由天為根源以生，而由其破空無無，以更有所有，可視為此根源之有之伸之事；而人之自忘其所更有之有，則可視為此更有之有，再由伸而屈，以還至此根源之事。<u>此伸，為天之生人之事，此屈，為人之以敬誠達於天，以心祭天之事。</u>由此屈之事，還至其根源，亦即使此根源，更呈現為人以後之生之根源。此根源之呈現，又更足以成此以後之生，使其更能破空無無，以更有所有者。此屈伸之自相循而無端，似相反而實相成也。〔註17〕

如前文所言，佛教與基督教認為人不知前生或忘失生命之根源乃是無明或是罪惡之事，但唐君毅認為吾人的生命本就是無所執著且自能超越，此是生命存在之「伸」；吾人忘卻生命根源，亦能藉由「伸而屈」以把握。「伸」是生命存在自天道而破空而出；「屈」是吾人念念自祭於天，而探求生命存在原來聯繫於天，且能時刻與天道互動。因此，生命存在「伸屈」的活動，亦能由吾人自祭於天，念念觀照而體察。

〔註15〕唐君毅：〈周濂溪之立人極以言太極之道〉，《中國哲學原論·原教篇》，頁48。

〔註16〕唐君毅：〈中國之宗教精神與形上信仰——悠久世界〉，《中國文化之精神價值》，頁331。

〔註17〕唐君毅：〈天德流行境——盡性立命境——觀性命界（中）〉，《生命存在與心靈境界·下冊》，頁890。

（二）「三祭」與生命存在持續升進

唐君毅說：「鬼神之進德，亦當賴其與生人作不斷之感通。由此感通，不僅鬼神，可有裨益於生者；而孝子慈孫，亦可以其誠敬之心，使祖宗鬼神得向上超渡，而日進於高明。」〔註18〕此即論前後生命存在彼此感通能使吾人的存在持續升進，基於這個觀點，吾人在感念先人先賢之際，即是使先人先賢之德性重新活躍在吾人的心靈之中，促成生命存在彼此的聯繫，使德性相續不已。唐君毅說：

> 人只須由其生命心靈之相續，而有其德行德性之相續，即可見此生命心靈與其德行德性，恒自超越其所已有已表現，而更有所表現，即見此超越的根源中之生命心靈，與其所具之德性，其流行於人之心靈生命，以成人之德性德行者之無盡。〔註19〕

如此看來，生命心靈彼此聯繫，相續升進，具有道德意義，吾人能在此相續聯繫裡體見生命的普遍恆存，亦能察見吾人能表現之德實乃無窮無盡，因此吾人在回憶、追念先人先賢之言行時，可藉由先人先賢之德行德性深化自心流露的誠敬與良善，並順此持續擴充德性，提升心靈境界。透過這樣的心靈感通，先人先賢能跨越時空的限制而感召吾人之心靈；爾後，吾人之德行德性也能以此方式重現在後人之心靈，此即成就生命存在相續升進，真實生命恆存於世。可見，三祭的宗教意識能啟發吾人在當前生活履行道德實踐，亦能切合「當下生活之理性化、性情化」的原則，唐君毅說：

> 此人之能追念回憶、能想像，能面對無限之宇宙，與一切無可奈何之境，皆出於心靈活動之能向前後、上下、內外之方向，而作無盡之伸展，亦依心靈之求有所感通，即皆依於人之理性之流行。〔註20〕

因此，吾人追念回憶、想像天地、先人先賢等前有之生命存在，即是吾人心靈無限的延伸，此既是吾人「自覺地求仁」，呈顯道德宗教情感，彼此的感通亦是理性的展現。所以從生命存在跨越時空的聯繫，能得見心靈之德性如何恆存

〔註18〕唐君毅：〈中國之宗教精神與形上信仰——悠久世界〉，《中國文化之精神價值》，頁342。

〔註19〕唐君毅：〈天德流行境——盡性立命境——觀性命界（中）〉，《生命存在與心靈境界・下冊》，頁889。

〔註20〕唐君毅：〈專觀盡性立命境之通達餘境義——當下生活之理性化——超越的信仰——精神的空間、具體的理性、與性情之表現為餘情〉，《生命存在與心靈境界・下冊》，頁993。

於世的方法：

> 夫然，而後鬼神之不朽，乃生人之德行或生命精神之全部，如其所
> 如，以保存於天地間而未嘗散失。鬼神之進德，亦當賴其與生人作
> 不斷之感通。由此感通，不僅鬼神，可有裨益於生者；而孝子慈孫，
> 亦可以其誠敬之心，使祖宗鬼神，得向上超渡，而日進於高明。此
> 種宗教思想，實為中國最早之傳統的宗教思想，而大體為後世所承
> 者。〔註21〕

由此看來，吾人的生命存在即使由顯入隱，自陽轉陰，吾人的德行與生命精神
依然能夠恆存，隨著後人不斷追念，前後心靈互相感通，那麼先人之德行能感
召後人持續成德，此即後人能在世間「繼志述事」。又能在念念自祭裡不斷表
現心靈之德性，並煥發先人之善德與精神，達到前後生命存在相續成德的型
態，此亦是唐君毅所言，成就「永恆悠久而普遍無所不在之無限生命」。

（三）「三祭」與「繼志述事」、「師友之道」

如上文所言，唐君毅認為先人之德性能感召後人相續成德，他認為這個看
法也能改善佛教輪迴之說的偏失。唐君毅指出，若按照佛教輪迴之說，先人故
去後便不知輪迴何處，此是他不忍之處。〔註22〕儒者本於此不忍心，不忍世人
受苦而積極教化，同時也基於不忍心而不忍先人故去後就此消逝，所以他將生
命存在視為種子，一有而永有，能持續作用於世間，而吾人即能在當下念念自
祭裡追念、回憶先人之德，顯揚先人之德，亦呈顯自身德性，同時轉化不善。
更積極的，即是繼志述事，延續前人之德，唐君毅言：

> 然於不可繼者，即不繼，不可述者，即不述，則所以隱其惡而揚其
> 善。若法界之一切事，皆互為緣起，此後死者對先死者之「隱其惡
> 揚其善」之起，即所以阻其惡，而成其善，其感應亦不可思議。而
> 死者果有罪，則不待其自知罪悔罪，而此後死者之隱其惡揚其善，
> 即已是代之悔罪，為之贖罪。若先死者之果有其來生，則其來生之
> 罪行，必減輕，善行必增盛，可預斷矣。〔註23〕

〔註21〕唐君毅：〈中國之宗教精神與形上信仰——悠久世界〉，《中國文化之精神價
值》，頁342。

〔註22〕參見唐君毅：〈理事一如、與理行於事之大事因緣——觀生命存在之事用中之
理〉，《生命存在與心靈境界‧下冊》，頁1080。

〔註23〕唐君毅：〈理事一如、與理行於事之大事因緣——觀生命存在之事用中之理〉，
《生命存在與心靈境界‧下冊》，頁1078。

此即說明繼志述事不僅是增進當下生命存在之德性，亦能達到「代之悔罪」的效益。實則「代之悔罪」的省察，已然對於吾人有所警惕，而「隱其惡揚其善」，又是吾人仁心與不安之心的表現，這也說明吾人不只是單純地承續前有存在之德性，實際上也藉此「反躬自省」，取其善以延續、發揚；其惡處即隱而不述，斷滅此惡之延續，達到自我惕勵之效，此即闡釋吾人感念先人、繼志述事的實踐存有「轉化不善」的效益。再者，生命存在前後聯繫也揭顯三祭蘊含「師友之道」的意義。唐君毅依據事事無礙之教說，闡釋一切事相一有而永有，這就相應回憶、追念的道德意義，一切聖賢祖宗師友之遺事遺德，也將是一有而永有。〔註24〕於是，在吾人念念自祭、回憶追想裡，能將先人之生命存在作為師友，省察自我心靈，這也正是將道德人格作為後人成德典範，是積極地延續前人德性的表現。

（四）「三祭」與人文人倫世界

　　唐君毅重視三祭的原因亦與儒家重視社會倫理及道德人格有關，他說：「然於儒者所言祭祖先與祭聖賢忠烈之教，則二教中皆未有之，以其皆不重親親之倫理，亦不重聖賢忠烈所成之人格世界。」〔註25〕因為重視道德人格的涵養，所以儒家講究當下的實踐及當前生活的經營，與佛教和基督教視人身人世為解脫處的觀點不同。

　　唐君毅析論宗教意識的十種層次，最高層次的宗教意識即是由崇敬先人先賢而來。他認為其他宗教崇敬的先知先覺雖能擔負眾生苦罪，但聖賢豪傑乃是實際在人間從事擔負眾生之事業者，雖然後者未被神格化，然其對人間的貢獻不遜於前者。因此，人們不僅要具備「信有神求自己同一於神之宗教人格」，甚至還要進一步崇拜皈依「不求同一於神，而只以去世間之苦罪為事之道德人格」。在這崇敬之下，吾人能視此道德人格為神之化身，即「超越的我」之化身，藉此漸除去我執與罪過，因此最理想的宗教意識是結合對超越之神與崇拜祖先、聖賢豪傑的崇敬，這樣才是充量地發展宗教意識。〔註26〕可見，唐君毅將人們對於先人先賢的緬懷與追憶，視為最純粹、出於自覺的

〔註24〕　參見唐君毅：〈理事一如、與理行於事之大事因緣──觀生命存在之事用中之理〉，《生命存在與心靈境界‧下冊》，頁1079。

〔註25〕　唐君毅：〈天德流行境──盡性立命境──觀性命界（中）〉，《生命存在與心靈境界‧下冊》，頁892。

〔註26〕　參見唐君毅：〈人類宗教意識之本性及諸形態〉，《文化意識與道德理性》頁505～506。

宗教意識。進一步而言，崇敬先人先賢也表示儒家對於人格涵養的重視，道德人格不僅是作為道德典範以感召後世，人格散發的理想與價值本身就具備超越性，唐君毅說：「人之超越現實之精神表現，可為一往直前之嚮慕理想，而亦可為超越『此一往直前態度本身，或明顯之超越精神之本身』，轉而著重於現實或凡俗中，實現超越的理想。」〔註27〕因此儒家涵養心性、人格，是兼及個體與群體面向的關注。其實，「人格世界」也即是心靈境界，因為人格包括性情與行為，是心性的流露，唐君毅說：「吾若透過吾行為與性情，以觀天地，則我之行為之所往，性情之所流行，皆我之生命之所往，亦即我之精神之所往，我性情之所周遍流行。」〔註28〕這段話說的「所往」、「流行」就是心靈感通開闢的境界，所以先祖先賢的心靈亦是他們的人格、德行乃至於生命精神流行於我之心靈。

由上可見，唐君毅從生命存在的活動及心靈感通而詮釋的道德實踐及宗教精神，都具足在三祭之中，亦呈顯儒家的宗教精神有別其他宗教之處。唐君毅說：「故中國之個人精神，為獨立而當各以仁心遍覆各種人倫關係中之人的，宛如蓮葉之互相涵蓋的。」〔註29〕三祭及自祭代表生命存在彼此的聯繫，以及生命存在能持續升進之意涵，這是出於每個生命存在能夠互相尊重的道德情感，亦突顯儒家對道德人格的重視，唐君毅說：

> 吾人首須知：日常生活中之人與人之同情共感而互助之事，雖極庸常，然此中之每一事，對己而言，皆足以開出一自己之生活境界之擴大超升之機；對人而言，皆足啟示一心靈的世界之存在，而成就人之心靈的世界之實超升而擴大；對世界而言，則能使人肯定一真實之客觀存在之世界。合此三者，則實見有一人與我之各為一道德心靈主體、道德人格，而互相涵攝所成之人格世界之存在。〔註30〕

「日常生活中之人與人之同情共感而互助之事」亦是師友之道的實踐，此即唐君毅於「道德實踐境」論道德人格時所言：「然其始點，則極庸常平易，

〔註27〕唐君毅：〈中國之人格世界〉，《中國文化之精神價值》，頁 281。

〔註28〕唐君毅：〈中國之宗教精神與形上信仰——悠久世界〉，《中國文化之精神價值》，頁 331。

〔註29〕唐君毅：〈中國之宗教精神與形上信仰——悠久世界〉，《中國文化之精神價值》，頁 337。

〔註30〕唐君毅：〈道德實踐境——觀德行界（中）〉，《生命存在與心靈境界·上冊》，頁 629。

初不外此朝朝暮暮接於人前之喜怒哀樂，與人同情共感，以衣食住行與人相生相養而互助之事如上文所及。」〔註31〕這個意義不僅是應用在當前生活裡，實則先祖先賢亦為吾人師友，而吾人念念自祭，更兼有反躬自省的道德實踐，因此結合前後生命存在的心靈感通，能促使吾人體見「人與我之各為一道德心靈主體、道德人格，而互相涵攝所成之人格世界」。又從整體人文世界的經營而言，重視道德人格也代表儒者注重承擔社會責任之義務，他們孜孜矻矻的作為又具備超越意義，因此聖賢之人格與心靈實有超越性，千百年後仍能感通後人之心靈，使生命存在相續升進。祖先也是如此，將對父母祖先之感懷提升為以父母祖宗之心為心，吾人當下即能感受到生命精神有一充實感，能感受到「吾之生命精神所自來之生命精神」、「其中包含有吾之生命精神，而生吾之生」的生命精神，〔註32〕這是對生命心靈最直接的感動、啟發。吾人更可問這起始的理想主義之超越精神在哪裡？正是在吾人原始的孝弟之心。可見，在三祭的道德實踐與宗教精神裡，已然將「順成之教」作為綱領，在生命存在不僅在當下能彼此聯繫，亦能跨越時空進行心靈感通，其感通歷程皆呈現心靈的德性，兼有師友之道、反躬自省的道德意義，促成生命存在相續升進。此念念自祭實能化用在吾人當下生活之中，其實踐原則與道德意義又能契應「當下生活的理性化、性情化」，作為開顯神聖心體的方法。

三、從華嚴宗論「回憶」的超越意義

承上所述，唐君毅闡述「自祭」不僅涵括吾人對天地、先祖先賢的回憶、懷想等等，亦能啟發心靈，對於吾人的道德實踐及宗教精神有直接影響，這也正是他談論「事事無礙而遍法界義」〔註33〕、「人間大緣起」〔註34〕時提到的部分論述，可見其說亦有援引華嚴之處。唐君毅認為佛教對宇宙人生的看法不同於中國儒道思想，佛教以生滅、空有等等為第一義宇宙人生之概念；儒道思

〔註31〕唐君毅：〈天德流行境——盡性立命境——觀性命界（中）〉，《生命存在與心靈境界・上冊》，頁892。

〔註32〕參見唐君毅：〈中國之宗教精神與形上信仰——悠久世界〉，《中國文化之精神價值》，頁322。

〔註33〕參見唐君毅：〈理事一如、與理行於事之大事因緣——觀生命存在之事用中之理〉，《生命存在與心靈境界・下冊》，頁1057～1064。

〔註34〕參見唐君毅：〈理事一如、與理行於事之大事因緣——觀生命存在之事用中之理〉，《生命存在與心靈境界・下冊》，頁1073～1081。

想則以隱顯、生化、幽明、乾坤等等為第一義宇宙人生之概念。〔註35〕孔子雖罕言生死，但《中庸》與《易》談論由明而幽，由顯而隱，由始而終，彼此循環相生不斷，構成宇宙人生的法則。〔註36〕又如唐君毅評述宋代張載（1020～1077）不喜佛道好言有無，所以依《中庸》與《易》而談論以隱顯、生化、幽明，此是中國思想之正傳。〔註37〕據此，唐君毅主張中國思想以隱顯、生化、幽明、乾坤等等為第一義，所以將生死視為始終之事，並非生滅。而先祖先賢的生命存在能夠感召後世，憑依後人的追念以重新活躍在後起的心靈之中，此亦能以王船山的見解作為論據，唐君毅說：

> 船山謂人亡之後，其氣或精神，非一逝而不返，恆能出幽以入明，而感格其子孫；聖賢英烈之逝，即以其精神，公之來世與群生。〔註38〕

綜合上述，唐君毅更判定「以依中國儒家義，此生之所以為生之為一相續歷程，乃一由隱而顯，更由顯而隱，由創始而來，更向終成而往之歷程。」〔註39〕唐君毅解析，死亡對死者本身是入於幽，入於隱，在他人知見裡，此亡者即是歸於「無」。但唐君毅認為死亡不能以無視之，因為對死亡作有無之判斷是一種妄執，不能因為個人的知見沒辦法感受到死者，就認為死後一了百了，這種妄見應當破去。死亡應當被認為是由隱轉到顯、由顯而隱，這是「非有」；他人不該以自己的知見判定死亡為無，這是「非無」，所以死亡是「非有非無」之事，這也切合他提出的「生命本就是無所執著」的主張。〔註40〕因此，唐君毅認為儒家論生死是兼具主客兩觀而申論，佛教雖也使用非有非無以論死亡，卻只針對客觀來說。〔註41〕儒家如何兼從主客觀論死亡呢？唐君毅以「回憶」為

〔註35〕 參見唐君毅：〈理事一如、與理行於事之大事因緣──觀生命存在之事用中之理〉，《生命存在與心靈境界·下冊》，頁 1074。

〔註36〕 參見唐君毅：〈理事一如、與理行於事之大事因緣──觀生命存在之事用中之理〉，《生命存在與心靈境界·下冊》，頁 1075。

〔註37〕 唐君毅：〈理事一如、與理行於事之大事因緣──觀生命存在之事用中之理〉，《生命存在與心靈境界·下冊》，頁 1075。

〔註38〕 唐君毅：〈王船山以降之即「氣質」、「才」、「習」、「情」、「欲」以言性義〉，《中國哲學原論·原性篇》，頁 513。

〔註39〕 唐君毅：〈天德流行境──盡性立命境──觀性命界（上）〉，《生命存在與心靈境界·下冊》，頁 838。

〔註40〕 參見唐君毅：〈理事一如、與理行於事之大事因緣──觀生命存在之事用中之理〉，《生命存在與心靈境界·下冊》，頁 1076。

〔註41〕 參見唐君毅：〈理事一如、與理行於事之大事因緣──觀生命存在之事用中之理〉，《生命存在與心靈境界·下冊》，頁 1076。

主要論據，若從華嚴教說而論「回憶」，則是表明人之言行舉止一有而永有，其事相是無窮無盡而相續，但儒家不僅止於此，儒家的鬼神觀乃是本於追懷死者之回憶念想，更從實際的繼志述事以盡回憶念想之情懷，而佛教未必有這層意旨。〔註42〕唐君毅也說，儒家也肯定死者之事一有而永有，所以肯定先祖先賢之事能夠存留在人心，並透過口語傳述或文獻記載供後人持續追念。佛教雖從緣起而論前世與來生，但忽略對先人的繼志述事乃是「人間大緣起」，是人們依照可靠的先人經歷與實際經驗而陳述，不同於佛教言前世與來生流於想像與推理。由此，唐君毅判定儒家乃是陽道，居實；佛教是陰道，居虛。〔註43〕他的判定是出於儒者有傳承社會文化之責任，而佛教專以出世、解脫為首要，對於生死之事採取超然之態度，但未能從生死之事轉為具體的傳承行動。

　　從華嚴學而言，唐君毅論過去的生命心靈乃是一個有相，這個有相能夠透過後人之追憶懷想而重現，甚至能顯發此中蘊藏之真理。即使無後人的追憶懷想，其實過去的事相也不斷牽引之後的事相，彼此相續無礙，所以唐君毅認為華嚴宗言理事無礙或事事無礙，是強調事相彼此相續相生，相依相涵以構成整體法界。而在事相相依相涵之中可察見理存在其中，此理是空寂卻又能活動於事相緣起之中，故此理是活潑無礙，事也如此，故可說理事無礙、事事無礙，唐君毅論「事事無礙」時，說：

> 此事物之有之義，原不定限於時空，故其有能顯於任何時空之人之感覺回憶等心中。唯識法相宗，即於此言任何事物皆初為一能顯其有之功能或種子。過去未來與遠近之任何事物，其未顯於當前之心者，皆是一能顯其有之功能種子。華嚴宗即依此言，一切事一切法之原無定在，而以無所不在為此事法之理。依此理以觀一切事法，即皆交遍互攝，亦依此交遍互攝，以更相依相涵而起。如人之感覺事之依所感覺事而起，記憶事之依先前之感覺事而起，想像事、理

〔註42〕參見唐君毅：〈理事一如、與理行於事之大事因緣——觀生命存在之事用中之理〉，《生命存在與心靈境界·下冊》，頁1077。儒家的鬼神觀涉及「人死後是否有靈魂」的問題，唐君毅設一原則：「凡吾人所嘗確知其為存在者，若無說其不存在之理由，則吾人恆自然的思其為存在」，又依吾人對先人的懷念之情與不忍人死後全然歸無的情感，既同意「靈魂存在」的看法，也肯認祭禮今人與先人心靈相互感通之意涵。（參見：唐君毅：〈孔子之仁道（下）〉，《中國哲學原論·原道篇（一）》，頁140。）

〔註43〕參見唐君毅：〈理事一如、與理行於事之大事因緣——觀生命存在之事用中之理〉，《生命存在與心靈境界·下冊》，頁1078。

解事等，依感覺記憶之事而起，以至去除人心之種種執著之事，依
其原有之種種執著之事而起，求成佛之事，依其為眾生之事而起。
此事之可依事而起，即見一事之有之義，不定限於其初見之一時空，
故可更見其有於其他事之中，為他事所依之而起，亦即成他事之所
依、所涵之有。由此而有重重交遍互攝之事與事、相依相涵而起。
此事與事相依相涵而起，即其互不相礙。事與事之所以不相礙，以
相依相涵而起，則由事之有之義，原不定限於初見之時空故。〔註44〕

按唐君毅所見，唯識宗論一切事相均為顯其功能的種子，他也藉由這個意義闡
述一切事相皆有隱顯、幽明等功能，而他更認為華嚴宗闡述種子無所不在的道
理，且藉此詮釋一切事一切法能夠不被時空限制，能夠形成相依而起，交遍互
攝的法界。依據唯與華嚴的意義，唐君毅闡釋吾人的生命存在及一切事能前後
相繼，以隱顯、幽明的轉換形式，重現在後人心靈的感覺、回憶、追念等，前
後生命存在彼此感通，有助於吾人當下的成德事業。這既是盡性立命的實踐，
也是心靈感通的無限延伸。再者，吾人在這心靈活動裡，既能察見生命存在原
無定相的活動，亦能體見事相也非以固定形式存留在生活之中，這樣的見解有
利於吾人化除執著、偏見。

再者，唐君毅認為華嚴宗論人在任何一事之中充量觀照，便能體見此中無
窮無盡與無所不在之理，例如人能把握一事之自身開始思量前後，持續回憶，
即能在這回憶之中不斷重見事物之有相，那麼，這個回憶就是「偏觀」。持續
回憶，從現在乃至未來無窮無盡，都可重見其有。在重見此有之際，又要體察
到這回憶仍然是無，因為這回憶只是一個暫現而已；雖然只是暫現卻具有深遠
意義，所以回憶是「有相」，暫現其有，是「無相」，吾人在此有相與無相得見
真理，是由偏觀而進入兼觀，即兼觀過去與現在、現在與未來或過去與未來之
間的歷程。〔註45〕就這意義來說，「回憶」可說是心體「執兩用中」的作用，
使「現在」回憶與「過去」事相均能切合心體（中道）作用，並心靈有所啟發，
所以唐君毅說：

然依其自身之無此無，而可重有於無盡之回憶之事中，則是一「依
其無此無，而有」之一超世俗之真理。一切以往之事，即皆可依此

〔註44〕唐君毅：〈理事一如、與理行於事之大事因緣——觀生命存在之事用中之理〉，
　　　　《生命存在與心靈境界‧下冊》，頁 1061～1062。
〔註45〕參見唐君毅：〈理事一如、與理行於事之大事因緣——觀生命存在之事用中之
　　　　理〉，《生命存在與心靈境界‧下冊》，頁 1059。

真理，而為一可重見其有，於由現在至未來無盡之回憶中者。則其
有即不能只說在過去，而亦當依其可重有，而說其「對無盡之未來
世，皆可重見，或重顯其為有」之一真理矣。〔註46〕

唐君毅所云「依其無此無，而有」是緣起性空的概念，又據賴耶識保留種子和
種子變現之說而說明一切過去之事能夠再次重見，對現在的生命心靈有所啟
示。此處所言的「重有」、「重見」，都是就心靈境界與心靈感通而言。生命心
靈不限囿於時空限制，吾人的念念懷想、追憶都是心靈感通，而一切以往之事、
過去的生命心靈「重有」、「重見」於後人之心靈，正是吾人生命、心靈、精神
能夠破除時空、永不斷滅的體證。結合華嚴教說與繼志述事，則一切古今人物
之言行德澤都能對後人有所啟發，後人的回憶追念也就是與先人心靈感通，而
這也是先人突破生死、跨越時空限制以活躍在今人生命的途徑。唐君毅認為人
若能真誠地感通先人，並實行繼志述事與祭祀之事，就是將信仰結合實踐。唐
君毅續引儒家「隱顯始終」之義和陰陽之道談論生死，逝者已矣，其死亡乃是
進入幽隱之世界，而生者對於亡者的追懷念想又使亡者轉為生，這種回憶念想
對生者來說，是陰道；對先人有承先啟後，繼志述事之實踐，是陽道，〔註47〕
吾人的心靈能協調此陰陽之道，可見此亦是心體執兩用中之作用。由此可見，
唐君毅重視三祭不僅是出於保存文化與個人情思而已，吾人在三祭發揮的回
憶、感念，使聖賢先祖的德行重現於心靈之中，天地之德行也貫注於生命，對
於吾人之生命存在具有相當的意義，卻又不造成吾人生命存在之執著。據此，
唐君毅強調「回憶」、「感覺」、「想像」都是吾人觀照的方法，藉由這些方法可
以突顯事物之有；反過來說，這些事物之有也是吾人「回憶」、「感覺」、「想像」
之依據。更重要的是，「回憶」、「感覺」、「想像」使得過往的生命心靈破除時
間與空間的限制，使事物之有能夠跨越時空與空間感召、感發現存的生命心
靈，這也證明真理存在於事物之中，且事物能夠表現真理。〔註48〕唐君毅續

〔註46〕唐君毅：〈理事一如、與理行於事之大事因緣——觀生命存在之事用中之理〉，
　　　　《生命存在與心靈境界·下冊》，頁1060。

〔註47〕參見唐君毅：〈理事一如、與理行於事之大事因緣——觀生命存在之事用中之
　　　　理〉，《生命存在與心靈境界·下冊》，頁1082。

〔註48〕參見唐君毅：〈理事一如、與理行於事之大事因緣——觀生命存在之事用中之
　　　　理〉，《生命存在與心靈境界·下冊》，頁1060～1061。唐君毅也論時間之相繼
　　　　相、延續相、同時相。時間三相乃是吾人自覺反觀時間有過去位、現在位、未
　　　　來位之分，進而劃分時間三相。依據吾人對時間的感覺，又可發現空間有廣延
　　　　相與時間之延續相對應；空間之同位相與時間之同時相而相對應；空間次地

論：既然人在「回憶」、「感覺」、「想像」之中能突破時空限制，為什麼還有事物不在吾人當下的觀照之中？唐君毅認為這是因為人執著於當下的感覺，加上感官粗重，沒辦法詳細觀照念察，故造成「回憶」的阻礙。〔註49〕吾人必須體察事物本具有持續活動的功能，所以其「有」不受時空限制，能顯現於任何時空之人的感覺回憶之心靈中，這也是第三章論生命存在相續升進時提到的部分。

　　整體說來，唐君毅在這部分的詮釋有別於以往從宗教、文化談論三祭及儒教精神的方式，他藉由生命存在的活動及心體的涵攝作用，析論自祭天地及天地一切生命對吾人心靈和道德實踐的直接意義，又能藉此強化生命存在能持續作用，心靈能普遍恆存的意義，再由此突顯三祭蘊含中道、事事無礙的意涵。唐君毅將回憶、追念或是感覺作為儒者在當下體證「事事無礙」的方法，這是因為援引佛教作為生命存在能跨越時空限制持續升進的理據後，必然要面對吾人能從當下的事相追溯至「過去世」的部分，那麼，過去的事相及生命存在如何能對「現在世」的生命存在有所啟發？「現在世」的成德實踐如何恆存於世？佛教學說主要提供跨越時空的框架，具體的聯繫仍需透過心靈感通，這也是唐君毅「以佛輔儒」的運用原則。前後生命存在藉由感通，使吾人能藉由前人之事省察自身，啟發德性，轉化不善；或蒙受感召，繼志述事，既彰顯儒家重視道德人格及注重人倫世界的經營，亦突顯吾人高度的自覺、無窮無盡的心靈感通。

　　再者，吾人能由前後生命存在的聯繫而體見神聖心體，唐君毅說：

> 自吾人之一一活動之原自形上實在者而觀，其中亦原無不貫通透明，而於此貫通透明中，見其互存互在，亦見其通體只是一自覺心，或前所謂神聖心體。則一切現成，亦不待修為，已完全具足。〔註50〕

根據這個意義，那麼當前生命存在感通於前人之生命存在，不僅呈顯吾人的心靈感通無窮無盡，亦能察見此聯繫裡蘊藏至善至德；而此聯繫、感通，有賴於

轉移之秩序相，能與時間之相繼相對應。總之，按唐君毅所言，時間與空間乃是吾人自覺省察而劃分。（參見唐君毅：〈感覺互攝境——觀因果界、目的手段界（下）〉，《生命存在與心靈境界・上冊》，頁390~391。）

〔註49〕參見唐君毅：〈理事一如、與理行於事之大事因緣——觀生命存在之事用中之理〉，《生命存在與心靈境界・下冊》，頁1061~1062。

〔註50〕唐君毅：〈生命存在中之「真理或道」與「存在」之意義——觀生命存在中之「存在之理」之相〉，《生命存在與心靈境界・下冊》，頁1123。

吾人自覺（即「靈覺」），所以吾人的自覺實能不囿於個體或時空，前後生命存在能交遍互攝，相續成德，此即開顯神聖心體。又從心體「執兩用中」的作用而言，吾人能協調心靈與「過去」、「現在」或「未來」的兩端，以成就吾人生命存在、當下把握至善心性以實踐為目標，避免吾人耽溺於過去、執著於現在、對未來感到幻滅或是抱持不切實際的幻想，同時把握天道與心靈的連結。那麼，這樣的心靈感通實能切合「順觀、橫觀、縱觀」，心靈「順觀」生命存在及事相前後相繼的活動，「橫觀」天命、心體內蘊之德性向外延伸，兼有「縱觀」心靈升進、超越的作用。再從「體、相、用」而言，以神聖心體為體，天道流行、不限時空的生命存在及事相為「相」，吾人與其感通的歷程裡發揮各種德性，並轉化執著煩惱，此為「用」。所以，唐君毅論吾人能於當下事相流行裡直接把握心體之「靈覺」，從事道德實踐及心靈感通，此即儒者契入「事事無礙」境界的方式。將這部分的見解省察唐君毅《生命存在與心靈境界》談論「事事無礙」、「理事一如」等意涵，均可契合「三祭」的宗教觀，可見在「三祭」裡，實具備事事無礙的道德修持與心靈境界，此是考察唐君毅三祭論述時應注意之處。

四、結語

　　唐君毅運用儒佛以闡述三祭的圓滿道德及宗教意涵，不僅肯認吾人對天地的誠敬能啟發心靈，亦切合天德流行境「於人德之成就中，同時見天德之流行」〔註51〕的境界意義。他曾說：

> 吾人之祭，唯在使吾人之精神，超越吾人之自我，以伸展通達於祖宗、聖賢、天地，而別無所求者。而此即為一純粹的表現吾人心靈之超越性、無限性之宗教活動。則吾人苦當祭，樂亦當祭。有罪當祭，無罪亦當祭。此方使吾人之祭的宗教活動，成為無待於我之具體的情形之為苦為樂，為有罪或無罪，而使宗教性之活動，成無條件的正當者。尤是而縱吾人之靈魂，皆至天堂，至極樂世界，另轉他身，吾人仍當還祭曾生於此世界之祖宗、聖賢之一度存在之生命，此方是儒家之宗教精神之極致。〔註52〕

此處的看法，即跳脫三祭儀式而論「自祭」，而此「祭」在於不斷表現吾人的

〔註51〕唐君毅：〈天德流行境──盡性立命境──觀性命界（上）〉，《生命存在與心靈境界‧下冊》，頁833。

〔註52〕唐君毅：〈宗教信仰與現代中國文化（下）〉，《中國人文精神之發展》，頁385。

誠敬,除了心靈感通於天地,更能藉由對祖宗、聖賢的懷想以把握心靈之超越。唐君毅認為這是儒家宗教精神之極致,反映在他論生命存在之超越,能察見他致力於詮釋「三祭」的道德意義、「事事無礙境界」的理想型態,例如,例如唐君毅論「事事無礙而遍法界義」,就談論到如何藉由感覺、回憶、想像而使事物重現其有。〔註53〕又如論「儒家以隱顯始終為第一義之理」,就論及前人之德性如何感召後人。〔註54〕這部分的探討主要是談論生命存在如何能達致事事無礙、秉持儒家傳統思想以成就生命存在相續升進等論題,他將從前自己對三祭的體會轉由生命存在的活動及心靈感通而論述,除了闡述吾人心靈的盡善盡美,亦兼有闡揚三祭具備理想道德和宗教精神之功效,此即本章各節所論及之處。可見,唐君毅論吾人當下把握神聖心體以通貫九境,是事事無礙境界,而吾人能從念念自祭裡感通天地與一切生命存在,此涵括盡性立命的實踐、心靈無限感通;尊重一切生命存在的師友之道,以及繼志述事的成德事業,諸如此類,此皆當下把握根本的孝弟之心以實踐,形同詮釋三祭蘊含「事事無礙」的體證方法。

唐君毅不僅視生命存在為不受時空限制而相續活動的種子,更引儒家隱顯、生化、幽明、乾坤之道詮釋其活動,主張生命存在並非消逝,而是以另一種型態活躍於後人之心靈,具有啟發後人成德之效,並強調儒家道德與宗教學說兼有形而上的超越性、承載社會文化的責任和注重人倫的關懷。唐君毅的論述雖然不盡然符合佛教學說,例如強調回憶、追念,這對佛教而言仍然是一大執著,又如他以隱顯幽明看待生死,也不是佛教轉世輪迴的看法。不過,唐君毅三祭、自祭的闡述頗有統攝道德實踐與宗教精神的意義。以順成之教為綱領,吾人對天地及先賢先人的感念、回憶,即運用最原始的德性孝弟之心。前後生命存在彼此的心靈感通,不僅是突顯生命本無執著、持續活動的意義,在先人之德性感召後人成德的意義裡,蘊含師友之道,更能引發後人積極地「繼志述事」。再者,吾人心靈能和諧地觀照「過去」與「現在」,並肯定「現在」之德性能啟發「未來」,代表吾人心靈「執兩用中」的大用,亦含有生命存在持續升進的意涵。那麼,吾人當下念念「自祭」,即是在事相流行中把握神聖心體,並在對天地及一切生命的感通之中表現各種德性,這是吾人心靈深刻地

〔註53〕參見唐君毅:〈理事一如、與理行於事之大事因緣——觀生命存在之事用中之理〉,《生命存在與心靈境界·下冊》,頁1059～1064。

〔註54〕參見唐君毅:〈理事一如、與理行於事之大事因緣——觀生命存在之事用中之理〉,《生命存在與心靈境界·下冊》,頁1077～1081。

觀照、無窮無盡感通及靈覺的充分運用，能達致儒家「事事無礙」的境界。所以在唐君毅的詮釋裡，三祭實具有圓滿、理想的道德意識。

唐君毅說：

> 依孔子之教，則人果能先盡生人之道，並志在天下之有道，以志於仁，則其功，終必有己與人之生命感通、以及對天命之鬼神之感通之三者。然為學求仁之工夫，則不自知天命，事鬼神始。是方為孔子下學上達之旨。〔註55〕

雖是先盡生人之道，實則已然蘊含「己與人之生命感通、以及對天命之鬼神之感通之三者」，因此唐君毅闡揚三祭的儒教意義，並詮釋其對生命存在持續升進、提升心靈境界的意涵，其教說仍側重於三祭對於吾人心靈啟發及當下的實踐，這也彰顯唐君毅闡揚的道德人格是承擔整體歷史文化、經營社會倫理及關切生命存在的超越，是兼及客觀世界與主觀心靈，構成廣大的人文世界，絕非只成就個體生命¬；在這個意義上，顯見三祭蘊含圓融的道德與宗教精神，契應他成就真實生命存在與心靈的理想境界。

〔註55〕唐君毅：〈孔子之仁道（下）〉，《中國哲學原論・原道篇（一）》，頁149～150。

結　論

　　本論文研究唐君毅的儒佛思想，首先從盡性立命以豁顯神聖心體開始，再探究神聖心體藉由「執兩用中」之道以涵攝、調和與安立一切相，再進一步就生命存在及心靈感通的歷程，考察唐君毅對「善」與「不善」的詮釋及實踐方法，最後藉由三祭說以總結各章。綜合各章所述，唐君毅以神聖心體和執兩用中之道構成體用論，其基礎在於生命存在及心靈感通，以此開出心靈境界，而最高境界在於「當下生活的理性化、性情化」的盡性立命境。唐君毅強調吾人的生命存在能持續活動，藉由心靈感通以通貫天地及一切生命，構成生命存在交遍互攝的人文世界，這也正是儒家式的「法界」。在唐君毅的論述內容裡，顯見他充分運用儒佛思想而闡述新理論，在以儒家為底蘊的心性論之下，探討儒家融貫佛教等宗教和哲學的入路與方法，他的儒佛思想既是儒佛交涉脈絡之中的一座豐碑，也樹立儒家涵攝宗教的範式。

一、「以佛輔儒」的詮釋方法

　　唐君毅論最圓滿的境界是「當下生活的理性化、性情化」，而根源在於神聖心體。他從「體」辯明儒佛，主張神聖心體能作為九境運作的中樞。神聖心體發出的靈覺附在心靈感通，所以心體之德性能隨著心靈感通而活動、流行於天地及一切事相，並發揮調和、涵攝一切相以歸於心體的「執兩用中」之道，這是藉由生命存在與心靈感通不斷豁顯至善心性，彰顯生命的超越精神，使得吾人的生命與心靈能夠推擴為天德流行的圓滿境界，此可說是儒家「盡性立命」的發揮，又是唐君毅在傳統思想的基礎上開創的新論述。另一方面，吾人亦能從心靈感通及事相流行的活動裡，察見神聖心體均作用其中，其目的在於

提升心靈境界，建立真實的生命存在。唐君毅認為佛教看待事相流行及生命存在僅是一連串生滅，也未能在吾人當下的心念裡肯定佛性作用在其中，致使佛教對於生命存在的肯定不若儒家，也不似儒家能承擔歷史傳承及社會教化的責任。此外，唐君毅也從儒佛看待生命存在的差異，談論儒佛闡釋「善」與「不善」的特點與異同。他強調吾人的生命在根本上是創造的歷程，也是善之流行，當生命由隱轉顯，就是「破空而出」，所以忘失生命根源是「超忘之善」，不能以此認定吾人的生命是被無明所惑，生命中的「不善」只能說是第二義，不能與根源性的「善」相提並論。但是，唐君毅也肯認佛教的慈悲心行、對生命存在負面價值的體認及對事相流行的論證有值得參酌之處。因此，唐君毅除了把握傳統儒家的宇宙論、心性論及工夫論以闡述心靈九境論之外，也多方援引佛教思想作為論證輔助。一是藉由儒佛比較，在兩家思想的對比裡突顯儒家的特勝之處；二是透過儒佛互補，認為在事相流行的型態、生命存在的恆存、轉化不善等問題上，應納入佛教學說彌補儒家的不足之處。顯然地，唐君毅在「體」的層面辯明儒佛，但是在「用」的部分不排斥佛教的必要性，因此援引佛教三世說、因果報應、唯識種子及華嚴學說等等進行論述。在「性情」的部分，唐君毅肯認佛教對眾生的悲憫與渡眾的關懷能作為儒者入世教化與體證必須有的宗教情感，同時也呈顯儒家的道德情感亦有宗教情感的層面，儒者與佛教徒皆能對世間有深刻的關懷。再者，唐君毅從神聖心體論執兩用中之道，把握生命存在為修證重心，論事相流行及生命存在具有隱顯、始終、往來等等運動，除了受到理學的影響之外，唯識宗種子學說及因果相生的型態、華嚴宗的法界觀及理事觀均有助於證成「理氣不二」的圓融境界。在生命存在相續升進的部分，唐君毅肯定援引佛教三世說的必要性，他認為基於心靈「現實化的原則」，吾人的道德理性能肯認心靈而持續作用；又依心靈不斷表現德性的前提，生命存在能持續向外感通，使每個生命存在能共同提升心靈境界，此亦呼應儒家聖賢積極入世教化及佛教大乘菩薩道的精神。

接著，從轉化不善的部分而言，唐君毅指出佛教對於生命存在的苦痛煩惱、妄見執著有深入的體察，有助於儒者從另一面體察生命。但他更認為儒家能由當下把握神聖心體以破執去妄、去私除惡，其形式較佛教更為簡易直截，不似佛教視眾生為無明所惑，視人間為五濁惡世，必須解脫人身方能究竟。最後，在三祭的部分，唐君毅認為三祭是發揮吾人最根源、最原始的孝弟之心，亦是吾人生命能通貫天地及先祖先賢的證明。值得注意的是，唐君毅在三祭的

儀式之外提出「自祭」，這也是盡性立命的實踐。在吾人念念自祭裡，即是與天地和先祖先賢進行心靈感通，此中呈顯各種德性，亦能藉天地及先祖先賢之德行德性以感召自我，促使吾人能在生活裡繼志述事，突顯儒家對人文人倫世界的經營責任，同時也具備反躬自省、師友之道的自我轉化方法，亦是生命存在不受時空限制以相續活動、恆存於世的型態。因此，唐君毅的三祭觀可說是融貫生命存在及心靈感通的諸多要義，有別於以往他從文化及宗教層面對三祭的闡釋。

　　由上可見，從心體的詮釋、體用的闡述、轉化不善的方法乃至於三祭的道德及宗教精神，均察見唐君毅以儒家學說為主，援引佛教學說為輔的運用原則，構成他「以佛輔儒」的思想特色。回顧歷來儒佛之間對話、交涉的模式，有「援佛入儒」、「儒佛會通」、「以儒攝佛」、「以佛攝儒」、「崇佛抑儒」、「崇儒抑佛」等等，這些看來相似的詞語其實代表不同的儒佛交涉型態。高柏園認為唐君毅乃是「貫通儒佛」，他說：

> 唐先生用「貫通」而不用「會通」，此中亦有深意。蓋會通乃是二個獨立存在會面而求其感通，其可會可不會，則其感通亦可有可無。而即使相感相通，其如何尋求一共識、共同之判準做為對話之基礎，仍須先予解決。然若為貫通，則無論此貫通之對象為二、為三，然其既為一以貫之之道之不同歷程、次第、階段之發展，是以其存在及其意義乃為一必然而不可去，且其間乃是一共同基礎展開，依唐先生，此基礎即為一絕對精神真實或自我。是以此中之關係及其會通乃為必然，且其以安置了共識與判準，足以各安其位。〔註1〕

此是依據唐君毅心靈依次第進入客觀境、主觀境與超主客觀境的歷程，而判定唐君毅乃是「貫通儒佛」。筆者認為，唐君毅以「絕對精神真實或自我」的神聖心體作為貫通基礎，此無可疑義。但從唐君毅論心體盡性立命之實踐、心體運作之體用關係以及轉化不善的實踐，乃至於援引華嚴學說以論成德實踐之相續義等等論述，唐君毅分判儒佛又引佛教學說為輔的論述傾向是相當明顯的。必須注意的是，唐君毅一再解釋儒佛看待生命存在的角度、邁向超越的方法等等有明顯的差別，對本體的詮釋不同也是主要的歧異之處，因此儒佛在本體的層面難以貫通。在這部分，熊十力採取「以儒攝佛」的方法，以「乾元性

〔註1〕高柏園：〈論唐君毅對儒佛的貫通之道〉，《哲學與文化》第 40 卷第 8 期，2013 年 8 月，頁 19。

海」的大易流行取代佛教緣起性空，其說雖有創見之處，但引起的爭議頗大。唐君毅並沒有強烈地「以儒攝佛」，他將佛教設於超主客觀境之中，認為超主客觀境的儒家、佛教與一神教乃是並行不悖，能作為世人追求超越的不同入陸，認同以佛教的修證方式同樣也能體證到超主客觀心境「神聖心體」。因此，「貫通儒佛」可以表明神聖心體涵納儒家、佛教的最高境界，但是在「相」、「用」的層面就不見得能說「貫通」。此外，杜保瑞對於唐君毅平章儒佛的方法提出相反的評價，他認為唐君毅雖然以全體融通的方式視一切宗教為平等，但仍涵有高下之分。〔註 2〕其實杜保瑞論唐君毅是「先儒後佛」，此既是認為唐君毅有「高儒抑佛」之意味，也認為唐君毅在儒佛之間較重功能位序，不見得真的能夠彼此貫通。

　　筆者認為，「以佛輔儒」更能說明唐君毅既辨明儒佛又援引佛教思想的詮釋方法，也適用於心靈九境「體、相、用」的整體運作。「以佛輔儒」的型態同於唐君毅「以宗教輔佐道德」的原則，這也是高柏園所指出的，唐君毅視一切宗教平等無別，其論述乃在於辨明彼此分際之異同，並以此作為相輔相資之資。〔註3〕唐君毅在「消極運用宗教；積極使用儒家」的原則之下，他不反對以佛教或是基督教作為儒家體證的輔助，這也突顯儒家在宗教方面表現的開放性與包容性。唐君毅也提到：「於此人欲存其大信，即須知此性、此情、此天樞、此天命，在一切人之心，及其在一切人之心，亦吾心之所知；又須知此性情、天樞、天命之泉源之實無窮而不息。」〔註4〕此即說明吾人能由心體的活動而體證天道生生不已的精神，所以唐君毅認為先闡揚吾人心性之真實與至善才是首要，不一定先要說明宇宙性的神聖心體之殊勝，也不須先遍觀一切生命的虛妄執著。〔註5〕依據這個看法，唐君毅主張道德必須作為宗教的主軸，宗教應以「生命存在、心靈」的提升與超越為核心，這個看法反映在儒佛之間，就是「以佛輔儒」的運用。例如，唐君毅援引佛教三世說、普渡眾生無盡、因果報應等說，並申明原則是「消極地用」，其實就是以佛教的見解作儒家之輔翼。最明顯之處，就是唐君毅不只以佛教三世說作為儒家相續成德的論據，更以華嚴學說談論「相續義」，甚至神聖心體「執兩用中」的型態亦有取於華嚴

〔註 2〕杜保瑞：〈從當代儒佛辯諍談中國哲學研究視野〉，《哲學與文化》第 40 卷第 8 期，2013 年 8 月，頁 106。

〔註 3〕高柏園：〈論唐君毅對儒佛的貫通之道〉，頁 18。

〔註 4〕唐君毅：〈後序〉，《生命存在與心靈境界·下冊》，頁 1175。

〔註 5〕參見唐君毅：〈後序〉，《生命存在與心靈境界·下冊》，頁 1175。

學，其觀照事相活動的部分也與華嚴論事相的力用關係頗深。可見唐君毅的理論深受佛學影響，但他又謹慎地取其「架構」、「型態」，在本體的詮釋上仍以儒家為主，可見他在運用方法與詮釋內涵方面極力把握「以佛輔儒」的原則。這也使得唐君毅雖然以儒家思想為主，深刻地發揮理學對天道和心性的體會與論述，但同時也令佛教成為他思想的重要成分，是「必要的輔助」，此接受佛教的程度較熊十力、牟宗三來得寬大，但堅持以儒家學說作為「體」，依然是熊十力、牟宗三和唐君毅三位先生共有的原則。

　　唐君毅並非徹底的儒佛會通者，至少並非強硬地「以儒攝佛」或「崇儒抑佛」，這是因為他認為佛教以空性而敘述本體，儒家則以心性實體為根據，一虛一實，「會通」不易。唐君毅又不若熊十力、牟宗三對佛教有較多的貶斥，他認為儒家的確有需要佛教學說的補充之處，因此他以儒家心性論作為根本、以道德作為信仰之主軸的前提之下，援引佛教學說作為儒家成德之輔助，而又同意佛教同樣也能體證神聖心體。如此一來，道德與宗教的體證核心仍是儒家心性論，而在實踐部分則不排斥佛教，甚至是一神教作為輔助。據此，顯見唐君毅「以佛輔儒」的學說也建立儒家與其他宗教對話、溝通的典範。鄭志明說：

> 近年來宗教間已開始進行各種和諧交談的可能性，但是這種宗教交談，四十年前唐君毅早已提出了一套完整的交談理論，第一自覺的肯定宗教的價值，第二確認現有各種宗教的不同思想與價值系統，第三成就了各種宗教相互寬容與相同取資，以求宗教精神相互融通的管道。以上三個實踐的層次與方法，在今天仍可作為宗教合作的最高準則，不過，唐君毅對當代文化最大的貢獻，仍為肯定中國儒家思想中的宗教意義，強調要將儒家與其他宗教並列，追求彼此間可以安身之命的契機。[註6]

可以發現，這三項宗教交談的原則已然反映在唐君毅探究儒佛的論述，唐君毅肯定宗教的價值與必要性，[註7] 並由此肯定而致力於闡揚儒家的宗教精神，

[註6] 鄭志明：〈唐君毅的「儒家宗教精神」說〉，《宗教哲學》第 3 卷第 3 期，1997 年 7 月，頁 57。

[註7] 例如，唐君毅說：「我們所謂人文乃應取中國古代所謂人文化成之本義。「人文化成」，則一切人之文化皆在內，宗教亦在內。」（唐君毅：〈宗教精神與現代人類〉，《人文精神之重建》，頁 26。）他又說：「孔孟之立身行己與從政施教之事中，亦有一宗教精神。所以我們亦未嘗不可說儒家是一宗教或包含一宗教。我們可說儒家之教，是一信天人合德之人道教、人格教或人文教。」（唐君毅：《青年與學問》（臺北：三民書局股份有限公司，2012 年），頁 92。）再

連帶地也肯認佛教的重要。又如顏炳罡所言：

> 在當代新儒家的代表人物中，唐君毅的宗教意味最濃。牟雖然講儒
> 學為人文教，然而他所說的教主要是指「修道之謂教」意義上的教，
> 其哲學意味和道德教化意味仍大於宗教意味。而唐就不同了，他心
> 目中的儒教就是一種宗教，而且還是比基督教、佛教更具包容性、
> 涵蓋性的宗教。〔註8〕

以唐君毅的儒佛運用而言，他深刻地了解儒家與佛教各擅其場，能從不同的角度協助生命存在及心靈邁向超越，並期望儒家能與佛教、基督教並列，呈現儒家宗教的寬容性。由此看來，唐君毅的儒佛思想的確可作為他「儒家與其他宗教並列、追求安身之命契機」的典型範例。值得一提的是，「以佛輔儒」的原則既適用於「以耶輔儒」的宗教對話，同時也呼應他以其他文化活動作為道德實踐之輔助的看法，如此一來，心靈九境的運作仍然是延續他《文化意識與道德理性》的觀點，在道德意識（生命存在）的主導之下，能涵納、開展多元多樣的文化意識及活動，此即開通種種境界。整體說來，唐君毅所言的「當下生活的理性化、性情化」就不只是嚴肅高遠的理想情境，而是指依於心體之至善而經營豐富多元的人文世界，這也是生命存在的充分擴張與活動。

二、「盡性立命」的儒佛新詮

如前所言，唐君毅的體用論多方發揮儒家思想，尤其是他將儒家「盡性立命」作為主要實踐方法，一方面把握「生命存在」和「心靈境界」詮釋吾人之心性與生命的提升與超越；另一方面以「神聖心體」和「執兩用中」之道闡釋心性之大用，既援引理學和《易》解釋「執兩用中」的活動，又以神聖心體揭顯心性涵攝一切事相、宗教和哲學之效用。值得注意的是，受到華嚴學的影響，

者，唐君毅認為人們必須有宗教的陶冶，方能使提振精神，他說：「至於後來我們這一代的中國知識分子之所以不行，則其癥結所在，即在其既失去真正中國文化的陶養，亦未受佛教或基督教之陶養。由此而精神不能向內向上，而總是向外向下。這個病痛，實在深入骨髓，我自己亦不能自外，總覺收攝不住，提挈不起。所以不能顯出真正的內在的精神力量。」（唐君毅：〈我們的精神病痛〉，《中國人文精神之發展》（臺北：臺灣學生書局，2000年），頁238。）可見，唐君毅肯認宗教精神的必要性，是出於自己的生活觀察及生命經驗，認為宗教蘊含的超越性，能夠改善吾人的精神與生命。

〔註8〕 顏炳罡：〈儒家在當代中國之斷絕問題——時代的病痛與儒學的回應〉，劉述先主編：《儒家思想與現代世界》（臺北：中央研究院中國文哲研究所籌備處，1997年），頁164。

唐君毅關注心靈與外境之間的力用與互動，他以神聖心體作為實踐中樞，將心靈與外境、他人或事相形成對立之兩端，而心體能藉由心靈感通而調適，協調心境關係，並使彼此的生命存在感通無礙。由此而開闢的心靈九境又頗有華嚴四法界、十玄門的意味，可見唐君毅深受華嚴學的影響。他將心靈與生命存在作為「理」，直下觀照生命存在與心靈感通的過程裡遭遇的一切事相，此即「事」，心靈與外境之相彼此協調，即是理事無礙法界；當下生活之理性化、性情化，即是事事無礙法界。唐君毅更認為佛教並未從吾人當前的生命而論事事無礙，所以真正的事事無礙之義在於儒家。這樣的看法乃是他本於儒家的「真肯定」——生命存在與心靈的真實恆存而作出的判定，這樣的看法當然不見得符合華嚴學說，卻可視為唐君毅結合儒佛以創建的新論述。

　　唐君毅從「生命存在」詮釋吾人之「性」、「命」，透過盡性立命的實踐而開出心靈境界，此即是他所言的「圓教」：

> 《中庸》之以聖人盡性而知天上達無聲無臭後再視此萬物皆天的生物之道所覆載，亦聖人之道之所覆載，而萬物所以生之性，亦賴此道，或聖人之盡性而盡，乃以見此道之大，而萬物欲生之性與聖人發育萬物之性遂為一誠之所貫徹充周，此正如佛家中之圓教。[註9]

此語撰於 1955 年，唐君毅年約 46 歲，可見他在中年時期便已確定將《中庸》特重的「盡性立命」視為儒家最圓融之教說。唐君毅也重視宋明理學家周濂溪、張橫渠、程明道、王陽明和王船山等人的看法，在他論體用、善與不善及道德實踐等議題時，均見其運用理學之處。再者，唐君毅論生命存在能相續升進，除了突顯心體同於天道生生不已的動力之外，他也援引佛教三世說及華嚴學，作為前後生命存在能透過心靈感通而相續成德，吾人的德性及生命均能如種子一樣持續活動，此亦是他「以佛輔儒」的特出處。以往的儒者大多本於心體的無限大用而肯定心性能夠同於天道，但唐君毅認為這樣的說法不夠充分，不足以解釋聖賢之德何以能夠感召後人，故援引唯識種子說與華嚴相依相涵之理事一如說作為補充。在這部分的探討，唐君毅仍是以神聖心體作為實體，取代佛教緣起性空，申明心體之德性能化為種子持續活動，在後人的追念之下，前人的生命存在能夠由隱轉顯，自幽入明而再次活躍於後人的心靈之中。如此一來，既構成唐君毅獨特的生死觀，也代表吾人的生命存在能突破形體與時空的限制，能直接影響吾人的道德實踐。總之，唐君毅援引唯識種子說與華嚴學

〔註9〕唐君毅：〈致徐復觀・廿五〉，《書簡》，頁 100。

解釋相續義，既能從主觀的層面說明心體的流行不已，同時也從客觀的角度說明吾人之德與一切心靈均能化為種子而恆存活動。另一方面，唐君毅以心體作為相續不斷之本體，此是反對佛教將一切事相判為生滅，忽略一切生命存在內蘊的心靈活動存有至善至誠在其中，而此至善至誠即神聖心體，因此唐君毅以心體取代空觀而作為「理」或本體，乃是對治佛教之虛蕩和對生命存在肯認不足的問題。

　　牟宗三以天臺宗作為佛教圓教的代表，其云「今說一念無明法性心即具三千世間之無量法即為法之存在之盡而滿。此種盡而滿即為法之存在之存有論的圓滿教」，〔註10〕「存有論的圓」確立，則在「三道即三德」的原則下，進行「不斷斷」之圓修，達至佛教式的「德福一致」之圓善，〔註11〕此是牟宗三論佛教之圓教圓善之梗概。唐君毅則是從佛教破執去妄、普渡眾生的慈悲心行議論佛教之殊勝處，同時也肯定佛教對於眾生所具的苦痛煩惱有深入的體認，所以教導眾生遍觀一切相以破我執法執。但是，唐君毅認為佛教不若儒家確切地生命存在之正面價值，尤其是佛教認為眾生為無明所惑，導致眾生未能馬上把握佛性以作用，所以即使眾生為善也不見得是以彰顯佛性為要務。至於儒家能於當下事相的流行之中認取吾人本有之神聖心體，又首先指點吾人本具至善心性，能自然流露四端之心，所以吾人從事一切活動均可依於道德意識而實踐，亦能於事相流行之中認取神聖心體之存在。基於這些理由，唐君毅認為儒家比佛教更能在當下的生命存在裡成就「事事無礙境界」，不同於佛教必定要到無明破盡、徹證佛性方能體證之。所以，儒佛二家雖然都能作為教化世人的方針，引領眾生自客觀境界而邁向超主客觀境界同證神聖心體（佛性），但唐君毅較推崇儒家的體證方式。就這點而言，即使他在超主客觀境說明儒家、佛教與一神教能夠平等，三教能作為不同的教化方式，但從唐君毅在體用、實踐方面比較儒佛的論述看來，儒佛仍然不免有高下之分，所以「以佛輔儒」的特點也反映了唐君毅對儒佛的主次安排。

　　此外，吾人也必須顧及佛教在中國發展至天臺、華嚴與禪宗等宗派，對於世俗諦和人間生活的肯定也大幅上昇，不見得如唐君毅所言全然流於虛蕩，僅將世間視為濁惡之處。因此，唐君毅直就「體」而分判儒佛，雖注意菩薩道的

〔註10〕牟宗三：〈圓教與圓善〉，《圓善論》，頁276。關於牟宗三論天臺宗的圓教，可參考牟宗三：《圓善論》，頁273〜278。
〔註11〕牟宗三：〈圓教與圓善〉，《圓善論》，頁278。

慈悲心行，但仍有忽略佛教重視世俗諦之疑慮。既然唐君毅肯定佛教仍有其必要性，認為佛教能作為通往神聖心體之途徑，那麼佛教就不見得如他所想，缺少對生命存在與心靈之真肯定。吳汝鈞嘗指出唐君毅偏重佛教「空」的一面而詮釋，不免忽略佛法「不空」的層面。尤其是華嚴、天臺與禪宗，在理論的建構與實踐上均涵納世俗諦的必要性，唐君毅既然肯定佛教積極渡眾的成佛事業，就應注意佛教在社會倫理與教化方面產生的效用，尤惠貞說：「是否唯有從實事實理才能言道德實踐？從佛教緣起性空的觀點以實踐戒、定、慧三學、八正道乃至目前人間佛教所強調之慈悲濟世與自我轉化，是否也是成就道德實踐義之某種方式？」〔註12〕若以唐君毅而言，他同意這也是道德實踐，所以也將佛教體證作為超主客觀境的入路之一。但綜觀唐君毅的論述，他主要是肯定佛教從事道德實踐的「宗教情感」，佛教的渡眾事業雖可敬，能作為儒者道德實踐必定要有的胸懷，但是佛教終究要引導眾生從世間與人身解脫，所以不若儒家究竟圓滿。就這點來看，唐君毅乃是從「宗教情感」肯認、闡釋佛教「不空」的層面，但對於佛法與世間的聯繫，乃至於佛法對於道德實踐的指導意涵，沒有多加論及，他仍然是本於儒家而申論。

還能注意的是唐君毅對「善」與「不善」的看法，他在這部分主要援引孟子學說解釋「善」，並以陽明良知說解釋「轉化不善」。如上文所言，唐君毅在《文化意識與道德理性》將四端之心比配於仁義禮智之意識，在此之中又立恥之意識和信之意識，這樣的詮釋方法固然強調吾人本具道德意識，且能在人文世界裡表現各種德性，但他在《生命存在與心靈境界》將道德意識的各種表現直接約化為「心靈感通」，並說此心靈感通即蘊藏心之靈覺，而靈覺即是吾人之良知良能、道德理性，在感通的歷程中能因應事相與外境而呈現各種德性，調和、涵攝一切相，此即執兩用中之道；又能說明心靈因有靈覺而能通觀九境，不耽溺於境相，轉化一切不善而歸於至善之神聖心體，這樣的詮釋方式顯然較《文化意識與道德理性》的闡釋更為簡化，並突出心靈之自覺、良知作為判定是非、轉化不善之關鍵。再者，唐君毅重視陽明從「知不善」以論良知的學說，他對於吾人成聖抱持樂觀的態度，此是出於儒者對心性與道德的肯定，並非忽略生命中的執著與煩惱。相反地，唐君毅對於心靈產生的私欲、過與不及有相當深刻的看法與剖析，正是基於對生命裡的負面價值有深入的反省，故能更肯

<hr>

〔註12〕尤惠貞：〈牟宗三先生對於儒佛之辨析──從〈佛家體用義之衡定〉談起〉，《鵝湖月刊》第32卷第10期，2007年4月，頁10。

定吾人的心性若能覺悟至此，即有改過遷善之契機。除了從主觀的自覺論轉化不善，唐君毅也提出「師友之道」作為醒悟改過的契機，只要能肯定彼此的生命存在，心靈能和諧感通，就能以師友之道互相提攜，從外在提供轉化不善的力量。整體說來，唐君毅認為儒家不應將探究「不善」的根源作為首要目標，而是只問盡性立命、改過遷善的道德實踐，這樣的看法亦切合他「積極從事道德實踐，消極使用宗教信仰」的原則。在佛教方面，唐君毅指出佛教從執著與煩惱看待生命存在，能提供吾人從另一個面向審視生命與心靈感通的歷程。而佛教從眾生的煩惱、執著與苦痛裡開顯出渡眾的菩薩道精神，更申明一切眾生皆能成佛，這樣的慈悲與肯認能夠契應唐君毅的宗教情懷與儒家宗教精神。再從整體心靈九境而言，唐君毅從神聖心體及執兩用中以申論心靈九境的體證方式，對於尚未全然開顯神聖心體者而言，必須先肯認心靈九境乃是依循神聖心體而開通、運作，如此方能把握神聖心體所發出的「靈覺」以進行較深刻地心靈感通。對已然開顯神聖心體的聖者而言，心靈九境全體皆是神聖心體之展現，在神聖心體持續發揮德性的動力之下，能夠持續「自命自令」、「成己成物」，以呈顯聖者「終於未濟」、「生生不已」的教化事業及心靈境界。就這兩個意義看來，可以說整體心靈九境皆是神聖心體，未能全然體證者見神聖心體之靈覺，已體證者則能持神聖心體行不言之教，奉承天命、教化他人，仍不斷豁顯心體之至善。

從儒佛交涉的脈絡來看，新儒家學者的儒佛研究堪稱近代以來的一大成就，而唐君毅的儒佛思想又獨樹一幟，其風格有別於熊十力、牟宗三兩位先生。本論文從「生命存在」與「心靈境界」為入路，察見他既把握儒家學說以闡揚生命存在的至善本質及心靈的活動型態，但在觀照生命及維持心靈運作的層面，又綜攝儒佛以建構心靈九境論。從佛教的發展脈絡審視，唐君毅將佛教抽象的三世說、因果報應、普渡眾生無盡等概念詮釋為道德理性的內涵，又將佛教悲憫眾生與救渡精神闡釋為道德實踐的內涵，這亦是佛教「悲智雙運」的新詮。自儒家的發展歷程來說，唐君毅除了闡揚儒家的道德理論與宗教精神，更切合近代的學術思潮及宗教文化以思考儒家與世界宗教、哲學交流與溝通之道，這對於儒家思想的現代化與多元化有相當的貢獻。

三、未來可持續探究之論題

從宗教對話而言，唐君毅在分殊儒佛之際又給予佛教高度的肯定與尊重，

其「以佛輔儒」的詮釋與體證型態，能作為儒家與其他宗教相輔相成的參考。唐君毅認為首先說明宇宙性的神聖心體之大能是基督教義；要遍觀一切生命之虛妄執著是佛教之說，而中國傳統思想都有這些意思，但他仍主張應將這些信仰與意義置於生命的陰位，消極地用，以此排破除斷見，而將儒家盡性立命之事作為陽位，作為信仰與實踐的主軸，如此方能同時實現儒、佛、耶之宗教思想，也切合中國傳統思想之發展脈絡。〔註13〕這裡就很清楚地了解到唐君毅肯定信仰能作為成德之輔的效能。從現實上來說，唐君毅也了解人的精神很容易依託信仰，所以他不否定信仰的必要，更在著述裡多方闡釋宗教信仰的意義與價值。基於對宗教信仰的肯定，唐君毅認為若以道德意識為基礎，宗教意識也能達到協助吾人去私除惡、直至超越的目標。此外，唐君毅所以將盡性立命境的最高心體又命名為「神聖心體」，即是作為各宗教的匯流之處，也顯示儒家能與其他宗教結合、溝通的開放性，這個態度正是唐君毅之後的新儒家學者所持續開拓之處，可見唐君毅在處理儒家與宗教的部分，能作為新儒家宗教論域的先聲，把握唐君毅運用佛教的方法以探討儒家與一神教的溝通與對話，亦是唐君毅宗教思想可持續探究的議題。又從佛教來說，唐君毅對於般若學、唯識宗、華嚴宗和天臺宗等等都有精闢的論述，本論文多從華嚴談起，主要討論儒佛交涉的部分，未來仍可持續研究唐君毅的佛教論述。此外，新儒家學者們對唯識、天臺、華嚴與禪宗的研究，均形成中國佛教宗派在當代的重要論述，例如唐君毅、方東美的華嚴學可置於華嚴宗思想脈絡的一環。再從新儒家而論，唐君毅的體用論與熊十力、牟宗三之學說仍能深入比較。例如唐君毅從盡性立命而論順成之教，又闡述心靈之靈覺涵攝外境，此與牟宗三「智的直覺」、「逆覺體證」均可再做詳細的比較研究。

　　總之，當代新儒家學者的儒佛研究走出明清時期的儒佛融通，熊十力的《新唯識論》闢儒佛，雖有貶抑佛教之嫌但仍有創新之功，而唐君毅、牟宗三則將佛學研究重心從唯識移至天臺、華嚴，他們既闢儒佛之別又思考儒佛可交涉、溝通之處，同時援引西方哲學探究儒佛思想，促使儒佛交涉進入新階段。

〔註13〕參見唐君毅：〈後序〉，《生命存在與心靈境界·下冊》，頁 1176。唐君毅將吾人本有之神聖心體作為乾坤之道之樞紐，依此樞紐而能開出執兩用中之道，調和一切事相之本末兩端，如陰陽、隱顯、幽明、始終等等。以此原則，唐君毅將宗教信仰、宗教思想與藝術、倫理、政治等等文化活動作為末端，共同輔翼吾人之神聖心體、生命存在。（參見唐君毅：〈天德流行境——盡性立命境——觀性命界（上）〉，《生命存在與心靈境界·下冊》，頁 836～837。）

而唐君毅運用佛教的方法有別於熊十力、牟宗三等學者，他從「生命存在」強化心體的真實恆存，再把握心靈的活動而切合體、相、用，思考吾人之心靈如何歷九境而提升超越，他的論述有承於傳統儒家的心性論、宇宙論與工夫論，又多方擷取佛教學說，或是藉由儒佛比較而彰顯自己的論述。因此，唐君毅對於理學和佛學理論的詮釋，乃至於與西方哲學和宗教思想的交流與比較，仍然有不少議題值得吾人日後持續探究。

徵引及參考文獻

一、專書

（一）古籍

1. 佛馱跋陀羅譯：《大方廣佛華嚴經》，《大正藏》第 9 冊。

2. 馬鳴菩薩造，〔梁〕真諦譯：《大乘起信論》，《大正藏》第 32 冊。

3. 〔後秦〕鳩羅摩什譯：《大智度論》，《大正藏》第 25 冊。

4. 〔南朝宋〕畺良耶舍譯：《佛說觀無量壽佛經》，《大正藏》第 12 冊。

5. 〔梁〕僧祐：《弘明集》，《大正藏》第 52 冊。

6. 〔隋〕釋智顗：《摩訶止觀》，《大正藏》第 46 冊。

7. 〔隋〕釋智顗：《維摩經玄疏》，《大正藏》第 38 冊。

8. 〔隋〕釋智顗說、釋灌頂記：《觀音玄義》，《大正藏》第 34 冊。

9. 〔唐〕實叉難陀譯：《大方廣佛華嚴經》，《大正藏》第 10 冊。

10. 〔唐〕釋湛然：《妙法蓮華經釋籤》，《大正藏》第 33 冊。

11. 〔唐〕釋法藏：《華嚴經探玄記》，《大正藏》第 35 冊。

12. 〔唐〕釋法藏：《華嚴一乘教義分齊章》，《大正藏》第 45 冊。

13. 〔唐〕釋法藏：《修華嚴奧旨妄盡還源觀》，《大正藏》第 45 冊。

14. 〔唐〕釋澄觀疏：《大方廣佛華嚴經隨疏演義鈔》，《大正藏》第 36 冊。

15. 〔唐〕釋法藏：《華嚴經旨歸》，《大正藏》第 45 冊。

16. 〔宋〕朱熹：《四書章句集注》，臺北：中華書局，1983 年。

17. 〔宋〕王日休：《龍舒增廣淨土文》，《大正藏》第 47 冊。

18.〔元〕釋宗寶編:《六祖大師法寶壇經》,《大正藏》第 48 冊。

19.〔明〕釋智旭:《靈峰蕅益大師宗論》,《嘉興藏》第 36 冊。

20. 朱傑人、嚴佐之、劉永翔主編:《朱子全書・第 13 冊》,上海:上海古籍出版社,2002 年。

21.〔明〕王陽明撰,鄧艾民註:《傳習錄注疏》,上海:上海古籍出版社,2012年。

(二)近人著作

1. 方立天:《法藏》,臺北:東大圖書股份有限公司,1991 年。

2. 牟宗三:《中國哲學十九講》,臺北:臺灣學生書局,1999 年。

3. 牟宗三:《中國哲學的特質》,上海:上海古籍出版社,2008 年。

4. 牟宗三:《五十自述》,臺北:聯經出版社,2003 年。

5. 牟宗三:《心體與性體(一)》,臺北:正中書局,1999 年。

6. 牟宗三:《牟宗三先生全集 21・現象與物自身》,臺北:聯經出版公司,2003 年。

7. 牟宗三:《佛性與般若・上冊》,臺北:臺灣學生書局,2011 年。

8. 牟宗三:《從陸象山到劉蕺山》,上海:上海古籍出版社,2001 年。

9. 牟宗三:《智的直覺與中國哲學》,臺北:臺灣商務,1971 年。

10. 牟宗三:《圓善論》,臺北:臺灣學生書局有限公司,2010 年。

11. 余仕麟、段吉福、吳映平:《生命心靈的超越:儒家新析論與唐君毅道德形上學》,四川:巴蜀書社,2010 年。

12. 吳汝鈞:《中國佛學的現代詮釋》,臺北:文津出版社,1995 年。

13. 吳汝鈞:《佛教大辭典》,北京:商務印書館國際有限公司,1992 年。

14. 吳汝鈞:《佛學研究方法論》,臺北:臺灣學生書局,1983 年。

15. 吳汝鈞:《純粹力動現象學》,臺北:臺灣商務印書館股份有限公司,2005年。

16. 吳汝鈞:《當代新儒學的深層反思與對話詮釋》,臺北:臺灣學生書局,2009 年。

17. 李明輝主編:《當代新儒家人物論》,臺北:文津出版社有限公司,2005年。

18. 杜維明:《儒學第三期發展的前景問題》,臺北:聯經出版公司,1989 年。

19. 杜維明撰,郭齊勇、鄭文龍主編:《杜維明文集・第一卷》,湖北:武漢出

版社，2002 年。

20. 金小方：《唐君毅道德哲學研究》，蕪湖：安徽師範大學出版社，2014 年。

21. 段吉福：《從儒學心性論到道德形上學的嬗變——以唐君毅為中心》，上海：上海古籍出版社，2014 年。

22. 唐君毅：《人文精神之重建》，臺北：臺灣學生書局，1988 年。

23. 唐君毅：《人生之體驗・續編》，臺北：臺灣學生書局，2013 年。

24. 唐君毅：《中國人文精神之發展》，臺北：臺灣學生書局，2000 年。

25. 唐君毅：《中國文化之精神價值》，臺北：正中書局，1977 年。

26. 唐君毅：《中國哲學原論・原性篇》，臺北：臺灣學生書局，2006 年。

27. 唐君毅：《中國哲學原論・原教篇》，臺北：臺灣學生書局，2004 年。

28. 唐君毅：《中國哲學原論・原道篇（一）》，臺北：臺灣學生書局，2004 年。

29. 唐君毅：《中國哲學原論・原道篇（三）》，臺北：臺灣學生書局，2000 年。

30. 唐君毅：《中國哲學原論・導論篇》，臺北：臺灣學生書局，2004 年。

31. 唐君毅：《中華人文與當今世界（二）》，廣西：廣西師範大學出版社，2005 年。

32. 唐君毅：《文化意識與道德理性》臺北：臺灣學生書局，2003 年。

33. 唐君毅：《生命存在與心靈境界・上、下冊》，臺北：臺灣學生書局有限公司，1977 年。

34. 唐君毅：《青年與學問》，臺北：三民書局，2003 年。

35. 唐君毅：《書簡》，臺北：臺灣學生書局，1990 年。

36. 唐君毅全集編委會：《年譜・著述年表・先人著述》，臺北：臺灣學生書局，1990 年。

37. 張云江：《唐君毅佛教哲學思想研究》，北京：高等教育出版社，2016 年。

38. 梁瑞明：《心靈九境與人生哲學》，香港：志蓮淨苑，2006 年。

39. 梁瑞明：《心靈九境與宗教的人生哲學》，香港：志蓮淨苑，2007 年。

40. 郭齊勇：《熊十力與中國傳統文化》，臺北：遠流出版事業股份有限公司，1990 年。

41. 郭齊勇：《儒學與現代化的探討》，北京：商務印書館，2015 年。

42. 郭齊勇：《儒學與儒學史新論》，臺北：臺灣學生書局，2002 年。

43. 陳兵、鄧子美：《二十世紀中國佛教》，臺北：現代禪出版社，2003 年。

44. 單波：《心通九境——唐君毅哲學的精神空間》，北京：北京大學出版社，

2011 年。

45. 彭國翔：《重建斯文：儒學與當今世界》，北京：北京大學出版社，2013
    年。

46. 彭國翔：《儒家傳統的詮釋與思辯──從先秦儒學、宋明理學到現代新儒
    學》，武昌：武漢大學出版社，2012 年。

47. 彭國翔：《儒家傳統與中國哲學：新世紀的回顧與前瞻》，河北：河北人民
    出版社，2009 年。

48. 楊儒賓主編：《中國古代思想中的氣論及身體觀》，臺北：巨流圖書公司，
    1993 年。

49. 葉海煙：《道德、理性與人文的向度》，臺北：文津出版社，1996 年。

50. 廖明活：《中國佛教思想述要》，臺北：臺灣商務印書館，2006 年。

51. 劉述先、林月惠主編：《當代儒學與西方文化：宗教篇》，臺北：中央研究
    院中國文哲研究所，2005 年。

52. 劉述先：《現代新儒學之省察論集》，臺北：中央研究院中國文哲研究所，
    2005 年。

53. 劉述先主編：《儒家思想與現代世界》，臺北：中央研究院中國文哲研究
    所籌備處，1997 年。

54. 劉述先編：《當代新儒家人物論》，臺北：文津出版社，1994 年。

55. 蕭萐父主編：《熊十力全集·第二卷》，武漢：湖北教育出版社，2010 年。

56. 賴賢宗：《體用與心性：當代新儒家哲學新論》，臺北：臺灣學生書局有限
    公司，2001 年。

57. 霍韜晦主編：《唐君毅思想國際會議論文集（四）》，香港：法住出版社，
    1991 年。

58. 霍韜晦主編：《唐君毅思想國際會議論文集 II》，香港：法住出版社，1990
    年。

59. 韓廷傑：《唯識學概論》，臺北：文津出版社有限公司，1993 年。

60. 釋印順：《大乘起信論講記》，臺北：正聞出版社，1988 年。

61. 楊祖漢：《中庸義理疏解》，臺北：鵝湖出版社，1983 年。

62. 〔日〕龜川教信著，釋印海翻譯：《華嚴學》，高雄：佛光文化事業有限公
    司，2016 年。

二、學位論文

1. 林如心：《唐君毅道德的惡源論》，臺北：臺灣大學哲學研究所博士學位論文，1995 年。

2. 陳振崑：《唐君毅的儒教理論之研究——由宗教意識與道德意識之分辨論人文宗教是否可能》，臺北：輔仁大學哲學研究所博士學位論文，1998 年。

3. 廖俊裕：《唐君毅的真實存在論——《生命存在與心靈境界》之研究》，桃園：中央大學中國文學研究所碩士學位論文，1992 年。

三、期刊論文及研討會論文

1. 尤惠貞：〈牟宗三先生對於儒佛之辨析——從〈佛家體用義之衡定〉談起〉，《鵝湖月刊》第 32 卷第 10 期，2007 年 4 月，頁 1～16。

2. 方立天：〈中國佛教與倫理建設〉，《中華佛學學報》第 12 期，1999 年，頁 417～429。

3. 朱光磊：〈牟宗三的佛學研究〉，《鵝湖月刊》第 36 卷第 2 期，頁 8～16。

4. 何仁富：唐君毅論儒家「三祭」宗教精神的形上意義〉，《鵝湖月刊》396 期，2008 年 6 月，頁 38～45。

5. 吳汝鈞：〈佛教新思維：《純粹力動現象學》〉，《中央研究院研究週報》第 1066 期，2006 年 4 月，頁 5～7。

6. 吳啟超：〈仁心何以能生出事物來？——從唐君毅的鬼神論求解，並略說牟宗三的「道德的形上學」〉，收入於劉笑敢主編：《中國哲學與文化》第 8 輯，廣西：廣西師範大學出版社，2010 年，頁 143～163。

7. 李杜：〈唐君毅先生與臺灣儒學〉，《哲學與文化》第 24 卷第 8 期，1997 年 8 月，頁 710～724。

8. 李瑞全：〈唐君毅先生之生命哲學：心靈與境界一體論〉，《鵝湖學誌》第 40 期，2008 年 6 月，頁 32～50。

9. 杜保瑞：〈從當代儒佛辯諍談中國哲學研究視野〉，《哲學與文化》第 40 卷第 8 期，2013 年 8 月，頁 97～114。

10. 杜保瑞：〈對唐君毅高舉儒學的方法論反省〉，香港：香港中文大學哲學系「香港中文大學的當代儒者」學術研討會，2004 年 12 月 20～12 月 23 日。

11. 汪中文、施穗鈺：〈以敬終始，徹通幽明——論唐君毅「三祭禮」之人文

精神〉，《人文與社會研究學報》第 48 卷第 1 期，臺南：國立臺南大學，2014 年，頁 21～32。

12. 沈政威：〈「返體全用」與「因用明體」──熊十力《體用論》及其《新唯識論》思想異同之解讀〉，《世新中文研究集刊》第 5 期，2009 年 7 月，頁 87～114。

13. 林安梧：〈當代儒佛之爭與〈存有三態論〉──從熊十力《新唯識論》說起〉，《哲學與文化》第 40 卷第 8 期，2013 年 8 月，頁 25～50。

14. 林維杰：〈儒學的宗教人文化與氣化〉，收入於劉笑敢主編：《中國哲學與文化》第 8 輯，廣西：廣西師範大學出版社，2010 年，頁 115～142。

15. 韋漢傑：〈從《佛性與般若》看華嚴宗哲學〉，《鵝湖月刊》第 26 卷第 1 期，2007 年 7 月。

16. 高柏園：〈論唐君毅對儒佛的貫通之道〉，《哲學與文化》第 40 卷第 8 期，2013 年 8 月，頁 5～23。

17. 陳英善：〈大乘菩薩道與儒家倫理〉，《中華佛學學報》第 12 期，1999 年，頁 322～344。康特：〈虛假當念之時間構造──以天臺宗及華嚴宗為主〉，《臺大佛學研究》第 16 期，2008 年 12 月，頁 171～228。

18. 陳振崑：〈唐君毅的宗教融合思想〉，《華梵人文學報》第 7 期，1996 年 7 月，頁 1～39。

19. 陳特：〈心性與天道──唐君毅先生的體會與闡釋〉，《鵝湖學誌》第 17 期，1996 年 12 月，頁 75～98。

20. 陳學然：〈唐君毅研究概況及書目文獻索引〉，《中國文哲研究通訊》第 18 卷 4 期，2008 年 12 月，頁 187～226。

21. 曾昭旭：〈唐君毅先生與當代儒學〉，《鵝湖月刊》第 17 卷第 2 期，1991 年 8 月，頁 18～24。

22. 黃冠閔：〈唐君毅的境界感通論：一個場所論的線索〉，《清華學報》第 41 卷第 2 期，2011 年 6 月，頁 335～373。

23. 黃冠閔：〈唐君毅的境界感通論：一個場所論的線索〉，《清華學報》第 41 卷第 2 期，2011 年 6 月，頁 335～373。

24. 黃惠雅：〈熊十力先生論佛家空有二宗評述──兼疏解熊先生對佛家空有二宗之誤解〉，《鵝湖月刊》第 63 期，1980 年 9 月，頁 21～25。

25. 楊維中：〈論中國佛教心性論的基本特徵〉，《宗教哲學》第 8 卷第 1 期，

2002 年 1 月，頁 137～160。

26. 葉海煙：〈唐君毅的道德之學與生命之學〉，《揭諦》第 33 期，2017 年 7 月，頁 195～218。

27. 趙法生：〈牟宗三的儒教觀〉，《宗教哲學》第 67 期，2014 年 3 月，頁 77 ～92。

28. 趙敬邦：〈論儒學在唐君毅先生哲學中的角色——杜保瑞教授文章讀後〉，《哲學與文化》第 44 卷 22 期，2017 年 2 月，頁 185～200。

29. 鄧秀梅：〈儒家如何詮釋「氣具形而上之涵意」——以唐君毅先生論氣為例〉，《中央大學人文學報》第 56 期，2013 年 10 月，頁 63～106。

30. 鄭志明：〈唐君毅的「儒家宗教精神」說〉，《宗教哲學》第 3 卷第 3 期，1997 年 7 月，頁 48～65。

31. 鄭志明：〈唐君毅與牟宗三宗教觀的比較〉，《鵝湖月刊》第 36 卷第 3 期，2010 年 9 月，頁 25～41。

四、外文資料

1. Ng, Yau-Nang William "T'ang Chun-i's idea of transcendence With special reference to his Life, Existence, and the Horizon of Mind-Heart" Ph.D.diss, Toronto: University of Toronto, 1996.

2. Lau, Kwok-keung "Creativity and unity :the relationship between the world and the divine in Whitead and T'ang Chun-i" Ph.D.diss, Honolulu:University of Hawaii at Manoa, 1986.

3. 趙敬邦(Chiu, King Pong)："Thome H. Fang, Tang Junyi and Huayan Thought: A Confucian Appropriation of Buddhist Ideas in Response to Scientism in Twentieth-", Brill Academic Pub, 2016.